学校思想政治
教育共同体建设研究

丁继峰　赵　伟　张楚晗 ◎ 著

线装書局

图书在版编目（CIP）数据

学校思想政治教育共同体建设研究 / 丁继峰，赵伟，张楚晗著. -- 北京：线装书局，2023.8
ISBN 978-7-5120-5617-6

Ⅰ．①学… Ⅱ．①丁… ②赵… ③张… Ⅲ．①高等学校－思想政治教育－研究－中国 Ⅳ．①G641

中国国家版本馆 CIP 数据核字(2023)第 151362 号

学校思想政治教育共同体建设研究

XUEXIAO SIXIANG ZHENGZHI JIAOYU GONGTONGTI JIANSHE YANJIU

作　　者：丁继峰　赵　伟　张楚晗
责任编辑：曹胜利
出版发行：线装书局
　　　　　地　址：北京市丰台区方庄日月天地大厦 B 座 17 层（100078）
　　　　　电　话：010-58077126（发行部）010-58076938（总编室）
　　　　　网　址：www.zgxzsj.com
经　　销：新华书店
印　　制：河北创联印刷有限公司
开　　本：787mm×1092mm　1/16
印　　张：13
字　　数：272 千字
版　　次：2023 年 8 月第 1 版第 1 次印刷

定　　价：88.00 元

线装书局官方微信

前　言

　　学校思想政治教育共同体建设，是指学校思想政治教育在统一的计划、指挥、协调、控制之下，通过建设使各学段更好地做出本学段、本职岗位的努力和贡献而形成更大的合力、为育人共同体做出接续性贡献。为此，学校思想政治教育共同体建设，首先应当确立以"建设"为中心的理念，防止出现"大中小学思想政治教育本身一体化"的理论误认和实践混同。

　　学校思想政治教育共同体建设，应当践行权力与分层理念，强调国家层面的顶层设计，以及思想政治教育的领导与管理主体、支持性主体、微观层面的执行，完善主体和学生、家长与公众等外部促进主体在一体化建设中的权力和责任。学校思想政治教育一体化建设的基本理念，还包括全生态与社会统整理念，它强调学校思想政治教育内部系统的完整性、良好运行机制及关系，要防止出现"中职缺场""特殊教育缺场"等现象，同时通过以文化统整为中心的多向度社会统整，建构起良好的学术和学科生态、校际生态。

　　本书从教育共同体概论入手，介绍了中国教育共同体的发源与发展，接着详细地分析了高校思想政治教育共同体构建的学理探索、高校思想政治教育共同体育人的现状分析、教育共同体视域下高校思想政治教育立体化模式研究、大数据时代高校思想政治教育共同体教育的新形式，之后探讨了"互联网＋"时代高校思想政治教育共同体建设方向，最后在高校思想政治教育共同体构建实践路径上做出重要研究。

　　由于思想政治理论课程建设研究是一项极具挑战性的研究工作，也是哲学社会科学研究中一项最富有与时俱进特质的研究工作，因此著作中难免存在一些不足与缺憾。我们真诚地希望各位专家、学者和广大读者多加批评，不吝指教。

目　录

第一章 教育共同体概论

当今中国基础教育界，正在兴起一场"教育共同体运动"。

许许多多的人为了追寻共同的教育理想，自觉地组合在一起，通过持续不断的相互作用而改变着原有的行走方式，推进教育的发展。

第一节 "共同体"是什么

一、"共同体"的定义与词源

仅就共同体的定义而言，学界至少能达成两点共识：在微观层面，"共同体"是人们在共同条件下结成的集体；在宏观层面，"共同体"是由若干国家在某一方面组成的集体组织，如"欧盟"。

"共同体"一词，大概也像"科学"这样是由日语舶来的词汇。共同体一词的词源，则可以追溯到一个人人都认识的词语：Community。

当今，Community 一词最普遍的意义是"社会"，衍生意义有"居民""地区"……但是，"团体"这个含义才是该词的原意。一种说法是该词语出自拉丁词汇 Communit（团体），还有一种说法是该词的真正源头和 Common（普通的，公共的）一样是 Communis（共同）一词。换而言之，出现 Community 这个词纯属偶然，只是简简单单地拿 Com 这一词缀和 Unity（联合）做了一个加法（共同联合）。不过无论该词的源头是哪个，毫无疑问，最早该词的意思是"公众团体"。直到 Middle English（中古英语）时代才派生出 Communite（公民）这样一类衍生词汇。

二、"共同体"思想的演变

最早的共同体概念由法国思想家卢梭提出。卢梭最早用其解释国家政治。他认为，社会契约一旦缔结，"就意味着每个人把自己的全部权利都转让给由人民结合成的集体，因此个人服从集体的'公意'，也就是服从自己。人民则是这个政治共同体的主权者"。

在随后的世界历史进程中，世界政治领域出现了多种共同体，并延伸到其他领域，如中非经济与货币共同体、"东亚共同体"等。其中，"欧洲共同体"是"共同体思想成功的实践典范"。

到了近代，共同体的理论发展并没有因此而固化、停滞。正如布兰特所指出的，共同体的观念同"关于斗争与关于联合一样多"，因此，共同体发展理论还留下一个任务，即调和人们冲突的影响与强制建立的关系，并且保持高水平的民主参与和高效的街区网络相结合。这就引出了一个假设，关于共同体的鲜明观点和个人身份可能与人性的主要特征和趋势，以及预先假定在理性情境下某种特定的哲学倾向的吸引力相联系。所有这些都可以证明同一种政治意识形态的合法性。此外，这样的框架是走向有计划的评估共同体内部的动力，它可以用来解释成员间的分歧与怨恨的起源，这将有可能最后导致不同信条的协作甚至合并。

英国著名社会学家，当代西方现代性与后现代性问题研究领域最重要的社会理论家之一齐格蒙特·鲍曼在《共同体》一书中，评估了上述的机遇和危险，并以其与众不同和充满睿智的方式，提出了重新评估的概念。这正成为当前关于社会的本质和未来的争论的核心概念。他提出，词都有其含义。然而，有些词，它还是一种"感觉"（feel），"共同体"（community）这个词就是其中之一。"共同体"给人的感觉总是不错的：无论这个词具有什么含义，"有一个共同体"，"置身于共同体中"，这总是好事。如果有人偏离了正道，我们常常把他的不健康的行为解释为"他与坏人为伍"。如果有人遭遇不幸，命运悲惨，并一直与体面的生活无缘，我们会立即把这归咎于社会（society）社会组织和运行的方式、生活圈子（Company）或社会（society）可能是坏的；但它们都不是"共同体"。我们认为，共同体总是好东西。

当然，这些词所表达的含义和给人的感觉，并不是彼此没有关联的。"共同体"之所以会给人以不错的感觉，那是因为这个词所表达出来的含义——它所传递出的所有含义都预示着快乐，而且这种快乐通常是我们想要去经历和体验，但看起来又可能是因没有快乐而感到遗憾。

总的说来，齐格蒙特·鲍曼认为"共同体"的前景是美好的。他提出，共同体是一个"温馨"的地方，一个温暖而又舒适的场所。它就像是一个家（roof），在它的下面，可以遮风避雨；它又像是一个壁炉，在严寒的日子里，靠近它，可以暖和我们的身体。可是，在外面，在街上，却四处潜伏着种种危险。当我们出门时，要观察我们正在交谈的对象和与我们搭讪的人，我们每时每刻都处于警惕和紧张之中。可是在"家"的里面，在这个共同体中，我们可以放松起来——因为我们是安全的，在那里，即使是在黑暗的角落里，也不会有任何危险（诚然，这里几乎没有任何"角落"是"黑暗"的）。

三、共同体的基本要素

据此，有人总结出了现代"共同体"必须具备的基本要素：

①背景是否一致；②目标是否集中；③成员是否具有思想独立性；④成员是否彼此了解；⑤解散需求是否存在（严重影响共同体存在的必要条件）；⑥共同体成员情绪是否稳定（特例）；⑦共同体行为所受制约程度；⑧领导人的个人因素。

第二节　"教育共同体"是什么

本节将从其上位概念（即"共同体"）演绎解释"教育共同体"的核心概念、主要特征，并做粗略分类。

一、教育共同体的概念

根据共同体的含义，我们将"教育共同体"理解为 education community，即"教育社区：是指区域教育主体之间的关系模式。其中，教育者应包括法人化、单位型主体"。

需要强调的是，关于是否将教育系统的其他要素纳入教育共同体，本书与很多研究不同。我们主张把共同体只局限于教育主体的范畴，而不泛指所有社区教育要素。这是因为：共同体原意是人或组织的集合；教育主体之间形成某种合作关系，教育资源、教育要素自然可以共享、公用。

二、教育共同体的形式列举

在现实中能找到许多与教育共同体类似或有关联的组织形式。这些教育领域的组织虽然没有冠以教育共同体的名义，但它们或具有教育共同体的某些特性，或具有教育共同体的某些功能。

首先来分析一下常见的"学习共同体"："学习共同体"（learning community）或译为"学习社区"。学校班级学习共同体是由学习者（学生）和助学者（教师）共同组成的，以完成共同的学习任务为载体，以促进成员全面成长为目的，强调在学习过程中以相互作用式的学习观作指导，是通过人际沟通、交流和分享各种学习资源而相互影响、相互促进的基层学习集体。它与传统教学班和教学组织的主要区别在于强调人际心理相容与沟通，在学习中发挥群体动力作用。

有些教育机构自行组织的"教育科研共同体"，如杭州市萧山五中制定的"教育科研共同体建设宗旨"：在现实的科研活动中培养各共同体成员本真的科研意识，在扎实的科研过程中历练各共同体成员较强的科研能力，在合作的科研氛围中寻求个体成长与学校发展的双赢。

另外，关于各级各类教育建立的共同体的研究。卞宗元（2003）从社区教育发展现状与社会需求出发，提出了构建高职教育与社区教育共同体的发展模式，分析了构建共同体的必要性与可能性，指出了构建高职、社区教育共同体必须突破观念和管理体制的障碍，需要政府统筹协调，整合教育资源，要以办学特色求得快速、持久的发展。

还有旨在促进教育均衡的"城乡教育共同体"（教育城乡一体化）。湖州市吴兴区实施"中心提升，周边发展，城乡互动，优质均衡"的"建峰填谷"战略，统筹城乡教育发展（褚明剑，2006）。《现代教学》（2007）报道了上海市青浦区庆华—练塘城乡教育共同体建立发展过程。2003 年开始，四川省成都市武侯区通过"捆绑"，建立了 12 个"城乡教育共同体"，试图破解"软件均衡"的难题（李帆，2007）。在树立和落实科学发展观、推进城乡一体化、构建和谐成都的进程中，武侯区认真落实统筹经济社会发展和统筹城乡发展的要求，以"农村教育城市化、城市教育现代化、城乡教育均衡化，建一流教育强区"为奋斗目标，改革教育管理体制，实施城乡学校"捆绑"发展战略，全面提升区域教育的城市化水平，推动了城乡教育的一体发展，在一定程度上实现了城乡教育公平。

三、教育共同体的基本特征

综合分析上述不同种类的教育共同体，教育共同体至少应具备以下特征：

（1）主体多元：存在基于共同教育责任的多元教育主体。

（2）背景相似：具有一致的经济形态、文化背景、价值取向，面临相同或相似的教育问题。

（3）目标一致：对教育目的有共同的追求，即使有冲突，也主要以民主、对话方式解决差异与冲突。

（4）机制稳定：即这种集合不是被偶然因素刺激产生的偶然现象。

（5）有固定的领导核心：如以社区内的学校为领导核心，组织协调相关的合作活动。

第二章　中国教育共同体的发源与发展

中华人民共和国成立以后，中国教育共同体思想雏形已然有了端倪，并有了逐步进步的三个阶段，即教育共同体思想萌芽、"三结合"教育、"三位一体"模式。

第一节　教育共同体思想萌芽：源自对学校教育的质疑

中国学者思考教育共同体源自对"学校教育"功能的质疑，以及对各种教育力量与资源的关系模式的思考。

学校是"人类进行自觉的教育活动，传递社会知识文化，有目的、有计划、有组织地为一定社会培养所需人才的机构"。学校是教育发展到形式化阶段的产物。形式化教育意味着教育主体、对象、内容、场所的确定，作为教育组织的"学校"应运而生。学校的主要职能是培养人。在不同的历史发展阶段，社会对"人"的理解和培养要求不同，教育的目的就会有所变化，但"培养人"这一主要职能却是永恒的，这也是学校生存之本。除了"培养人"，学校也承担了一些其他职能，如照顾学生生活等。儿童的发展意味着个体社会化和个性化的不断进行，学校是实现上述过程的主要场所。从儿童生活角度来看，学校是生活的核心空间。

但是从教育演变的历史来看，如果"教育"仅仅被理解为"学校教育"的话，其后果是很严重的。

美国学者奥尔森在《学校与社区》一书中说："许多学校脱离了它所属的社区而完全独立。就是说，学校是教育的孤岛。传统这一海峡使学校同周围世界隔离开来。"

这一观点反映的教育现象在当下的我国教育中有雷同之处。

学校作为一个社会机构，承载着包括社区内人群在内的很多人的期望。如果学校教育的功能能够完全脱离所在的区域环境，关于教育孤岛现象自然也不会受到关注，比如在应试教育成为我国教育常态的时候，人们只关心教育的人才选拔功能。在素质教育被正式提出来之后，人们对教育功能的定位更加多元和丰富，原有学校教育脱离社区的问题也受到理论与实践工作者以及社会大众的关注。

美国社会学家帕森斯认为，任何社会系统只有与其外部的其他系统相适应、相协调，才能实现其自身的目标，而与外部环境相适应就必须对其各要素进行整合。学校成为教育孤岛必然会影响学校教育功能的发挥。

学校成为教育孤岛不利于充分利用社区内教育资源。事实上，校外有大量的课程资源、文化资源和管理资源。

早在 20 世纪 60 年代我国部分学校就开展了有关学校与社区关系的大量研究，内容涉及学校与社区关系的基本理论，学校与社区有效交往的要素、特点、过程与策略以及方式和手段等多种问题，极大地促进了学校和社区的交往实践。在实践过程中他们也积累了不少先进的经验，他们的学校和社区、家庭和社区联系非常紧密，在场所、时间、经费、人员、管理等方面都有较强的保障，社区为共同育人搭建了一个优良的平台。我国孤岛似的学校疏于与社区联系，教育工作者缺乏主动利用社区内教育资源的习惯和经验，如此一来，场所、时间、经费、人员、管理等方面的社区资源未能实现与学校共享。

学校成为教育孤岛不利于教育功能的实现。教育功能应该包括静态与动态两个方面。不过它经常被理解为一种静态的状态，体现的是教育的可能性或应然状态。教育功能作为教育活动和系统对于个体和社会产生的作用，从动态行为来看包括两个过程：形成与释放。教育功能的形成分为三个阶段：教育功能取向的确立、教育功能行动的发生和教育功能结果的产生。在取向阶段即确立人才培养规格和质量，在这一阶段往往调和个人价值取向和社会价值取向的关系。行动阶段完成设施、师资、课程等各种要素的准备。教育功能结果的产生则是通过教育活动将第一阶段教育功能取向在个体身上实现。由此可见，仅仅完成了教育功能的形成阶段还是远远不够的，经过这一阶段最多让人成为一个知识的载体。因此需要教育功能的释放，教育功能的释放又包括两个环节：教育产品的输入和教育产品的利用。产品输入是受教育者进入社会，产品利用则是受教育者的教育效能在实践中通过劳动发挥作用。可见，只有经过功能的产生与释放两个环节，学校教育功能才有可能得以完成。我国人才培养目标有着明显的实践取向，学生实现间接经验的直接转化需要以社会为实验场，社区则是最为便捷的实践领域。但是，现实中，"5+2<5"的状态则是对教育孤岛现象的讽刺。

综上，"学校教育"只是"教育"的"冰山一角"。恰如吴刚所著的《学习共同体的建构》解读"现代学校教育的危机"那样，正是对学校教育功能的质疑，直接催生了我国教育共同体的思想萌芽，并着手寻找解决之道。

第二节　"三结合"教育：教育共同体的实践雏形

"学校、社区、家庭"三结合教育模式是中国教育共同体最原始的雏形。

纵观几十年的发展历程，我们认为"学校为主导型"教育共同体主要经历了三个阶段：第一个阶段，从 1949 年到"文化大革命"结束；第二个阶段，从 1977 年到 2000 年新课改；第三个阶段，从 2000 年开始的新课改到现在。

第一阶段，"三结合"教育模式探索阶段。1949 年 10 月 1 日，中华人民共和国成立，标志着中国教育进入了一个全新的时代。例如，1950 年 8 月颁发了《小学各科课程暂行标准（草案）》和《中学暂行教学计划（草案）》。1952 年 3 月颁布了《小学暂行规程》等。1956 年国家正式发行的第二套中小学教科书，这套教材理论性有所加强，特别注意了学生动手能力的培养。1958 年"大跃进"引发了"教育大革命"，学制大量缩短，课程精简，增加劳动实践，注重思想教育，还出现了多种学制的改革试验。1963 年 7 月，教育部颁布《全日制中小学教学计划（草案）》，对文化课、品德课、生产知识课，对教学、生产劳动和假期工作都作了统一安排。

从新中国成立到"文革"结束的这段时间内，我国在"三结合"教育模式的发展上，主要还处于探索阶段。一方面我们已经认识到学校教育的重要性，迅速地恢复各级各类学校教育事业，但同时我们也清楚地认识到学校教育的局限性，所以特别重视校外教育的实践。其重要的表现就是特别注重社会教育，通过创造各种条件，弥补学校教育的不足，特别是在"文化大革命"时期，更是将社会教育放在了比学校教育都重要的地位。而之前，则主要是通过教育与生产劳动的结合来实现学校教育与社会教育的统一。

第二阶段，"三结合"教育模式的试验发展阶段。"文革"后，我国的教育事业开始进入跨越式发展阶段，各种各样的教育政策、法规等也开始完善起来。例如，1978年教育部颁布了《全日制中小学教学计划（试行草案）》和《全日制十年制学校中小学各科教学大纲（试行草案）》，1985年颁布了《中共中央关于教育体制改革的决定》，1986年出台了《中华人民共和国义务教育法》，1992年颁发了《九年义务教育全日制小学、初级中学课程方案（试行）》，1996年颁发了《全日制普通高级中学课程计划（试验）》，1998年颁发了《面向21世纪教育振兴行动计划》等。各地为了贯彻落实这些政策、文件精神，广泛开展了形式多样的教育教学改革实验。将学校教育、家庭教育、社会教育充分结合起来，就是众多改革中较为突出的一种。例如，1979年，天津市和平区岳阳道小学开始进行学校、家庭、社会三结合教育的实践探索。1995年11月，原国家教委副主任柳斌到天津市和平区视察，并予以高度概括和充分肯定："学校、家庭、社会三者结合，品德、智力、体质全面发展。"成都市实验小学于1984年也开始进行了学校、家庭、社会三结合的实验，1990年该项成果还荣获四川省中小学教学改革经验成果一等奖。

第三阶段，"三结合"教育模式的改革创新阶段。自进入21世纪以来，我国进入了教育改革的又一个新阶段，特别是基础教育新课程改革给我国的教育带来了革命式的变革。本次课改的核心理念是以学生发展为本，结合学科教学特点，力争全方位地落实科学素养教育，为学生的终身发展奠定基础。在课程目标方面，强调知识与技能、过程与方法、情感态度与价值观"三维"目标的达成，反对过于注重知识传授。在课程结构方面，强调不同功能和价值的课程要有一个比较均衡、合理的结构，符合未来社会对人才素质的要求和学生的身心发展规律。突出的是技术、艺术、体育与健康、综合实践活动类的课程得到强化，同时强调课程的综合性和选择性。正是在这样的改革背景下，许多学校或区域开始了"学校、家庭、社会三结合"的新的探索。因为学校教育的这些新的变革，如果得不到家庭、社会的支持与配合就很难成功。就像素质教育一样，尽管提了很多年，但是由于家庭、社会的支持系统尚未建立起来，致使其并没有真正落实到位。

这一阶段的成果较为丰富：

雷少波研究了开发社区教育资源、改善学校教育的一些途径。社区的人力、文化及物质环境等是重要的教育资源，对社区教育资源的组织和开发将对学校的教学内容、教学条件及管理等方面的工作产生有力的推动作用，进而促进学校的教育民主，促进学生个体社会化，促进学习化社区的形成，促进教育创新及创新人才的培养。

李松林认为，目前学校在社区课程资源开发中的主要问题：一是学校与社区缺乏有效的沟通结合；二是社区课程资源与学校课程缺乏有效的融合。因此，学校要有效地开发社区课程资源支持学校课程发展，其前提是建立起学校与社区的有效交往机制，其途径是建立起社区课程资源与学校课程的有效融合机制。

钟樱（2006）认为，创新学校评价体系是提高学校教育质量的重要途径，作为一所社区配套小学，"把评价还给社会"是实践"学校、社区、家庭"三结合共同发展模式的重要方面，具有重要的现实意义。

黄娟娟认为，随着教育体制改革的深入，学校组织日渐体现开放性和民主性，管理主体也由学校单一主体转向社会各界广泛参与的多元化主体，家长、社区人员参与学校管理成为可能。

在实践经验中，戴群介绍了上海市复旦初级中学依托社区、加强学校内涵建设的一系列措施，让每一个孩子都能享受良好的教育。

东北师范大学附属小学"开放式学校"课题研究组总结了开放式学校教育。开放式学校教育要创设开放性空间，走向课程综合化，实施弹性化管理，实现合作性教学，创建社区化学校。开放式学校的构建需要开放式学校的组织文化提供保障与支持。

此外，湖州市吴兴区、上海市青浦区、上海市浦东新区、成都市武侯区、成都市青羊区、海口市第一中学、浙江岱山县高亭小学等所构建的基本上都是以学校为主导的教育共同体。

二、相关经验评论

（一）"三结合"教育模式的经验

可以看出，新中国成立六十年来，我国在"三结合"教育模式上进行了积极的探索和有益的尝试，并取得了宝贵的经验。概括起来，这些经验主要体现在以下几个方面。

第一，"三结合"教育模式中的三类教育的作用并不是等同的。其中，学校教育起主导作用，家庭教育起基础作用，社会教育起依托作用。从现代教育的发展来看，青少年在学校接受的教育是一种有目的、有计划的、科学的、系统的教育，因此，学校教育无疑在青少年的健康成长中较家庭教育与社会教育有着天然的优势。这种优势也决定了学校教育在整个青少年的身心健康成长中的作用是主导性质的，是无法替代的。这就是说，任何形式的教育改革实践，均不能无视这一客观规律的存在，更不能企图将别的教育形式凌驾于学校教育之上，甚至取代它。

当然，承认学校教育的主导作用，并不能排斥非学校教育的作用，更不能忽视这些教育形态的存在。这是我们在进行"三结合"教育模式创新时必须遵循的。

第二，"三结合"教育模式必须坚持"目标一致，内容衔接，功能互补，和谐互动"的原则。"目标一致"，指的是参与实践的"学校""家庭"和"社会"必须确立一个共同的目标，在这一原则上不应有任何分歧，如果学校主张培养提高学生的综合素质，而家庭则以考试分数为追求的目标，社会则希望学校为国家培养高尖端人才，培养的学生能成为国家的栋梁，这样即使"结合"起来，也不会产生预期的效果。"内容衔接"指的是各类教育尽量要在内容上进行整合、规划，属于同样性质的就应该将彼此整合起来，同时最好进行长期的规划，不能以意识流的形式来搞"结合"。"功能互补"，指的是各类教育之间应该有所侧重，避免重复性的工作，要做到相互之间在功能上的互补。"和谐互动"，指的是学校教育、家庭教育和社会教育之间要经常保持密切的联系，对于青少年成长中出现的问题要及时相互合作，采取有效措施寻求最佳的解决途径，相互之间也要密切配合，形成互动合作的良好局面。

（二）"三结合"教育模式的局限性

总的说来，以"三结合"为特征的教育共同体已经不能满足当前教育改革与发展的需要。新中国成立几十年来的教育实践证明："三结合"教育模式是符合中国教育发展实际的一种教育模式，也是一种较为有效的模式。然而随着我国教育改革的不断深入以及素质教育、创新教育等理念的不断深入人心，"学校为主导型"教育共同体逐渐暴露出其局限性来，不能完全适应当前教育改革与发展的实际。

第一，"三结合"教育模式的主要组织者为学校，大大限制了家庭教育与社会教育功能的充分发展。从我们几十年的"三结合"实践来看，几乎所有的"结合"都是由学校组织实施的，这样所形成的仅仅是"学校—家庭"、"学校—社会"的一维双向模式。在这样一种模式中，由于学校的力量是非常有限的，所以"学校为主导型"教育共同体严格地说仅仅是"两结合"，因为在这样一种模式中，更多的则是家庭、社会如何按照学校的安排来配合学校的教育，所以不利于调动家庭、社会的积极性。尽管家庭与社会为了青少年的成长可能会给予配合，但是由于它们在这一模式中，主要是一种被动行为，所以参与的积极性受到很大的局限。这与我们当前建设学习型社会的改革潮流是不相适应的。

第二，"三结合"教育模式在范围上还存在很大的局限，其功能受到其他因素的影响而被减弱。从当前我国社会的发展来看，我们已经逐步进入了一个更加开放的社会，特别是随着互联网的普及以及多元文化社会的到来，青少年在每天的生活环境中所受到的各种各样的影响纷繁复杂。在这些影响中，以学校为代表的表现为一种"传统性"与"保守性"，而校外的则更多表现为"现代性"与"开放性"，这就使得青少年所受到的各种各样的影响常常会出现相互抵消的情形。正因为如此，社会中有这么一个看似荒谬的等式：5+2=0（即学生一周五天的在校时间与周末两天的校外时间加起来，其教育效果为零）。然而略加分析，就不难判断其反映了一定的社会现实。

"三结合"教育模式虽然在解决上述问题上发挥了一定的作用，但是同时我们也看到，由于其所涉及范围仅限于学校、家庭与社会（主要是社会的公共文化机构）三点一线上，而这之外的影响因素又是无法控制的，所以其功能的发挥受到很大的限制。

　　第三，"三结合"教育模式由于缺乏有效的制度载体，无论在内容还是形式上，随意性较强，缺乏系统性、体系性、综合性、规划性。我们尽管也看到部分学校出台了相关的"三结合"指导文件或工作文件以及实施方案等，但是从我们所了解的情况来看，这些政策文件常常是一种形式的存在，在内容上也是没有一个远期的规划，各种合作的目的尽管很明确，但是究竟我们要通过合作培养学生的哪些素质、哪些品质、哪些能力，以及这些方式是否符合教育教学规律，是否符合青少年身心发展的规律等都没有给予充分的考虑。这与我们当前整个教育事业的发展是不相符合的。也就是说，我们所进行的"三结合"实践很少去考虑结合我国当前教育改革的背景以及党和国家的一些教育政策方针，如我们当前进行的新课程改革的理念是什么？国家在教育政策上有哪些新的主张？等等。我们知道，国家每一项教育政策、教育理念的出台或提出，均是建立在广泛调查与科学论证基础之上的，因此充分理解这些政策，从而从教育发展的实际出发，采取合理的、科学的方式来推动教育改革，是非常必要的。然而，我们目前所进行的"学校为主导型"教育共同体还只是一种"小打小闹"的做法，没有从宏观、中观层面去考虑，所以实效性并不高。

　　总之，目前所进行的"三结合"教育实践需要创新思考其发展出路，这样才能符合我国教育改革的需要，才能更好地服务于国家教育事业的发展，更好地促进青少年的身心全面健康发展。

第三节　"三位一体"模式：教育共同体的进步形态

一、"三位一体"教育模式概论

　　随着教育研究与改革的深入，我们愈发看清了利用社区资源支持学校教育的思路依然面临实际障碍。现代教育不仅在时间上将扩展到一个人的终生，而且在空间上将扩展到全社会。

　　在这种趋势下，不少学者提出学校、家庭和社会需三者紧密联系、各自发挥作用、互相渗透、互相促进、协调一致，创造一种有利于青少年身心健康发展的社会环境，使他们茁壮成长。

上海市社会心理学学会家庭教育心理学专业委员会理事胡育提出，要促进社会、家庭、学校的教育形成合力，发挥各自的作用，在教育过程中不能忽视或放弃任何一个方面。首先，三方教育要有一致性。无论学校、家庭还是社会，对青少年提出的教育要求，在方向上要保持一致，共同的教育理念和要求使学生的努力方向更明确，更有动力。其次，三方教育作用具有互补性。在青少年的成长过程中，家庭、学校、社会都各自发挥着作用，不管其作用大小，毋庸置疑，对学生都会有影响。那么，要使家庭、社会、学校的教育形成合力，除了正确的先进的教育理念，还要充分发挥好各自的作用，各有侧重，形成互补。

刘贤利提出，当今社会存在家庭、学校、社会三种教育形态，各有特点和优势，但也各自存在着问题与弊端，三种教育力量可以通过社区进行整合，发挥社区系统协调、环境优化、组织整合、管理监督之功能，并就家、校联动教育机制提出相应建议。

车广告研究指出，当代青少年思想道德品质的形成和发展，不仅与学校德育有着直接的关系，而且与社会经济、政治、文化发展的现实状况以及家庭德育等因素有着至关重要的关系。因此，要促进青少年的全面发展，无论是从理论上还是从实践上来说，构建学校、家庭、社会"三位一体"的德育系统工程都是十分必要的。美国心理学家尤里·布朗芬布伦纳提出的发展生态学理论，对于我们构建学校、家庭、社会"三位一体"的德育一体化体系和推进新一轮基础教育改革无疑有着一定的借鉴和启迪作用。

二、相关评论

（一）"三位一体"模式是教育共同体的进步形态

相对于"三结合"教育，"三位一体"模式更符合教育共同体的基本特征。

这一阶段的特征是，一方面出现了专门的、非学校的社区教育力量，主要有：各种新型村民组织及其所开展的社会文化活动；农村社会建设新架构，如乡村文化站、"一村一名大学生"志愿者制度等；散布在乡镇的企事业机构，如大学等所具备的教育力量;公共管理机构,如消防、公安、环保等初具相应的教育职能;共青团、关工委、老龄委在未成年人教育上积聚了许多有价值的经验。

另一方面,社区教育、家庭教育的功能被认为是独立的,如愈来愈多的人意识到"学校教育"只是"教育"的"冰山一角",要促进社会、家庭、学校的教育形成合力,发挥各自的作用,在教育过程中不能忽视或放弃任何一个方面。对青少年提出的教育要求,在方向上要保持一致,教育作用具有互补性。"青少年儿童的发展是家庭、教师和社区的共同责任",在价值取向、教育方法等方面都依附于学校主导,社区教育是难以发挥其作用的。

(二)"三位一体"模式的发展前途是教育共同体

事实上,教育共同体的构建既是我国教育改革发展的现实需要,同时也是"三位一体"教育模式的必然发展趋势。

第一,"教育共同体"是以政府组织、规划、协调的一种教育改革实践,便于调动各方的积极性、参与性。这样,一方面有效地避免了"三位一体"在组织上的局限性,另一方面也有利于形成一个内部相互依赖、相互信任的有机统一体。在以往的"三位一体"教育实践模式中,学校、家庭、社会仅仅是相互独立的"单子"存在,它们彼此之间只有合作关系,而少有依存及信任关系,所以很难形成一种习惯或制度体系。这使得对青少年的培养很难达到预期的效果。"教育共同体"实践模式的出现,则很好地避免了"三位一体"实践中的这些不足,所以更易取得理想的教育效果。

第二,"教育共同体"不仅扩大了"三位一体"教育模式的范围,而且还将教育资源的开发、整合融入其中,这样就形成了更为强大的教育合力,有利于预期效果的实现。例如,"教育共同体"中,除了"三位一体"教育模式所强调的"学校、家庭、社会"之外,还包括企业、社团、基金会、医院、文化馆等,即凡是有利于青少年身心发展的各种组织、团体、机构等都参与到共同体中,成为真正意义上的大教育。

同时,"教育共同体"不仅是把这些组织起来,而且还投入到它们所蕴含的教育资源的开发与整合中。这样,青少年在生活中所需要的知识随时都可以学习到,而不再会出现"老师没教过我们,所以我不知道"等之类的说法。这与当前所提倡的素质教育的理念是相一致的。例如,学生对卫生知识的掌握,不再仅仅局限在学校开设的生理卫生课上;学生对安全逃生知识的掌握,同样也不再局限在学校的安全教育课上，等等。因为这些知识，他们或许在社区的医院、消防部门等就会学习到。整个共同体就是一个开放的教育系统，青少年可以在其中尽情地学习自己想学的知识。他们在成长中所遇到的问题，也能够在多种部门的联合力量下，得到全面有效的解决。

第三，由于"教育共同体"是由政府组织，所以较"三位一体"教育模式具有更大的优势性。一是通过采取"教育共同体"的形式，可以从整个区域出发、从整体上进行教育事业的规划。在以往的"三结合"教育模式中则没有这样的优势，因为对于参与者来说，整个合作都好像只是学校的事情，而学校也仅仅从简单的教育现象出发，很少去考虑这样一种结合的长远意义，有着很大的局限性。也就是说，我们所主张的"教育共同体"并非简单的参与者的扩大，而是基于整个区域教育事业的发展，从国家的有关政策文件出发来实施的一种新的教育组织模式。二是采取"教育共同体"的形式，可以保持政策的稳定性与连续性。因为由政府来组织实施，就很容易进入政府的整个决策规划中，形成一种长期的教育发展战略规划；同时，通过政府组织的形式，可以形成良好的社区文化氛围，从而使这一举措成为一项长期的事业。这些是"三位一体"教育模式所无法比拟的。

基于以上一些方面的考虑，我们认为"教育共同体"符合教育事业发展的客观规律，是"三位一体"教育实践模式的必然发展趋势与应然选择。

第三章 高校思想政治教育共同体构建的学理探索

近年来，党和国家高度重视高校思想政治教育，无论从政策制定、经费投入、科研立项还是师资培养等方面都给予了大力支持，实现从顶层谋划助力高校思想政治教育创新发展。党和国家的政策导向在场，高校思想政治教育的理论研究与实践推进则不能离场。近年来，高校思想政治教育实效性探索的"理"与"路"再次掀起了学界研究的热潮，其中以"共同体"为分析视角嵌入思想政治教育学领域也是其中的一条解题路径，呈现"百家争鸣""百花齐放"的态势。本章在全面梳理、分析和阐释相关概念的基础上，提出并界定了"高校思想政治教育共同体"然而，高校思想政治教育共同体的基本内涵是什么？高校思想政治教育共同体的理论依据是什么？高校思想政治教育共同体何以可能的理论性、现实性和可能性何在？科学回答以上问题是推进高校思想政治教育共同体构建的理论基础和实践前提。

第一节 高校思想政治教育共同体的范畴梳理与内涵界定

核心概念是贯穿理论研究的逻辑主线，因而概念澄明是理论研究的逻辑起点和立论基础。在推进思想政治教育理论研究进程中，关于高校思想政治教育实效性探索的"理"与"路"也成为学术界关注的热点话题，聚焦实效"老问题"，提出实践"新命题"，如"思想政治教育合力""思想政治教育系统""思想政治教育共同体""思想政治教育社会""全员育人"等相关概念。这些概念与"高校思想政治教育共同体"既有联系也有区别，为进一步明确高校思想政治教育共同体的内涵边界，有必要对相关概念作一下梳理和分析，进而为准确把握"高校思想政治教育共同体"的主要内涵奠定基础。

一、高校思想政治教育共同体相关概念辨析

（一）思想政治教育合力

"合"作为动词有闭、合拢的意思，跟"分"相对，具有结合或凑到一起的意思。"合力"作为动词指一起出力，作为名词则表示某个力对某物的作用与另外几个力同时作用于该物的作用效果相同，那就意味着某一个力是其他几个力的合力。马克思、恩格斯在《共产党宣言》中论述共产党对反对党派的态度问题时强调，"共产党人到处都努力争取全世界民主政党之间的团结和协调"。1890年，恩格斯在给约瑟夫·布洛赫的信中指出："有无数互相交错的力量，有无数个力的平行四边形，由此就产生出一个合力。"在信件中，恩格斯首次提及"合力"，丰富和发展了唯物史观，揭示了历史发展进程中的决定力量，提出了著名的"历史合力论"："历史合力论"昭示主体、客体和主客体力量交互的强大作用，从而推动事物的向前发展。1919年，列宁在《全俄社会教育第一次代表大会上的讲话》中论及开展社会教育的系列决议，讲话强调要打倒资本，非无产阶级"同心协力"不可。虽然马克思主义经典作家没有直接使用"教育合力"抑或"思想政治教育合力"等概念，但是纵观马克思主义经典作家相关论述不难发现"合力""协力""同心协力"等概念的使用。

中国共产党和国家领导人也重视"合力"在思想政治工作中的运用，丰富和发展了马克思主义思想政治教育合力思想。1959年，毛泽东在探讨西藏和台湾问题时强调合力的作用和意义，指出："力量一分散，事情就难办了。"1980年，邓小平在论及社会主义现代化发展时指出："各方面需要综合平衡，不能单打一。""把经济建设作为中心，强调其他方面要服从中心。"在思想政治教育学科领域，也充分借鉴"历史合力论"的理论要义，"思想政治教育合力"应运而生，是突破弊端、实现育人模式创新的重要举措。最早潘玉腾（1998）以马克思主义合力思想为理论指导，探讨思想政治教育育人合力的构成要素和最大化实践路径。2006年，陈秉公在《思想政治教育学原理》里探讨了思想政治教育合力，"思想政治教育的合力，是指思想政治教育的'三体一要素'在空间和时间上综合运动所产生的教育力量。其中，'三体'主要指的是教育者、受教育者和教育环境，'一要素'指的是教育目的、教育内容、

教育手段和教育活动。只有保持'三体一要素'，保持方向和目标一致就能形成强大的合力"。此外，作者指出不仅存在横向合力，还有纵向的时间合力，因而需要持续性和阶段性的思想政治教育形成合力。2013 年，刘社欣在其专著《思想政治教育合力研究》中阐述了思想政治教育合力。"所谓'合'就是思想政治教育资源的聚合，所谓'力'，就是该思想政治教育活动的实际影响，而思想政治教育合力就是思想政治教育系统本身发展所进行进的目标，也是思想政治教育系统的整体效应，它由思想政治教育活动的大小、方向和作用点三个要素所构成，即 FLR+F2+F3。"总的来看，学者们都充分认识到思想政治教育实效不是某个力量的"单打独斗"，实则离不开多要素合力配合。

（二）思想政治教育系统

系统意味着各构成部分的相互联系和相互融合而呈现的多要素复合样态。从宇宙初创，世界从无机世界到人类社会的发展历程表明，世界就是系统的世界，系统就是一种客观物质存在。探寻系统思想的萌芽可以追溯至中国古代和西方，而探讨系统科学作为一门学科，不得不了解现代系统论的创始人——美籍奥地利生物学家贝塔朗菲。1945 年，标志着一般系统论问世的《关于普通系统论》公开出版发表。此后，贝塔朗菲在《一般系统论：基础、发展和应用》中概括了系统的内涵，"系统是处于一定相互联系的与环境发生关系的各组成成分的总体"。贝塔朗菲主张的一般系统论关注系统的整体景象和相互关联，为人们描绘了认识世界的现代科学世界图景。在我国 20 世纪 50 年代，伴随着运筹学的推广和运用，系统科学研究逐步推进，作为一门新兴综合交叉学科，建立在数学、物理、生物、化学等学科基础上，并综合运用信息科学、运筹和控制等科学技术逐步发展起来。20 世纪 70 年代，系统科学发生了历史性转向，实现从"老三论"向"新三论"的转变，"老三论"包括一般系统论、控制论和信息论，"新三论"包括耗散结构理论、协同学理论和超循环理论。前者关注静态的构成分析，后者侧重于动态的整体把握。系统科学在科学家、两弹一星功勋奖章获得者钱学森的研究中也占有重要地位，并影响不同行业和领域的管理工作者改进实际工作和提高工作效率。1985 年 10 月 21 日，钱学森在给黄麟雏的信中提到："在马克思主义哲学的指引下，系统思想与方法是认识客观世界、改造客观世界的一个锐利武器！"钱学森肯定和表达了系统科学和方法的重要性。2016 年，在哲学社会科学工作座谈会上，习近平强调"构建中国特色哲学社会科学是一个系统工程"。系统科学和方法的科学性和实践性获得有力论证。

思想政治教育学人也尝试把思想政治教育置于系统视域进行考察，界定和探讨了思想政治教育系统。有学者从系统工程学角度出发，指出"思想政治教育系统包含主体系统、客体系统……等十个子系统"。2001 年，孙其昂在其专著《社会学视野中的思想政治工作》中，阐述了思想政治工作系统观的基本观点，合理运用社会学家的系统思想分析和探讨了思想政治工作中的理论与实践问题。孙其昂在《思想政治教育学前沿研究》中指出，系统包含要素、关系和整体三个要点，"思想政治教育系统是指存在于一定思想政治教育环境中的，由若干相互联系、相互作用的思想政治教育要素所组成的整体"。作者不仅论述了"思想政治教育系统"，还论述了"思想政治教育系统思维"是思想政治教育工作者的基本素养。2006 年，陈秉公在专著《思想政治教育学原理》中分析探讨思想政治教育学科发展时，罗列了包括系统科学在内的十种学科知识借鉴，对于思想政治教育系统的指导意义。一方面强调从系统维度考察思想政治教育，另一方面强调系统科学的观点和方法在思想政治教育中的运用。学术界从系统理论出发，把思想政治教育置于社会系统中的一个特定场域，分属于整个社会系统的一个分支。以"系统"为新的视角和方法赋能思想政治教育理论和实践。

（三）思想政治教育共同体

共同体是一个内涵丰富的概念，关于共同体的相关研究贯穿人类思想发展史，学者们从政治学、伦理学、社会学和哲学等学科视域下进行了丰富的研究。早在古希腊西方文明萌芽时期，亚里士多德就在《政治学》中指出："凡所见之城邦皆为某种共同体，而一切共同体之建立皆是为了某类善业。"在亚里士多德看来，人作为城邦动物，其生存发展理应寄托城邦、依赖城邦，而城邦则成为一个致力于至善的共同体。19 世纪末至 20 世纪早期，在著名的社会学家斐迪南·滕尼斯的代表作《共同体与社会——纯粹社会学的基本概念》里，作者分析了人类群体生活的两种基本形式，即"共同体"与"社会"二元对立的各自意涵，"共同体"是自然而然形成的，强调整体本位；而"社会"意味着人为有目的的联合，强调个人本位，进而揭示了人类社会从"共同体"向"社会"转变的过程与特征。齐格蒙特·鲍曼在《共同体》中指出："我们认为，共同体总是好东西。"加哈贝马斯在《交往行为理论》里提及"社会共同体"和"交往共同体"，这里的"共同体"区别于斐迪南·滕尼斯自然而然的"共同体"，而是饱含"社会"印记的"共同体"。

可以说，哲学社会科学研究范畴很广，不同学科有自己的知识体系和研究方法。对一切有益的知识体系和研究方法，我们都要研究借鉴，因而，博采众长不乏是学术研究可能存在的新起点。"'共同体'是指人们基于共同的条件而结成的集体。"在本文中研究提及的"共同体"有别于社会学家所理解的"社群"或"社区"，而是从更宽泛的维度分析，认为无论是主观还是客观方面，因为身份、种族、观念、地位、任务和遭遇等特征而组成的团体或组织。在我国，以"共同体"为分析视角嵌入思想政治教育也被思想政治教育学人合理运用，助推思想政治教育共同体命题的提出。比较有代表性的是戴锐（2012）基于布尔迪厄的场域理论，以审视思想政治教育共同体，分析思想政治教育共同体何以可能、现实境遇和未来前景。董雅华在其专著《思想政治教育哲学问题研究》中认为，思想政治教育共同体生成基于两个方面的条件，"首先，强调思想政治教育共同体系统基于利益诉求、目标追求和价值基础；其次，强调思想政治教育共同体系统中的沟通、感情和理解"。吴长锦在其专著《思想政治教育协同创新研究》中论述了思想政治教育协同创新共同体的基本内涵。从共同的"体""源""位""质"和"性"五个方面阐释了大学生思想政治教育共同体的基本概念。学术界围绕思想政治教育共同体概念所提出的相关思路，问题意识鲜明，理论说服力、解释力较强，拓宽思想政治教育提质增效的方法论视野。

（四）思想政治教育社会

思想政治教育学科是1984年设立的一个新兴学科，其发展离不开吸收和借鉴其他学科的理论精华。孙其昂指出："思想政治教育社会学研究经历了社会学知识借鉴、思想政治教育学与社会学结合研究和思想政治教育社会学分支学科建设三个阶段。"孙其昂认为改革开放以前，社会结构整体同质，由国家自上而下统一部署。随着社会发展和个人自主意识的提升，思想政治教育社会亟须多元联动、自主建构。杨威认为，"思想政治教育不仅需要哲学，特别是马克思主义哲学的理论之翼，还需要社会学的现实之翼"。在思想政治教育学科发展进程中，社会学不仅作为透视思想政治教育学科的一扇窗，对于社会学理论、思维、方法和实践的参考借鉴，助推学科融合中实现了自身的创造性发展。研究沿着此发展路向，思想政治教育学科发展找到了新的突破口和增长点，也涌现出关于思想政治教育社会学三级学科的相关探讨。

2010年，卢岚在专著《断裂处的光缆——现代思想政治教育社会生态论》中提出了"思想政治教育社会生态"重要命题，并以此为出发点，论述了学科融合发展演化的新型思想政治教育形态，以期形成密切联结的关系网，注重整体的更大价值，从而促进受教育者的全面发展。2018年，叶方兴在其专著《社会之镜：思想政治教育社会整合研究》中提出"思想政治教育社会"这一新命题。文中论及"思想政治教育社会是思想政治教育人（职业者与对象）在思想政治教育知识生产、传播以及实践过程中形成的互动体系，它是社会大系统分化出的、独立的微型社会系统"。作者基于现代性的视域，从"名"和"实"两个维度探讨思想政治教育社会，一个方面指出思想政治教育社会之"名"，是作者提出并系统阐发的新命题；另一方面指出思想政治教育社会之"实"，是社会发展现代性的产物。作者以马克思社会观为理论基石，以社会思维审视思想政治教育，认为思想政治教育是社会系统分支中的一个微观社会系统。基于现代性背景下，思想政治教育呈现现代性的双重效应在于，不仅推动了思想政治教育社会从社会中分化出来，还抵消了社会的统一性。面对思想政治教育内部分化现实困境，强调思想政治教育整合显得尤为紧迫和重要。作者所主张的思想政治教育社会，不仅仅包含思想政治教育者、研究者以及实际工作者形成的互动体系，还包括思想政治教育的教育对象。2020年，叶方兴在其新著《思想政治教育的社会视界》中，接续以社会为解释原则，从历史事实、理论视角和发展趋向出发，再次论证了思想政治教育社会的合理性存在。

（五）全员育人

全员育人意味着不论岗位差异，在育人目标指引下，在本职工作中直接或间接地从事教育工作的过程。1956年，毛泽东在中国共产党第八届中央委员会第二次全体会议上强调，"不论文武、不论工厂，农村，商店，学校，军队，党政机关，群众团体，各方面都要极大地加强政治工作"。1957年，毛泽东在《关于正确处理人民内部矛盾的问题》中提出："思想政治工作，各个部门都要负责。共产党应该管，共青团应该管，政府主管部门应该管，学校的校长教师更应该管。"这意味着各种力量各司其职，强化各种力量各尽其责相互配合，助推思想政治工作的开展。邓小平指出：

"我们希望从事教育工作的同志，各个有关部门的同志，整个社会的家家户户，都来关心青少年思想政治的进步。"江泽民提到"加强和改进教育工作，不只是学校和教育部门的事，家庭、社会各个方面都要一起来关心和支持"。2004 年 8 月 26 日，中共中央、国务院印发文件《关于进一步加强和改进大学生思想政治教育的意见》，指出"广大教职员工都负有对大学生进行思想政治教育的重要责任。要制定完善有关规定和政策，明确职责任务和考核办法，形成教书育人、管理育人、服务育人的良好氛围和工作格局"。2005 年 1 月 17—18 日，在全国加强和改进大学生思想政治教育工作会议上，胡锦涛指出："把思想政治教育工作贯穿于高校教育、管理和服务的全过程，形成大学生思想政治教育的有效机制。"官方层面"全员育人"概念的提出，强调关涉教育、管理和服务的各单位都是做好思想政治工作的主体，这表明思想政治工作主体范围的拓展。2016 年，习近平强调，"把思想政治工作贯穿教育教学全过程，实现全程育人、全方位育人"。2018 年 5 月 18 日，教育部办公厅印发《关于开展"三全育人"综合改革试点工作的通知》，其中作为教育部委托的"三全育人"综合改革试点高校，围绕课程育人、科研育人、实践育人、文化育人、网络育人、心理育人、管理育人、服务育人、资助育人和组织育人等"十大育人"体系构建一体化育人体系。紧接着，教育部办公厅印发了《关于开展第二批"三全育人"综合改革试点工作的通知》。针对全员育人的提出及现实要求，学术界围绕全员育人体系构建的内涵、路径和方法进行了大量研究。

总体而言，学界从系统性和整体性向度把握思想政治教育的思维转向、范式优化、路径更新，克服了传统机械认识论的局限，为助推思想政治教育从分化向整合的现代转型做出了贡献。学术界推进思想政治教育实效性的相关思考促进了理论研究日益深化，实践创新不断推进。"他山之石，可以攻玉"，梳理学界关涉如何提高思想政治教育实效的相关探索，对于指引并推动育人实践具有积极意义。总的来看不外乎以下三点，其一，扩宽了思想政治教育研究视域。无论是"思想政治教育合力""思想政治教育系统""思想政治教育共同体"还是"思想政治教育社会""全员育人"，为搭建系统科学认识思想政治教育提供了行之有效的概念体系，提供了观察、分析和探索思想政治教育发展的新视角。其二，拓深了思想政治教育实践探索空间。上述相关命题的提出，为思想政治教育协同创新发展奠定了理论基石，指明了发展方向，提升了思想政治教育有效参与的广度、深度和效度，开阔了思想政治教育参与主体的精神视野和实践探索空间。其三，破解了思想政治教育分化的现实困境。社会转型历史背景下，社会分化和价值多元不可忽视，社会现代性危机和思想政治教育实效有待进一步提升，上述概念是探寻育人力量系统整合的有益思考，是回应和纾解思想政治教育领域各种现实难题的应对方案，对于指导育人实践具有积极意义。

相较于其他概念命题，"高校思想政治教育共同体"的提出聚焦高校特定场域，不仅规定了各构成主体，更为关键的是以主体身份凸显了大学生的重要作用，超越了以往把大学生界定为客体的被动角色，而是强调作为主体的身份确认。高校思想政治教育共同体明确指出大学生作为主体一员，其归属感、认同感和参与度都是以往命题不能达到的。这正如联合国教科文组织反思人类面向 21 世纪的教育发展时，提出了"共同利益"的重要理念，与"公共利益"相比较而言，"共同利益"摒弃了"个人主义"的价值立场，而是面对集体层面的共建共享的各种善意，是站得更高、立意更深的价值追求。"知识的创造及其获取、认证和使用是所有人的事，是社会集体努力的一部分。"高校思想政治教育共同体正是基于各构成主体利益攸关方的职责、义务和使命，"在相互关系中实现善行，人类也正是通过这种关系实现自身的幸福"。高校思想政治教育共同体各构成主体在共同价值追求目标指引下，同向同行完成高校思想政治教育使命，成就"命运与共"相互关系的价值张力。

二、高校思想政治教育共同体的内涵阐释

高校思想政治教育共同体构建是育人实效性问题的解题方案和方法指引。笔者在分析已有研究的基础上，立足于高校特定场域，围绕高校"立德树人"根本任务，结合思想政治教育的内在规定性，以高校立德树人根本任务为指引，探讨高校思想政治教育共同体构建。明晰概念是研究的起点，所以接下来第一步就是廓清高校思想政治教育共同体的基本内涵。而界说高校思想政治教育共同体基本内涵的前提在于充分掌握学界已有相关研究。

"'共同性'是标识共同体的身份密码，'共同性'可以是共同的地域、血统，共同的宗教、信仰，共同的民族、种族，共同的语言、文字，共同的历史、文化，共

同的意识形态、价值观念，共同的目标、愿景等等。"共同体"意味着从内部的相互依赖心理和外显的组织呈现形态。研究命题的提出不是凭空想象，高校思想政治教育共同体是基于共同利益价值诉求的关系性集合体。新概念提出是否合理的关键在于，概念本身能否反映和解释社会需要，能否促进新知识的产生和方法论的推进。高校思想政治教育共同体要想获得有效认同和广泛接受，就必须以问题的探讨和实践的跟进关照各构成主体的现实诉求。高校思想政治教育共同体构建，是顺应高校育人实践的逻辑考量，也是提升高校育人实效的必然选择。高校思想政治教育共同体既具有"思想政治教育共同体"的一般规定性，又具有"高校"特定场域和特殊群体的特殊规定性，是高校思想政治教育合规律性与合目的性的产物。

　　本书所主张的高校思想政治教育共同体，是跳出约定俗成主客二分认知范式和言说方式，由高校思想政治教育共同体实质主体、实践主体和受益主体构成的"命运与共"的主体认同和实践共进的育人生态系统。高校思想政治教育共同体是社会系统里一个相对独立的系统形式，它包含一般系统结构的共性，也具有自身独特个性的价值追求。高校思想政治教育具有特定的意识形态属性，而论及高校思想政治教育共同体的实质主体，毋庸置疑的是党和国家。高校思想政治教育的推进，并非高校思想政治理论课教师的"独角戏"，高校各具体部门工作开展的中轴，说到底都是围绕立德树人展开，都是服务于立德树人的根本任务。正如2017年，中共中央国务院印发的《关于加强和改进新形势下高校思想政治工作的意见》中提到的，"把思想价值引领贯穿教育教学全过程和各环节，形成教书育人、科研育人、实践育人、管理育人、服务育人、文化育人、组织育人"。因而高校各部门都应挖掘相应的思想政治教育元素，这是工作之基和实践指向。所以，"高校各职能部门是思想政治教育的实际组织者、发动者和实施者，即所谓的高校思想政治教育共同体实践主体"。高校思想政治教育不同于一般的人类实践活动，高校思想政治教育的对象是具有思想意识和主观能动性的个体存在。高等教育围绕"立德树人"根本任务开展系列工作，无论是实质主体的政策前瞻导向还是实践主体的主导引领，都共同作用和服务于高校大学生。相较于以往被动地接受，高校思想政治教育实效收获的关键取决于大学生是否融入育人实践。因而，无论从外部作用还是内生动力而言，高校思想政治教育共同体的受益主体即大学生。

前文论述的"思想政治教育共同体""思想政治教育系统""思想政治教育社会""思想政治教育合力""全员育人"等概念,为高校思想政治教育提供了理论思考和路径镜鉴。然而,与上述概念对比而言,高校思想政治教育共同体具有独特的解释力。首先,聚焦高校特定场域。高校肩负着为党育人、为国育才的重要使命,是维护意识形态安全的前沿阵地。高校思想政治教育共同体聚焦高校特定场域,以更加明确的、精准的理论阐释,凝聚高校思想政治教育共同体文化认同,才能同心同向汇聚精神力量,具有深刻的解释力和说服力。其次,强调大学生主体定位。把大学生作为重要一员纳入"共同体"之中,以强烈的认同感、归属感和责任感为导向,增强大学生主动参与的积极性和能动性,与强调教育者基于特定目的实施的有计划、有目的的实践相比,高校思想政治教育共同体直接把大学生纳入"共同体"之中,强调大学生的自觉自省。与以往的"社会本位"价值取向相比,高校思想政治教育共同体强调以大学生的成长成才为目标,强化以大学生成长成才为中心,展现了大学生作为受益主体的主体本位。最后,明确大学生的主体地位。相比以往把大学生作为思想政治教育对象,作为思想政治教育的客体,大学生的主体并不具备彰明较著的自明性,高校思想政治教育共同体的提出把大学生作为受益主体,直接明确地表达了大学生的主体地位,这是通达高校思想政治教育实效的必由之路。进言之,高校思想政治教育成败取决于大学生是否以主体身份融入高校思想政治教育。

马丁·海德格尔在《形而上学导论》中提到:"所谓遇上这个问题,并不仅仅意味着这个问题作为句号被说出来让人听见或读到,而且是说,对此问题提问,也即使问题得以成立,使问题得以提出,迫使自己进入这一发问状态中。"问题的提出包含着两层意涵,其一,发现了问题的存在;其二,关照现实探寻出路。同样,高校思想政治教育共同体构建命题的提出,不仅昭示着高校思想政治教育共同体育人基本概况,还包含着对于实践路径的积极回应。审视高校思想政治教育的历史、现状与未来,也就是说,不仅关注哲学反思的高度,也是实践关照的体现,而高校思想政治教育共同体在发挥实效的过程中,唯有高校思想政治教育共同体理论先行、思想先导,才能迈向实践变革,实现高校思想政治教育实效的跃迁和升华。因此,在明确了高校思想政治教育共同体的基本内涵之后,紧接着问题研究层层推进,相应地就应该聚焦问题研究的理论资源。

第二节　高校思想政治教育共同体构建的理论资源

思想政治教育作为一门新兴学科，兼具理论性与实践性等特点。立足高校特定场域，为推动高校思想政治教育创新发展，意在从全方位、立体化和整体性的角度对高校思想政治教育育人模式进行系统审思和组织探索。如前所述，国内外学术界给予了"共同体"密切关注，从不同维度探讨了共同体思想及其实践运用。本研究以"共同体"为分析视角嵌入高校思想政治教育，探讨高校思想政治教育共同体何以可能，推动高校思想政治教育共同体构建。所以，首先应该厘清高校思想政治教育共同体的学理基石，从马克思共同体思想、中华优秀传统和合文化、中国共产党共同体理论，以及一切有益的相关理论中探寻理论资源和实践依据，关注不同学科间的对话和整合，跳出单一学科"视界"，博采众长、采撷合理内核，助推高校思想政治教育共同体构建。

一、马克思共同体思想的理论启迪

"共同体"（community）是一个论域广泛、意涵丰富的概念。在西方思想史上，从古希腊"三贤"（苏格拉底、柏拉图和亚里士多德）论述的"共产城邦""理想国""政治共同体"，到德国古典哲学家黑格尔论及的家庭、市民社会和国家三个不同阶段的"伦理性共同体"，再到费尔巴哈以类本质构筑的"爱的共同体"，为马克思共同体思想的形成根植了沃土，马克思在前人共同体思想的肩膀上看得更高、更远、更深刻。尽管在马克思和恩格斯的著作中并未明确论及"共同体"思想，但是对于资本主义虚假面目的揭露，即通过对"虚假共同体"的批判扬弃，对"真正共同体"的推崇追求，展现了马克思共同体思想的发展理路。斐迪南·滕尼斯也曾感叹"只有这位资本之一生产方式的发现者能够使这种思想变得清楚而深刻。因此任何教育实践的探索都离不开哲学的理论指导和方法论启示。马克思共同体思想不仅是透视高校思想政治教育共同体构建的世界观，也是一种有效的方法论。为此，探寻推动高校思想政治教育共同体构建，也应对马克思共同体思想的相关重要论述进行探索和分析，为具体构建提供理论指导和实践指向。具体而言，马克思共同体思想对于推动高校思想政治教育共同体构建的理论启迪主要体现在：

（一）明确了"真正的共同体"是走向自由全面发展的逻辑归宿

马克思关于共同体的相关论述散见于不同时期的著作中，自资本主义发展以降，人类社会原始共同体早已不复存在，取而代之地资本主义生产方式的社会分工。在此背景下，异化劳动成为工人阶级被剥削和压迫的现实困境，马克思面对现实的物质利益难题，转向开启社会现实批判研究。随之，马克思共同体思想顺应而生。基于批判与构建的路向，马克思提出打破"虚假共同体"而迈向"真正的共同体"，凸显了个人对于自由全面发展的追求，希冀离不开"真正的共同体"。马克思指出："只有当现实的个人把抽象的公民复归于自身，并且作为个人，在自己的实验生活、自己的个体劳动、自己的个体关系中间，成为类存在物的时候，只有当认识到自身固有的力量是社会力量，并把这种力量组织起来因而不再把社会力量以政治力量的形式同自身分离的时候，只有到了那个时候，人的解放才能完成。"马克思共同体思想的要义体现在，发现了前资本主义自然共同体发展的不充分和局限性，揭露以私有制为基础的资本主义虚假共同体的真实面目，让等级压迫和剥削从虚假共同体中解放出来，摆脱物的奴役和资本的压榨，转向人性的复归，从而实现从虚假共同体的阶级对立，走向真正的共同体的自由全面发展的理想图景。

建立在自然经济基础之上，基于人的依赖而形成的"自然共同体"样态，缺乏个体的独立和自主，以"肢体"的形式存在于共同体中。继而在商品经济发展条件下，维护不同利益群体的"虚幻共同体"应运而生，因其代表和维护资产阶级的特殊利益，以物的依赖形式而存在，成为资产阶级利益的拥趸，并未实际解决个人与共同体的利益冲突。随着历史的不断演进，世界历史的发展和普遍交往的推进，世界你中有我，我中有你，人类社会从人的依赖、物的依赖不断演进，进而向个人全面发展的"自由人联合体"理想社会不断发展。"只有在共同体中，个人才能获得全面发展其才能的手段，也就是说，只有在共同体中才可能有个人自由。"马克思明确了"真正的共同体"是走向自由全面发展的逻辑路向。

每个人的自由发展是一切人自由发展的条件，全面发展不仅是个体诉求，也是社会发展的内在要求。高校思想政治教育共同体构建的内在要义也体现了大学生的全面发展。高校思想政治教育共同体的提出，不仅主体明确、职责明朗，更显著的是，激发了大学生主动融入和参与的积极性，为大学生积极主动地全面发展奠定了理论基础和实践基础。高校"许多人协作，许多力量结合为一个总的力量，用马克思的话来说，就造成'新的力量'，这种力量和它的单个力量的总和有本质的差别。""没有共同体的自由意味着疯狂，没有自由的共同体意味着奴役。"高校思想政治教育共同体的提出并非放弃个人自由，共同体并不意味着让渡自由，并非非此即彼的必然选择。恰恰相反，主体身份的确认推动了主体自觉，多元化主体有益于共筑高校思想政治教育实效。因而从根本上来说，高校思想政治教育共同体充分尊重和保障了真正的自由，实现"自由的共同体"，奠定了大学生全面发展的机制保障。任何事物的发展都在相应的时空坐标中得以实现，高校思想政治教育实效也伴随"共同体"的系统构建才能实现。

（二）勾画了人类社会未来互动共生的理想图景

在马克思的哲学语境中描绘了人类社会发展从"人的依赖性"自然共同体发展阶段，到"物的依赖性"的虚假共同体发展阶段，再到人的自由全面发展的"真正的共同体"发展阶段，是对人的本质的科学预见，勾画了人类社会未来互动共生的理想图景。马克思揭露了资本主义"虚假共同体"的本质，彰显了对以往"虚假共同体"的批判扬弃，提出了对未来"真正的共同体"的价值追求，这是马克思描绘人类理想社会的主导性叙事，是人类发展的未来指向、基本形态和最高阶段。在"真正的共同体"中，"共同体"不是个体生活和发展的羁绊和枷锁，相反个人的全面发展是其价值准则，个体的地位得以尊重，个性得以彰显，能力得以提高。在"真正的共同体"阶段，人的全面发展得以实现，是马克思毕生的价值追求和人文情怀。

全球化背景下，西方资本主义利用政治经济文化的强大力量，企图实现意识形态领域的殖民扩张，妄想消除多元共存而实现"普世一体"。反观资本主义社会实际，资本主义虽然呈现了一些新的特点，但其赖以存续和运行的根基不曾根除与改变，人们获得了形式上的自由和实际上的不自由，表现为"无往不在枷锁之中"。正是基于这样的历史背景，为探寻和构筑人类社会理想，马克思共同体思想关于"真正的共同体"的基本思想成为学术界思考和探索的重要理论参照，我国相继出版了"重读马克思""回到马克思"等理论研究成果,彰显了马克思对于"真正的共同体"的追求、所勾画的人类社会未来互动共生的理想图景的理论魅力和现实张力。

(三)提供了关于"个体"与"共同体"的关系哲学思辨

在西方历史上存在两种相对应而存在的思想主张,一个是自由主义,一个是共同体主义(社群主义)。自由主义秉持"个人本位"(个人自由主义至上)的价值观,相应地遵循个人先于共同体,共同体的存在则是为了维护和确保个人的自由和权利。约翰·罗尔斯的《正义论》将自由主义推向新自由主义阶段,无论自由主义还是新自由主义,其实质都是为资产阶级服务的意识形态。共同体主义因批判新自由主义而被人熟知,共同体主义主张共同体先于个人,希冀缓解现实社会的单子化和片面化。总的来看,共同体主义和自由主义都没有深入揭示资本主义固有的矛盾,而是就政治、社会和伦理维度进行了相关探索。"马克思的共同体思想贯穿马克思思想发展的全过程,集中体现了不同历史阶段随着所有制形式的更迭所表现的共同体样态。"马克思超越了以往传统的价值局限,破解了"个体"与"共同体"的现实难题,而其他思想没有触及的资本主义生产方式和所有制矛盾,却是马克思深刻把握的重点。正是基于对资本主义的批判基础上形成了马克思共同体思想,揭露并阐释了资本主义的弊端和未来人类社会的发展走向,提供了关于"个体"与"共同体"的关系哲学思辨,对于推动人类社会和谐稳定具有积极意义。"依据马克思'虚假的共同体'批判与'真正的共同体'构建的内在逻辑,在'个体'与'共同体'的共生关系中,个人需要通过共同体获得自我确证和自我实现的条件,因而需要维护共同体的整体性价值和地位;共同体也必须保证其中每个个体的主体地位和价值实现,这样才能使其自身成为一种真实性存在,共同体就是许多个人的社会联合。"也即是说,"个体"是"共同体"建构的基础和保证,"个体"的存在发展构筑了"共同体"的阶段性呈现,"共同体"为"个体"的自由全面发展铺陈了生产发展力量,是"个体"融合发展的归宿和依靠。马克思描绘了未来"真正的共同体"是"个体"与"共同体"群己共在的现实存在。

马克思对于虚假共同体的批判以及对真正的共同体的追求,揭示了人类社会发展的普遍规律。分析探讨马克思共同体思想,把握其精神实质,在不同文化交流中,挖掘彼此间的共同诉求、共同精神、共同价值和归属意识,对于提高高校思想政治教育实效具有积极的理念导引和方法论启示，可以促进高校思想政治教育共同体多主体交互发展，为新时代高校立德树人，培养大学生的主体意识，为有效应对高校思想政治教育的现实困境提供了前瞻性的思维方式和价值导引。理解马克思共同体思想不能僵硬固化，而应以历史的、发展的视野来客观审视，透过人的一切社会关系异化与否来判定共同体的发展实质。"只有在共同体中，个人才能获得全面发展其才能的手段，也就是说，只有在共同体中才可能有个人的自由。"马克思共同体思想为探讨高校思想政治教育共同体构建凝聚了主体力量，各构成主体群策群力付诸实践，确保高校思想政治教育实效。正是基于马克思共同体思想的理论启迪，高校思想政治教育共同体构建坚持以"现实的人"为逻辑与现实起点，明确了大学生的主体地位，以高校立德树人的共同利益为内在驱动力，营造多主体同向互构的有机体。

二、中华优秀传统和合文化的理论启发

"和"是中华优秀传统文化的核心价值命题，其精髓在于"以理信服"，而非"以力信服"，其精神品格深深地融入中华儿女的精神血脉，塑造和决定了中华民族的思维方式、价值取向和民族性格。"和"原指音、声相应。在《现代汉语词典》最新版本（2020年第7版）里，"和"主要指"平和、和缓""和谐、和睦"。"和合"作为一个形容词，指的是"和谐相合"。中国和合思想源远流长，老子言"大邦者下流"，意味着大国居于江河下游，不是屈服，而是强调大国要有海纳百川、有容乃大的气度和胸怀。《礼记·礼运》宣扬"大道之行也，天下为公"。《左传·昭公二十年》载有晏婴的"和同之辨"。中国自古就有"天下""天下为公""天下一家""天下大同""四海一家""四海之内皆兄弟""协和万邦""万国咸宁""民胞物与"等丰富的"和合"价值命题，传达着中华民族的天下关怀和整体思量，源于中华民族古圣先贤达观天下的远见卓识，虽然内容分殊，但价值同归。中国优秀传统文化中和合文化具有深厚和坚固的文化根底，为处理好人与人、人与社会、人与自然的动态平衡发展提供了理论智慧。总的来看，高校思想政治教育共同体构建可以吸取中华优秀传统和合文化的滋养润泽，其理论启发主要体现在：

（一）兼收并蓄，强化要素融合的力量

强化多要素融合是助推事物发展的重要途径，高校思想政治教育实效的收获同

样如此。高校思想政治教育共同体是由高校思想政治教育共同体实质主体、实践主体和受益主体共同构成的"命运与共"关系存在，构筑了高校思想政治教育共同体实效发挥的统一有机整体。高校思想政治教育不仅需要实质主体顶层设计，强化政策引导，还需要实践主体实践推动，强化实践牵引，最重要的还需要受益主体融入，强调相互之间的协同配合。中华优秀传统和合共生的和合文化，为高校思想政治教育共同体的构建提供了哲学思维、政治理念、人文情怀、精神支撑和价值指向，彰显了中华优秀传统和合文化的特征和内涵的无限魅力，体现了新时代中华民族的精神境界和价值追求。从某种程度来说，高校思想政治教育共同体构建亦是中华优秀传统和合文化在高校场域"双创"（创造性转化和创新性发展）的理论呈现。分析和把握高校思想政治教育共同体构建理应从中华优秀传统文化中汲取智慧和力量，明晰中华优秀传统文化塑造和文化培育的力量。费孝通归纳了应对不同文化的十六字"箴言"，即"各美其美，美人之美，美美与共，天下大同"。汤一介也强调，"和而不同——21 世纪处理不同文化关系的准则"。虽然高校思想政治教育共同体各构成主体之间存在差异，但兼收并蓄各主体优势，强化要素融合的力量，就能为高校思想政治教育实效地发挥积淀力量。

（二）聚同化异，跨越主体有别的鸿沟

孔子曰"和而不同"（《论语·子路》），承认差别，保存差异，求得和谐。《国语·郑语》有言"和实生物，同则不继"。《礼记·中庸》讲"万物并育而不相害，道并行而不相悖"。中华优秀传统和合文化坚持以"和"为贵，以"和"为中心，尊重差异与多样，强调异质要素间的对立统一、协调配合、聚同化异，调和不同主体之间的关系，从而跨越鸿沟实现并行不悖的融合发展，为高校思想政治教育共同体构建奠定了和合发展的文化基础。以和合文化为导向，在处理人类社会各种社会关系时，要恪守彼此间的尊重和理解，以平和的态度来处理异质文化间的关系，以兼容并蓄和海纳百川的姿态来互补和调和，化解多元主体间的矛盾和冲突，以实现高校思想政治教育共同体之间的协同与发展。

人类社会面临世界未有之大变局，人类社会怎样和谐共进？这一切问题都是摆在世界各国面前亟须探究的重大现实课题。中华民族自古就智慧探寻了天下和合的梦想，秉持"天地万物本吾一体"的意识自觉，怀抱世界万国咸宁、天下太平的美好愿景，其价值追求彰显了中国优秀传统文化政治责任伦理，因而不仅强调不同民族、族群及文化的独特性和差异性，还强调彼此之间的协调性和统一性。高校思想政治教育共同体主体之间的关系是否融洽，事关高校思想政治教育共同体基本价值理念是否被认可与接受，进而影响高校思想政治教育实效的发挥。高校思想政治教育共同体各构成主体有别，但基于共同的价值目标，才能共绘聚同化异思想政治教育协同发展的共赢画卷。

（三）和合共生，营造和实生物的环境

世界是多元和合共生的基本存在，营造和实生物的环境，是人类社会和万事万物必须遵循的基本方式。老子在《道德经》中提到"万物负阴而抱阳"，表达了阴阳之间和合共生而成为共生体，也正因为多元和合共生而孕育了生机盎然的大千世界。同样，《荀子·礼论篇》中提到："天地合而万物生，阴阳接而变化起。"万物多样因"合"而"生"，世界因此绵延不绝、生生不息。《国语·郑语》提及"和实生物，同则不继"，这是在强调和谐有利于万物生长，相反如果完全一致则不利于发展。

在高校思想政治教育实践中，环体因素不容忽视，对于高校思想政治教育目标的实现具有重要影响。高校思想政治教育共同体并非与外部环境相隔离的封闭世界，相反始终保持与周围环境发生一定交互关联。高校思想政治教育共同体协同创新文化氛围的营造，就是要营造高校思想政治教育共同体认同和接受的外部环境。社会环境对高校精神存在间接影响，能否营造和合共生的环境，对于高校思想政治教育共同体作用的发挥具有重要意义。中华优秀传统和合文化为营造和谐环境创造了条件，实现异质文化间的交流与对话，符合高校思想政治教育生态发展的诉求，从而助力高校思想政治教育共同体的协同发展。高校思想政治教育共同体构建借鉴中华优秀传统的和合文化，以现代话语体系来搭建求同存异、对话协同、互利共赢的文化环境。

在高校思想政治教育实践中，以凝聚高校思想政治教育共同体价值共识为主线，以提高高校思想政治教育实效为目标，善于挖掘和盘活文化育人要素、价值和载体，是凝聚高校思想政治教育共同体价值共识与充分发挥校园环境载体的紧密结合。"实现理论与实践的统一，充分发挥意识的能动作用的方法之一，就是把它转化为一种文化存在样态。"环境育人就是依循环境载体的无形力量以实现文化育人。高校是铸

牢高校思想政治教育共同体价值共识的重要场域，营造和实生物的育人环境，学生在和合共生的和谐氛围中培育了精神和品格，促进了中国传统文化的传承与发展，在中华传统和合文化的文化沁润下，增进对于高校思想政治教育共同体的价值认同和责任归属。高校思想政治教育共同体是基于共同目标追求而形成的相对稳固的联合体，高校思想政治教育共同体各构成主体共生而不抵触，实现高校思想政治教育共同体内聚力的深度融合。借由文化育人来传播高校思想政治教育共同体价值理念，让高校思想政治教育共同体的价值理念深入人心，以达至润物无声之效。

三、中国共产党共同体思想的理论启示

马克思共同体思想和中华优秀传统和合文化为中国共产党治国理政提供了宝贵的理论支撑、文化资源和认同心理。中国共产党引领中国人民认识和处理人与人、人与社会、人与自然、国家与国家之间的关系，推动了共同体思想的理论发展。20世纪中期，毛泽东提出了"中间地带"理论和"三个世界"理论，对于"两个地带"国家摒弃争端、搁置差异、从而构筑人类命运与共的统一战线具有积极意义。"三个世界"理论为中国准确定位、推动和平外交奠定基础。1950年，周恩来在《中苏友好同盟互助条约》中表达了"和平共处五项原则"，并在1953年讨论西藏问题时融入了"互不侵犯"重要内容，中国开始以"和平共处五项原则"为外交原则对外开展外交活动。20世纪90年代，江泽民系统论述了"新安全观"，"新安全观"是中国探索维护国际安全的系统化、理论化认识，对于推动世界和平发展、维护国际安全具有重要意义。2005年，胡锦涛在雅加达亚非峰会上阐述了"和谐世界"理念，表达了中国和平外交政策。党的十七大提出"命运共同体"命题，强调"十三亿大陆同胞和两千三百万台湾同胞是血脉相连的命运共同体"。表达了大陆和台湾"本是同根生"命运与共的共同体关系。尔后，这一命题逐渐推广运用于表达中国与其他国家之间的关系。党的十八大报告中提出"倡导人类命运共同体意识"。党的十八大以来，习近平发表了关于"共同体"的系列重要论述，是习近平新时代中国特色社会主义思想的重要组成部分。其中关于"人类命运共同体""中华民族共同体""生命共同体""中非命运共同体""海洋命运共同体""网络空间命运共同体""亚洲命运共同体"等重要论述，既是对马克思共同体思想和中华优秀传统和合文化的继承和

发展，也是对当代人类社会发展问题的理论回响，为新时代贡献了与社会发展相适应和相协调的"和谐精神"，彰显了中国共产党在面对人类社会发展困境时的思想智慧和理论主张。相关价值主张对于高校思想政治教育共同体构建的启示主要体现在：

（一）强化合作共建，共享发展成果

党的十九大报告指出："我们呼吁，各国人民同心协力，构建人类命运共同体，建设持久和平、普遍安全、共同繁荣、开放包容、清洁美丽的世界。"相较于西方的"乌托邦"，中国古代向往的理想社会是大同社会。大同社会遵循"天下为公"的基本准则，经济方面实行公有。人类命运共同体彰显了中国传统"天下大同"梦的当代实践，凸显了中华优秀传统文化的创造性转化与创新性发展。正因为一代又一代人的不懈努力，让梦想靠近现实，并终究成为现实。当下人类不仅共同面临着经济危机、生态危机、贫富分化、地区冲突、恐怖主义等传统威胁，与此同时也面临着气候变化、网络治理、疾病防疫等一系列新挑战。世界就是一个地球村，面对挑战任何国家都不能独善其身。鉴于世界面临的共同挑战，霸权主义、强权政治、零和博弈都不是人类社会和谐发展的解决路径，解决问题的关键不是排他而是合他。有鉴于此，现实困境呼唤人类命运共同体的提出，为人类认识自身打开了宽阔的认知视界。携手共进建设美好的"人类共同家园"，从而达成团结联合，才能共克困难、应对危机、化解矛盾，最终形成求同存异、互惠互利、共建共享的人类美好社会。

党和国家历来高度重视高校思想政治教育，高校思想政治教育实效的收获不是某一个部门的努力所能达至的。身份不同，责任有别，高校思想政治教育共同体各构成主体的身份确认是明确职责的前提，强化高校思想政治教育共同体各构成主体的合作共建，共享发展成果，符合高校思想政治教育规律，符合大学生成长成才规律，符合高校思想政治教育发展目标。高校思想政治教育共同体可以使各构成主体在面对高校思想政治教育实践时，明确责任与义务，搁置相互间的差异，坚持求同存异原则，树立整体意识和合作意识，吸收借鉴有益经验，更新理念和方法，在享有高校思想政治教育发展成效的同时，从自身角色定位和职责划分，强化归属意识、合作意识、共建意识，以强烈的使命感成为高校思想政治教育共同体价值倡导的践行者和拥护者，为高校思想政治教育贡献智慧和力量，让高校思想政治教育的实效得以彰显。

（二）凝聚共同价值，培育协同思维

共同价值作为一种价值理念，对人们的认识实践具有指引作用。"共同"，其中"共"在古汉语里即"同也"。在现代汉语中，"共同"作为形容词，表示"属于大家的，彼此都具有的"等含义。"价值"表达的是一种"关系性存在"，刻画了主体以客体的内在规定性为评判尺度。"共同价值"突出反映了不同主体基于共同目标，表征了有效认同、共同参与、价值共识的共同追求，其作为一种价值导向和社会规范，能够调节和评价秉持共同价值的相关社会关系。伴随人类社会历史的演进和实践的深化，指引人类社会发展的共同价值也在不断整合、更新、完善和发展中重塑。区别于西方立足于抽象人性论的"普世价值"，中国共产党立足于马克思主义人性论，创造性地提出了关照人类发展的"全人类共同价值"。2015年，习近平在第七十届联合国大会上提出"和平、发展、公平、正义、民主、自由"六大共同价值，反映了全人类共同利益的价值愿景，凸显了国际社会外交关系的价值尺度，承载了人类社会和平发展的价值遵循。2018年，在上海合作组织成员国元首理事会第十八次会议上，习近平指出，上海合作组织"以《上海合作组织宪章》《上海合作组织成员国长期睦邻友好合作条约》为遵循，构建起不结盟、不对抗、不针对第三方的建设性伙伴关系"。基于"上海精神"共同价值基础，才能营造和谐、稳定、合作的人类命运共同体。中国共产党倡导构建人类命运共同体，凝练了人类发展的价值共鸣点，共同价值作为一种价值体系贯穿人类命运共同体构建始终，强化了共同价值的价值引领力，是铸牢人类命运共同体的价值基础。

社会转型历史背景下，多元价值分化、碰撞、交锋在所难免。无论任何领域，能否凝聚共同价值，培育协同思维，是维护稳定发展格局的重要决定因素。高校思想政治教育实效的收获，离不开高校思想政治教育共同体共同价值生成发展的内在动力。高校思想政治教育共同体共同价值，是指高校思想政治教育共同体基于立德树人价值目标基础上形成的价值共识。基于共同的价值纽带，搭建彼此互通的桥梁，在增进"重叠"共识中弥合分歧，形成共同的精神意志，实现高校思想政治教育的整体推进、现实关照、协同配合。唯有秉持高校思想政治教育共同体的共同价值，从高校思想政治教育共同体中获得精神供给的力量，基于共同价值诉求和价值愿景，高校思想政治教育共同体各构成主体才能在体悟、弘扬和践行高校思想政治教育共同体共同价值中聚合为一个有机整体，共筑高校思想政治教育共同体整体效能。

（三）增进主体意识，强化责任担当

2015 年，在气候变化巴黎大会开幕式上，习近平提及巴黎协议对于推动人类命运共同体建设的启示时指出，"我们应该创造一个各尽所能、合作共赢的未来"。2016 年，在中共十八届中央政治局第三十一次集体学习时，习近平强调，在推动"一带一路"沿线建设时，"要加强同沿线国家在安全领域的合作，努力打造利益共同体、责任共同体、命运共同体"。2017 年，习近平在中国共产党与世界政党高层对话中再次强调，"构建人类命运共同体，需要世界各国人民普遍参与"。人类命运休戚与共，增进主体意识，强化责任与担当，是人类社会发展必须遵循的不二法门。人类社会的未来走向既不是亨廷顿的"文明冲突"，也不是海德格尔预言的"无家可归"，而是以"文明和谐"超越"文明冲突"，成为命运攸关的"和合共生"共同体。正是对马克思共同体思想的继承和发展，中国共产党创造性地传承和发展马克思共同体思想，强调人类命运与共的本质，点拨世界前景，化解人类共同面临的困境、忧患和焦虑，引领世界发展方向。世界应以非零和博弈思维取代零和博弈思维，以合作共赢取代对抗垄断，以多元主体取代单边霸权，不断增进主体意识，强化应对问题的主体责任与担当。

"共同体"在维护和保障各构成主体发展进程中，也迫切需要共同体各构成主体充分融入。高校思想政治教育共同体各构成主体承担责任和义务，成为高校思想政治教育提质增效的共同承载者。高校思想政治教育的发展也需要增进主体意识，旨在建立责任共担、功能互补和发展共建的高校思想政治教育共同体。高校思想政治教育实效如何，在一定程度上受高校思想政治教育的制度、环境等因素的影响，取决于各构成主体是否以主人翁的姿态融入实践，承担相应责任和履行相应的义务。只有充分认识到自身在推动高校思想政治教育中的主体责任，明确自身的责任和使命，才能积极面对、主动融入、敢于担当、实践自觉。可以说，主体的责任和义务是高校思想政治教育共同体各构成主体的内在融通点，能够激发高校思想政治教育共同体各构成主体的归属意识，明确各自的责任和义务，以确保共同体的存续和发展。尽管高校思想政治教育共同体各构成主体角色各异、责任有别，唯有理论认同、

情感共鸣、价值共识、实践共赴，才能形成高校思想政治教育共同体的强大凝聚力、感染力和影响力。

四、西方相关理论考察与借鉴

吸收借鉴其他学科的"智慧养料"，是助力思想政治教育的理论探索和实践推进的有益方法。"主体间性理论"和"协同理论"是西方探索人类社会发展的重要理论，其科学内涵对于推动当下高校思想政治教育具有积极的理论意义。考察和借鉴西方相关理论，不是成为西方理论的"殖民地"，不是简单的拿来主义，而是认识西方理论的理论精髓和实践价值，立足中国的现实语境来探讨高校思想政治教育问题。本研究汲取西方相关理论的理论要义，把握应用限度以去芜存菁、择善而用，避免"水土不服"和"消化不良"，秉承以我为主、为我所用，让各种理论资源为提高高校思想政治教育实效所用。

（一）主体间性理论

1. 主体间性理论概观

在西方哲学发展进程中，对认识论哲学的考量经历了从主客二分向主体性转向，为摆脱主体就是主体性的"唯我论困境"，现实矛盾呼唤主体间性多元共生哲学认识范式的出场。胡塞尔最早在《笛卡尔式的沉思》中提出了"主体间性"概念，"主体间性"理论作为重要的哲学成果，勾勒了主体间关系规定性存在、主体性向主体间性的转变历程，提出了主体间性理论。胡塞尔论述了每个人共生共存于世界共同体内，所以应从单主体向交互主体过渡。继胡塞尔之后，海德格尔从存在论出发，提出了"共在"，"共在是每一个自己的此在的一种规定性……自己的此在才作为为他人照面的共同此在而存在"，强调主体间互动交往。哲学人类学先驱马丁·布伯论述了"我与你"的"关系"哲学，还有萨特的"为他"，伽达默尔从"视觉交融"解释主体间的相互作用，实现不同视界的融合，以及罗尔斯的"重叠共识"等等。以主体间性理论为前提，哈贝马斯交往行为理论突破了以往的主体中心界限，以语言为媒介，以主体间交流为目标，关注主体间的交往关系，强调主体间相互理解，从而达成共识，实现"交往理性"，推动了"主体间性"理论的系统发展，超越了笛卡尔建立的"主客二分"思维模式，拓宽了教育关系研究的视域。

2. 主体间性理论的思想和方法借鉴

"主体间性教育理论提倡多元、差异和宽容的承认姿态，旨在转变传统控制与被控制的师生关系，创造一种民主的课程、民主的教育。它发展以人与人的交往为中心的理性，通过'对话'与'交往理性'达到'我与你'之间的视域融合，通过价值商谈达到彼此的价值沟通与价值共识。"主体间性理论的引入推动了思想政治教育的现代转向。高校思想政治教育共同体构建借鉴主体间性理论，就是要基于主体间性理论的哲学认识论视角，超越主客二元思维，认识"单主体论"和"双主体论"的不足，纠偏"占有式"主体认识的局限，克服教育异化的存在，为认识高校思想政治教育共同体各构成主体之间的关系提供了可能。引领思想政治教育理论研究和实践推进的主体间性转向，把握教育理念转化与演变发展生态逻辑，把教育者和受教育者都纳入共同体中，强化高校思想政治教育共同体实质主体、实践主体和受益主体的交互主体的融合发展，强调共同体成员的主体性、交往性和平等性，搭建人性化互动交流平台，强调高校思想政治教育共同体中主体间的共生性、整体性与和谐性，增进彼此之间的互识和共识，从而推动高校思想政治教育的科学化、人性化和现代化发展。

"主体间性所蕴含的认识方式的交互性、主体存在的共在性以及主体交往的实践性。"这体现了对传统主客二分教育范式的扬弃与超越。"交互主体性意味着受教育者不再是教育者的教育客体，而是教育主体的共同体，双方共同致力于教育客体的学习与研究。"从"主客二分"到"双主体"再到"主体间性"等哲学话语谱系的迭代跟进，开辟了"交互主体"新的研究理路，为提高高校思想政治教育实效提供了新的研究视域和研究路向，为高校思想政治教育创新发展奠定理论基础。"思想政治教育主体和客体都是具有主体性的人，都对思想政治教育发挥着重要作用"，"教育者与受教育者是主体范畴"。高校思想政治教育共同体各构成主体之间是寻求主体共在的发展，不是独白，不是互为客体，而是致力于提高高校思想政治教育实效的共同体而存在，是一种交互式的存在方式，其价值目标共向，交流互动共境，情感意志共鸣，教育实践共振，教育实效共享。主体间性理论的提出并非对主体性的颠覆性否定，根据马克思主义哲学的观点：人在生产劳动中形成两种关系，一是人与自然的关系，即主体与客体的关系；二是人与人的关系，即主体与主体的关系。前者产生了主体性，后者产生了主体间性。在高校思想政治教育实践中既要尊重主体性，更要重视主体间性关系的存在。主体间性理论的学习镜鉴有利于改善高校思想政治教育共同体单向被动的交往形式和交流方式，为提高高校思想政治教育实效提供了理论指导和实践指向。

（二）协同理论

1. 协同学的理论概观

20世纪70年代，德国著名的物理学家、斯图加特大学教授赫尔曼·哈肯创立并发展了协同理论，致力于探讨协同系统从无序到有序的发展规律，使协同理论作为系统科学的分支，逐渐衍生为一门新兴学科。协同理论即"协同学"。最早在1969年，赫尔曼·哈肯提出了"协同"概念，进而在其著作《协同学——物理学、化学和生物学中的非平衡相变和自组织引论》（1977）中系统阐释了协同理论，并出版了《高等协同学》（1983）。为补充报道，1979年，联合国教科文组织"研究综合发展观"专家会议，讨论国际经济新秩序和新发展问题。1981年，法国著名经济学家弗朗索瓦·佩鲁编著了《新发展观》，在书中作者强调，"冲突与合作交织在一起共同推动着社会发展，而新的综合与协作已成为今天的根本"。作者批判了传统发展观的局限性，希冀以新发展观指引未来发展，强调了合作与协同的重要意义。

由赫尔曼·哈肯编著的《协同学——大自然构成的奥秘》（2005）的中文译本刊出，以浅显易懂的话语阐释了协同原理。协同原理最终在自然领域进行了相关阐述，各种各样的小系统相互协助构成了大的统一体。此后，协同原理突破自然视界，向多学科、多视域拓展，也带来突破性的质的飞跃。"协同"（Collaboration）作为动词，意指"各方互相配合或甲方协助乙方做某件事"，协同理论意在强调虽然系统与系统之间存在差异，但通过协同配合，相互合作，形成超越性的力量叠加，个体成长、整体变强，共筑发展，从而实现从无序向有序的转向，推动事物朝着积极的方向推进。

2. 协同学的思想和方法借鉴

高校思想政治教育实效的推进是一项复杂的系统工程，高校思想政治教育共同体育人与协同学的价值理念相契合。提出高校思想政治教育共同体构建，是指向各构成主体的相互配合，即实质主体的"指导"、实践主体的"实践"，与受益主体的"融入"相结合，高校思想政治教育实效的获得离不开政策前瞻性、实践的导向性与学习主动性的统一，从而构建起符合思想政治教育学科发展和大学生成长成才协同推进的育人体系。"自组织是组织或系统无需外界指令而实现自行创生、自行组织、自行演化的。自组织既是一个过程，也是系统协同的最终结果，还是判定协同演化的效能和外在表现形式。从整个系统的演化路径来讲，自组织即体现系统协同质量的动力结果。"高校思想政治教育共同体就是各主体协调配合的自组织运动，是为提高高校思想政治教育实效的目标要求。其中最为重要的环节在于，对高校思想政治教育共同体受益主体的协同塑造，激励和引导其自我反思和主动融入。在高校思想政治教育目标价值指向下，逐渐把主体意识内化和养成，并成为日常行为规范的自觉自律。

高校思想政治教育共同体构建是社会存在决定社会意识的理论思考和实践探索。就其价值导向和教育意义而言，高校思想政治教育共同体构建有其特定的发展逻辑。协同思维的学习借鉴，强调构建高校思想政治教育共同体离不开各构成主体同频共振、同心同向的协同创新。协同理论作为多学科、多领域交叉应用的理论，其中在社会学领域，是一种具有较强目的性期待的主观行为。在人类社会实践中，要形成协同的有序性结构，必须通过人们有目的、有计划的行动来构建。而高校思想政治教育共同体构建就是基于立德树人的根本任务，助推高校思想政治教育实效所进行的理论反思。高校思想政治教育借助协同思维是时代发展的必由之路。高校思想政治教育共同体实质主体、实践主体和受益主体在协同中实现创新，在开放共享协同的教学文化中汇聚合力，缔造高校协同育人的生态空间，最大限度地实现高校思想政治教育共同体的内聚功能，用协同创新的"钥匙"打开以往实效不佳的"锁"，实现高校思想政治教育提质增效。

第三节　高校思想政治教育共同体构建何以可能的三维思考

问题是时代发展的先声。在立德树人根本任务指引下，高校思想政治教育实效已成为党和国家教育发展的重要维度，高校为党育才和为国育人的重要方面，大学生健康成长的重要表现。高校思想政治教育对大学生是否提供了有效供给，是决定高校思想政治教育实效的重要条件。提高高校思想政治教育实效是时代召唤，实践的发展迫切需要理论创新的跟进。高校思想政治教育共同体构建是立足于时代语境，着力于理论性探索、现实性考量和可能性分析的理论探索。以高校思想政治教育共同体学理拓深的前提反思，为高校思想政治教育共同体构建奠定基础。

一、高校思想政治教育共同体构建的理论性探索

关于高校思想政治教育共同体构建的理论性探索，是问题研究的立论之基。围绕本体辨思、方法透视和意义审思的理论向度铺陈，明晰高校思想政治教育共同体构建的理论逻辑，是实现高校思想政治教育共同体协同发力的理论探索。

（一）高校思想政治教育共同体的本体洞见

1. 高校思想政治教育共同体的理论基础

本体性问题是关乎高校思想政治教育共同体的本原性理解。高校思想政治教育共同体何以可能需要依托哲学，从哲学视域出发去反思与考量其存在的可能性，探寻高校思想政治教育共同体的理论依据为其实践运用奠定理论基石。以马克思主义人学为理论导航，强调立足于现实的人，探讨人的本质、解放和发展。高校思想政治教育共同体构建问题的提出，以大学生的客观存在为基础，以大学生的实践参与为桥梁，以大学生的全面发展为目的，彰显了高校思想政治教育共同体以学生为中心，以大学生的全面发展为实践归宿，坚持以学生为本的"目中有人"前提性预设。与此同时，马克思共同体思想也昭示着对人的全面发展的价值关怀，以及关于"主体是人"的相关论述，为高校思想政治教育共同体的形成和发展根植了肥沃的理论土壤。马克思主义中国化的最新理论成果，习近平新时代中国特色社会主义思想关于"以人民为中心"的价值理念，对于高校思想政治教育共同体的实践开展，强调"以学生为本"具有直接契合的指导意义。也就是说，高校思想政治教育共同体理论构建和实践指向符合和顺应了马克思主义人学思想理论旨归，不仅指出高校思想政治教育共同体实质主体、实践主体，更关键的在于强调大学生作为高校思想政治教育共同体的受益主体，顺应和体现了高校思想政治教育共同体"以人为本"的价值追求。所以，高校思想政治教育共同体体现了以时代诉求和现实关照深刻把握"人本身"的真理价值。

2. 高校思想政治教育共同体的理论图景

高校思想政治教育共同体构建命题的提出，充分体现了遵循马克思主义人学思想指引下，追求高校思想政治教育实效的理论探讨。"新时代思想政治教育发展，本质上是为人的自由全面发展与进步寻求更合理的价值引导方式。"高校思想政治教育实效常论常需，高校思想政治教育共同体构建理应坚持"守正"基础上的"创新"，其中"守正"就是坚持马克思主义指导地位的价值遵循，利用新的方法路径考量思想政治教育实践，助推高校思想政治教育共同体各构成主体同向同行的实践育人模式。其中特别强调和回应了大学生的主体性诉求，立足于大学生的主体地位，激发大学生的主体意识觉醒，肯定大学生的主体价值，促进大学生在亲身参与中实现全面发展。高校思想政治教育共同体与以往的"思想政治教育合力""思想政治教育协同""思想政治教育整合"有异曲同工之妙，但相比较而言，高校思想政治教育共同体更侧重于强调共同体之间的价值共识、责任共担和主体意识。正是基于高校思想政治教育共同体内蕴的基本观点的理论阐发，从而形成对于高校思想政治教育基本规律的认识，为高校思想政治教育提供可供参考借鉴的实践指向。"理论在一个国家实现的程度，总是取决于理论满足这个国家的需要的程度。"开展高校思想政治教育研究只有立足中国实际和现实需要，以鲜明的中国特色和中国话语来回应现实需要，以此夯实理论的生命力和解释力。

3. 高校思想政治教育共同体的逻辑前提

现实社会基于各种价值目标而形成了各种共同体形式，高校思想政治教育共同体也是立足高校特定场域，以立德树人为价值导向的系统考察和整体思量。高校思想政治教育共同体各构成主体的"共存""协作""共赢"，是同向同行的逻辑必然。高校思想政治教育共同体是由各主体构成的一个系统性呈现，因而决定了高校思想政治教育共同体实效的收获，离不开高校思想政治教育共同体系统性探索、多元性参与和协同性配合。高校思想政治教育共同体是拓宽高校思想政治教育创新性发展的有益探究，从某种程度来说，高校思想政治教育共同体各构成主体的有效配合与否决定了高校思想政治教育共同体育人实践成效。如此一来，只有全面认识、有效认同，才能在纷繁复杂的社会中拨开迷雾、明确方向，达成共识，找到出路。总体而言，立足于提高高校思想政治教育实效性，结合当下具体实践，与时俱进地分析、思考、判断和凝练了关于高校思想政治教育共同体构建的观点主张，绘就了高校思想政治教育共同体构建的本体之思。

（二）高校思想政治教育共同体的方法审视

高校思想政治教育实效的提升需要依托正确的方法论指导。高校思想政治教育共同体构建命题的提出也内蕴了科学的方法论应用，彰显了其内含的联系与发展，以及矛盾的分析方法的"辩证图景"。

1. 内蕴联系与发展的方法透视高校思想政治教育

高校思想政治教育共同体的价值意蕴得以发挥的前提在于其内在的实践方法论指导。"一切事物既在关系中'自成系统'，又在关系中'互成系统'，个体独立而存在，同时又与其他个体关联结合而成为群体。"事物之间普遍联系，客观认识事物之间的相互联系和相互作用，是考察事物的认识论起点。高校思想政治教育共同体体现了对唯物辩证法的坚守与遵循，科学运用联系和发展的基本方法，有利于客观地审视高校思想政治教育境遇和现状。唯物辩证法认为事物都是普遍联系和永恒发展的，透过高校思想政治教育的丰富实践，高校思想政治教育共同体内含以普遍联系和永恒发展的观点为基础，透视各主体之间的相互联系。基于共同的理想信念和价值追求，强调各构成主体的价值共识，是高校思想政治教育共同体各构成主体价值与共、有机互动、通力合作、协调整合，而不是"各自为政""单打独斗"，因而杜绝孤立和片面认识，有效整合分散力量，聚合集成联动效应，实现高校思想政治教育实效最大化，彰显了高校思想政治教育共同体唯物辩证的方法论指向。

2. 运用矛盾分析方法剖析高校思想政治教育

高校思想政治教育共同体构建命题的提出，是坚持以马克思主义矛盾学说审视高校育人实践的方法运用，对于推进高校思想政治教育创新发展具有重要的理论价值。一方面，矛盾的同一性和斗争性相辅相成、相互依存。高校思想政治教育共同体各构成主体是相互区别又紧密联系的矛盾统一体，相互间的矛盾运动决定了高校思想政治教育与时俱进的实践跟进。另一方面，矛盾无处不在、无时不有。矛盾既有普遍性又具有特殊性，因而要具体问题具体分析。新时代伴随着社会主要矛盾的转变，相应地，大学生成长发展需要与高校思想政治教育合力不足之间的矛盾也迫切需要得到应有的重视。高校思想政治教育共同体作为一个整体，是社会大厦的一个重要组成部分，因而具有其他社会群体的一般性，因此，要客观地认识高校思想政治教育面临的社会境遇。与此同时，高校思想政治教育相对于思想政治教育实践的其他场域而言又有其特殊性，因为，与传统的被动接受不同的是，高校思想政治教育的对象是有成长诉求和自主意识的能动存在，大学生作为高校思想政治教育共同体的一员不仅需要，而且也是可能的。所以，高校思想政治教育共同体以矛盾分析法透视和探析大学生主体性和全面发展的特殊价值诉求，唯有普遍性与特殊性并重才能确保高校思想政治教育的目标实现，为科学认识和有效解决高校协同育人提供方法论指导。

（三）高校思想政治教育共同体的意义审视

1.丰富和发展马克思主义思想政治教育理论

社会转型背景下，高校思想政治教育面对分化的现实，也迫切需要同心同向的协同整合。高校思想政治教育共同体构建就是基于全面、系统和互补的价值导向而提出来的研究命题。从某种程度来说，这既是对马克思思想政治教育理论的继承和发展，有利于凝聚同心同向助力立德树人价值共识的形成，从而廓清去意识形态和泛政治化倾向，巩固马克思主义在意识形态领域的指导地位。与此同时，探索和研究高校思想政治教育共同体，捕捉思想政治教育学与其他学科知识的关联性、相融性和互补性，创新高校思想政治教育工作方法，拓宽高校思想政治教育的研究视域，以丰富的多维视野推进高校思想政治教育现代化发展，有利于思想政治教育理论的丰富和发展，实现以理论创新助推学科发展。吸收借鉴、兼收并蓄多学科合理内核，以系统、协同和共同体的思维导向为尺度，共寻高校思想政治教育共同体构建，为全方位、多维度和多视角地探索高校思想政治教育提供了路径选择，并对于指导当前我国思想政治教育改革和现代化发展提供了理论参考。

2.增强高校思想政治教育育人实效

与剥削社会强调思想控制和阶级统治不同，高校思想政治教育共同体构建的提出，不是束缚而是主体的彰显，不是思想禁锢而是价值凝聚，从而有效弥合教育者与受教育者之间的价值差异，有利于引领正确的政治方向、明确归属、框定职责、激发共识、强化动力，以强烈的共识奠定同心同向育人的思想基础。高校思想政治教育共同体明之以理，才能以理论自觉指导协同实践，以理论探索关照高校思想政治教育共同体协同育人实践，共谋高校育人实效。透视社会分化与整合的解题思路，探讨共同体各构成主体的通力合作，把握高校思想政治教育共同体协同育人的密钥，才能夯实关键，做到有的放矢。"理论只要说服人，就能掌握群众，而理论只要彻底，就能说服人。"高校思想政治教育共同体研究的目的是为了更好地关照高校思想政治教育实践。探索推进高校思想政治教育共同体构建，不仅为高校开展思想政治教育协同育人提供学理支撑，强调以理服人、增强理论认同、实现价值导向、激发内生动力和实践认同，提高高校思想政治教育的针对性、实效性和创新性，协同共谱"教育和声"、共谋育人实效。总之，高校思想政治教育共同体是立足于实现高校立德树人的根本任务，助推大学生全面发展的价值追求和实践指向。

二、高校思想政治教育共同体构建的现实性考量

"现代性作为现代社会发展的重要特征始终伴随着人类迈向现代化的发展道路。基于现代性背景下，透视世界发展的现代性理路，分析高校思想政治教育的现代性困惑，进而探索高校思想政治教育共同体构建的内在逻辑。"可以说，世界发展的现代性理路和高校思想政治教育的现代性困惑都是高校思想政治教育理应客观面对和深入思考的现实境遇。而"高校思想政治教育共同体构建"命题的提出，正是推进高校思想政治教育实效性研究和进一步回应现实诉求的积极探索。

（一）人类社会的现代性路向

伴随着机器大工业和雇佣劳动为基础的资本主义生产方式在全球的扩张，加速了人类历史向世界历史转向的步伐，随之而来的是人们的生产方式、生活方式和生活观念的转变。"资产阶级在它的不到一百年的阶级统治中所创造的生产力，比过去一切世代创造的全部生产力还要多，还要大。"资本主义生产方式给人类带来文明进步的同时，随之而来的是各种社会矛盾，世界上的任何一个国家在推进自身文明发展的历程中，都不能舍弃或者回避现代性的问题。"这个曾经仿佛用法术创造了如此庞大的生产关系和交换手段的现代资产阶级社会，现在像一个魔法师一样不能再支配自己用法术呼唤出来的魔鬼了。"以人类不断祛魅和世俗化的追求，现代性与现代化如影随形、相伴而生。现代性涉及政治、经济、文化、社会和生态等多重维度。启蒙以来理性取代了蒙昧，个人的主体性也获得了解放，与此同时，自然资源的有

限和人类贪婪的无限之间的矛盾，以及物化关系充斥并扭曲了各种社会关系，出现了商品拜物教、货币拜物教以及资本拜物教等异化现象。

伴随着高新科技，特别是信息技术领域众多新发明创造的应用，以及以金融资本全球化为代表的全球化进程的逐步加快，人类又开始面临更多、更为严峻的新问题。毋庸置疑科学技术给人类带来了无尽的便利，克服了传统资本运作的瓶颈，摆脱了地域和空间的限制，然而新的科学技术片面强调工具理性和科技至上，导致人类困于其中无法自拔，现代性二律背反本质昭然若揭，人类在享受从传统文明到现代文明生产力飞速发展的同时，也面临着经济危机频繁爆发、工具理性僭越、政治意识形态渗透、生态环境破坏、个人主义盛行、殖民主义和独断专制主义兴起等问题。整个社会的价值追求趋于功利化、工具化和现实化，迷恋和热衷于物质、金钱、权力，而对如理想、信念等精神追求不屑一顾、置若罔闻。

"'现代性'是一个有待进一步反思的问题，而非解决一切问题的答案。一方面，现代性的出场具有一定的历史必然性，人们不得不顺应现代性；另一方面，现代性的反思性特征又使人们不得不超越现代性。"必须清晰认识到资本主义生产方式给人类带来文明进步的同时，随之而来的是各种社会矛盾，世界上任何一个国家在推进自身文明发展的历程中，都不能舍弃或者回避现代性问题。"马克思以资本为核心立足点，通过对资本文明以及异化劳动、拜物教等'现代社会'发展过程中的悖论或二重性的揭示，从总体上把握资本主义社会发展规律，从而为变革现代性提供了理论基础。马克思现代性批判的要旨在于终结现代性。"不证自明的是，任何一个国家在探索发展过程中都绕不过现代性问题，面对复杂的全球化发展态势和人类治理困境，理应加强对现代性的审视、反思和批判。

（二）高校思想政治教育的现代性困惑

虽然在马克思、恩格斯的经典文本中并未对"现代性"这一概念进行系统的论述，但"现代"一词多次出现，正如列宁所言，"马克思在独特的意义上使用'现代社会'一词"，马克思所指的"现代"和"现代社会"均指资本主义社会。在研究和揭露资本主义社会的实质过程中，客观地辩证地审视了现代性问题，一方面资本主义的发展带动了人类历史的巨大进步，另一方面也揭露了资本主义带来的一系列异化问题。历史在向世界历史转变的历程中，以资本为主导的生产关系迅速向全球蔓延，中国从最开始的被动融入到改革开放的主动出击。"改革开放打开了国门，也打开了潘多拉的盒子。"现代性作为现代社会发展的重要特征始终伴随着人类迈向现代化的发展道路。启蒙运动以来盲目乐观的进步观受到现实强烈的回击，人类仿佛刚从宗教神学权威里解放出来，就陷入了以进步的名义随之而来的深层次困境和危机，由此西方理论界开启了理论反思与回应。现代性与后现代性围绕以"理性"褒贬与否展开了旷日持久的论争，当西方面临是批判、解构、捍卫还是重构现代性的论争时，中国思想文化领域正经历对现代性和后现代性的认知、思考、研判与抉择的考验。资本的逻辑当道，中国在步入现代化的历程中，各领域都面临现代性考验，现代性一体两面的悖论彰明较著，高校思想政治教育现代化进程中也不可避免地要面临现代性困境。

高校思想政治教育是培养能够担当民族复兴大任时代新人的重要环节，而高校思想政治教育现代化进程中一个不可回避的问题就是现代性困惑。积极探索和构建高校思想政治教育共同体，是强调各方面力量的有效整合、同频共振、同心同向共同应对和防范意识形态风险的现实考量。分化是事物发展从一元到多元裂变实属发展的规律和常态，而整合则是应对分化的主要路径。正因为分化与整合的矛盾运动铸就生生不息的发展动力，任何观点的提出都是基于特定历史和现实背景，因而接下来需要厘清现代性背景下高校思想政治教育共同体构建之间的内在逻辑。人类社会一切科学研究不仅仅是知识的生产，还有一个非常重要的方面在于推动认识和实践的发展。高校思想政治教育共同体的提出合乎思想政治教育规律，顺应大学生的成长发展规律和愿景，从整体上助推高校思想政治教育的发展。总的说来，当前高校思想政治教育的现代性困惑主要体现在以下三个维度：首先，多元社会思潮对大学生价值观念的冲击。当前，全媒体时代思想文化交流和传播不受时间和空间的限制，西方国家利用其经济优势，占领思想话语传播的制高点，多元化社会思潮存在消解主流意识形态的风险和挑战，其泛化和去政治化倾向明显。鱼龙混杂的信息潜移默化对大学生的文化认知、文化水平和文化自觉产生冲击和影响，极易误导大学生的思想观念和价值取向。其次，工具理性的兴起和价值理性的式微。在资本逻辑本性驱使下，漠视人的精神向度追求，片面追求价值利益最大化，随之而来的是精神世界贫乏和社会道德滑坡，不同程度地造成大学生思想混乱和价值模糊，以及物化了的社会关系造成高校思想政治教育实效危机。最后，高校思想政治教育合力疏离。高校各部门在实际工作中"各自为营""条块分割"的壁垒现象确有存在，立足于各自的"一亩三分地"落实具体工作职责，呈现高校思想政治教育分散、分隔和分离状态，高校思想政治教育共同体协同育人的意识相对淡薄，缺乏从整体和系统角度考察高校思想政治教育实践。

（三）高校思想政治教育共同体的探索与抉择

"如果说现代化的环境和语境给社会转型时期的思想政治教育带来了挑战和困惑，那么现代性的逻辑和灵魂为思想政治教育的创新和发展提供了机遇和路向，这种破和立的张力推动了思想政治教育凤凰涅槃式的现代转型。"首先必须明确的是，现代性是高校思想政治教育创新发展不可回避的时代特征，不可否认的是，现代性为高校思想政治教育发展提供了新论域、新动力和新方法的同时，也带来了意识形态渗透、精神世界贫乏和社会道德滑坡，不同程度造成了大学生思想混乱和价值模糊。在社会转型的特殊历史时期，在推进高校思想政治教育现代化发展的历程中，必须清晰地认识到：一方面，高校思想政治教育的现代转型是时代发展的逻辑必然；另一方面，伴随现代性而来的各种矛盾冲击也不同程度地影响着当代大学生的思想文化意识。在推动高校思想政治教育发展的历程中势必经历"顺应现代性""批判现代性"再到"重构现代性"的过程。换言之，现代性二律背反特质让高校思想政治教育处于一个"战略机遇期"，又是一个"矛盾凸显期"。明晰世界发展的现代性理路，梳理高校思想政治教育的现代性困惑，进而提出进一步提高高校思想政治教育实效的抉择和探索，即现代性背景下高校思想政治教育共同体构建的内在逻辑。

"在现代性条件下克服分裂最基本的方式就是以整合的方式塑造统一性。分化和整合是把握现代性的一对重要范畴，也是现代社会演化的内在机制。如果说现代性的'分'造成了思想政治教育专业化、自主化的话，那么，整合则塑造思想政治教育自身的统一性，消除现代性'分'对思想政治教育的负面效应，进而提升思想政治教育与社会之间的联动效果。"任何事物的发展演化都经历了相应的轨迹。同样，高校思想政治教育共同体的生成发展也是现代性背景下，客观审视教育生态的变化，以共同体思想政治教育性与思想政治教育共同体性耦合运动发展的产物。理性自觉地构建高校思想政治教育共同体是思想政治教育自觉的重要时代课题。

现代性背景下，如何调动各方面的积极力量，探讨构建高校思想政治教育共同体助推高校思想政治教育协同育人的路径和方法研究，是当前和今后很长一段时间推动高等学校改革发展的重要议题。现代性视域下，高校思想政治教育共同体的提出有其必要性和现实性，是高校思想政治教育现代性困境倒逼高校思想政治教育发展的基本思考，是顺应时代发展和高校思想政治教育实践的路径和方法。现代性背景下高校思想政治教育共同体构建的提出，有利于克服高校思想政治教育现代性弊端，积极探索和构建高校思想政治教育共同体，强调各方面力量的有效整合、同频共振、同心同向，共同应对现代性困惑，共同构筑高校思想政治教育实效性的强劲动力。

三、高校思想政治教育共同体构建的可能性分析

关于"高校思想政治教育共同体"构建的可能性追问，是推动高校思想政治教育共同体育人的前提条件。总的来看，高校思想政治教育共同体构建的可能性分析应着眼于两个方面，一是党和国家的方针政策，二是在于各构成主体的利益诉求。

（一）党和国家的导向需求

1. 党的领导人的系列重要论述

中国共产党历来高度重视为党育人、为国育才，因而，应充分认识和把握高校思想政治教育在人才培养中的重要意义。近年来，以 2016 年全国高校思想政治工作会议为起点，党的领导人发表了关于高校思想政治教育的系列重要论述。

序号	时间	会议名称	论述者	重要论述
1	2016 年 12 月 7 日至 8 日	全国高校思想政治工作会议	习近平	把思想政治工作贯穿教育教学全过程，实现全程育人、全方位育人
2	2018 年 9 月 10 日	全国教育大会	习近平	把立德树人融入教育（思想道德、文化知识、社会实践）各环节
3	2019 年 3 月 18 日	学校思想政治理论课教师座谈会	习近平	学校思想政治工作不是单纯一条线的工作，而应该是全方位的。学校教职员工与思政课教册的相辅相成关系，建立人才培养体系，形成协同效应

2. 国家各部门的方针政策导向

除了党的领导人的系列重要论述，国家相关政策文件也密集出台，为助力高校

思想政治教育协同创新提供了政策保障。

通过对近年来党的领导人系列重要论述和国家各部门的方针政策梳理不难发现，相关政策文件聚焦"高校马克思主义学院""高校思想政治理论课""课程思政""高校思想政治工作体系"等维度的建设问题，表达了高校思想政治教育全体总动员的可能性和必要性。一系列政策文件的出台、相关项目的推进，从国家层面助推高校思想政治教育的系统推进和整体优化，为高校思想政治教育共同体育人奠定了方针政策基础，共同构成了高校思想政治教育共同体构建的可能性要件。

（二）高校思想政治教育共同体各主体的利益诉求

在马克思主义经典文献中常见"人的需要""物质需要""精神的需要""文明的需要""对货币的需要"等等，"需要"作为一个重要范畴，在涉及马克思主义人的现代化发展时，马克思以"需要"来审视和考察人的本质及其发展，认为人的需要是一种"内在的必然性"，马克思个人的思想成长与研究转向也是基于现实的物质利益难题。马克思认为，"人们奋斗所争取的一切，都同他们的利益有关"。马克思发现，不是政治权力推动历史发展，而是现实的利益成为推动社会发展的原动力，正因为人的各种需要内蕴了矛盾的萌芽，萌发了人们活动的原动力，"每个人的现代化不是出于外力的强加，而是出于个人的内在需要"。可以说人类社会的发展和进步离不开人的需要。"'共同利益'是结成共同体的内生动力，也是维系共同体稳定的纽带。从整个世界来看，人类命运共同体就是基于世界利益诉求的价值倡导；从世界区域角度来看，欧盟、东盟、上海区域合作组织等就是世界区域利益诉求的价值呈现；从特定场域来看，高校思想政治教育共同体是基于立德树人教育任务的价值追求。"共同利益呼唤共同价值空间，从而生成社会整体功能并维系其存在与发展。高校思想政治教育共同体正是基于共同体各构成主体的共同利益为前提的价值表达，共同利益维系着共同体的形成和发展，各构成主体正是借助共同的利益追求，逐渐形成一种约定俗成的价值理念和生活方式，从而共担责任、共谋发展、共享成效。

高校思想政治教育是培养担当民族复兴大任时代新人的重要环节，其地位和作用是显性的。近年来，无论从理论研究还是实践进展来看，高校思想政治教育都取得了较大成就。但显性背后存在着现实困境与不足，如高校思想政治教育协同不足和实效不彰等问题，这不是纯粹的理论猜想，而是现实的矛盾所在。存在上述问题的原因之一在于，实质主体、实践主体和受益主体之间的关系并未厘清，三者之间的共向效应还未得到有效发挥。如何提高高校思想政治教育实效等现实问题，是萦绕在党和国家以及思想政治教育理论者面前，亟待解决的理论和现实问题。"是否重视、能否回应、有无关切这些合理诉求，直接关乎思想政治教育的有效开展和实际效果。"发现问题、剖析问题不是目的，而解决问题才是出路。研究论题的提出不仅是告知与被告知的问题，而且是需要主动建设和发展的进程。正如张耀灿等在《现代思想政治教育学》中探讨思想政治教育学的重要范畴——教育者和受教育者时指出，"促使受教育者从被动向主动、从客体向主体转化则是完成思想政治教育过程、达到思想政治教育目的的关键"。也就是说，高校思想政治教育共同体是高校思想政治教育实质主体、实践主体和受益主体基于共同的价值归属所衍生形成的利益攸关的关系性存在。基于共同体利益共生点的价值纽带而形成的关系性呈现，其"利益诉求"是推动高校思想政治教育的原动力。高校思想政治教育共同目标即表现为高校思想政治教育共同体的共同利益关系张力，共同利益不仅彰显整体利益，同时亦能推动个人利益的实现。高校思想政治教育共同体育人能够实现各构成主体的利益诉求。如高校思想政治教育共同体实质主体，实现了党和国家层面的思想政治教育目标，利于为党育才、为国育人奠定人才基础。高校思想政治教育共同体实践主体，有利于挖掘各自岗位的育人元素，同向同行落实"立德树人"的根本任务。"需求"与"态度"正相关，高校思想政治教育共同体受益主体，其成长成才的需要是其自身的规定性，同时也是其积极主动融入、实现自我发展的内在驱动力。正因为"利益诉求"的存在，高校思想政治教育共同体同心同向育人成为了可能。

胡心红曾在其专著《思想政治教育有效性与方法论研究》中，梳理了国内外思想政治教育实效性的相关研究，据此提出以往相关研究存在"先验的认知图式"，也就是说，对思想政治教育的实效的监测和评价掌握在教育决策者和教育者那里，这时就造成"主体僭越"，相应的监测主体僭越了德育的真正主体，即受教育者被忽视和忘却了，所以，解悖之道在于让主体回归，让德育复归本真。总而言之，在立德树人根本任务的行动指南指引下，高校思想政治教育共同体构建是合规律性与合目的性统一的逻辑彰显。高校思想政治教育共同体构建的可能性向度在于，以高校立德树人的根本任务为导向，实现高校思想政治教育质和量的价值理性和公共趋向。

第四章 高校思想政治教育共同体育人的现状分析

高校思想政治教育共同体具有积极的功能和价值，科学认识和有效把握高校思想政治教育共同体的功能定位和价值意蕴，对于合理借鉴并融入实践具有积极意义。为更好地指导实践，理应以现实为依据，应用调查研究法对高校思想政治教育共同体育人的基本概况有基本的了解。自奥古斯特·孔德为代表的西方学者把实证研究方法引入哲学社会科学研究以来，深远地赋能哲学社会科学的快速发展。任何一门学科的成立都离不开科学性的前提，思想政治教育也不例外。因而，问题研究立足于基本理论分析之后，这一章节将以实证调查研究为基石，设计编制问卷调查和访谈方案，提出高校思想政治教育共同体构建的问题假设，收集整理分析数据，归纳和总结高校思想政治教育共同体育人的基本情况，以实证数据和文献材料来论证本文观点，为后文探索高校思想政治教育共同体构建的基本路径提供依据支撑。

第一节 高校思想政治教育共同体育人存在的问题

"伴随'课程思政'的推广，我们在教学设计过程中会融入适当的思政元素。比如在教学中期检查时，校内督导专家强调每一章教案应内含一个思政案例。在教学督导专家听课的时候，会提及课程思政元素的挖掘。但是由于自身理论素养不够，也缺乏相应的理论指导，所以在具体实践中存在对于思政元素的挖掘不够、不深的情况。总的来看，整个教学就是自顾自地完成相应教学任务，缺少协同育人思维。"

——某校教师访谈摘要

习近平在"3·18"座谈会（学校思想政治理论课教师座谈会）上强调，广大思想政治理论课教师要做到"六要"，其中一点就是强调"思维要新"。思维方式决定了人们认识、分析和处理问题的基本观念和行为方式，人们的一切活动都与思维方式紧密相连。高校思想政治教育实效的收获不仅需要高校思想政治理论课教师思维要新，而且也是高校思想政治教育共同体共同的价值追求。高校思想政治教育共同体秉持什么样的思维方式，也决定和影响着高校思想政治教育共同体协同育人实践。改革开放以来，伴随着社会环境的变化，社会分化、价值多元，高校思想政治教育存在的局限和问题也逐渐暴露出来。就高校内部而言，各行政管理部门、教师、辅导员等分工明确，育人理念和价值目标各异，条块分割、各自为政、"各管一摊"，相应地存在单一思维、分散思维和个体思维，不同程度地存在单一化、片面化、割裂化的偏差和不足，因而导致彼此间育人思维固化，缺乏系统思维、协同思维和共同体思维。高校思想政治教育共同体存在立德树人任务不明确、育人职责定位不清晰、协同育人意识不到位，因而存在高校思想政治教育选择性执行、差异性执行。在高校思想政治教育领域出现的"解题低效"问题，缺乏思维创新则会因循守旧、固步不前、思想僵化，因而也迫切需要思维方式的转变，规避思维方式"单一化""分散化"和"个体化"的窠臼，突破思维固化的束缚藩篱。

二、高校思想政治教育共同体育人机制滞后

高校思想政治教育共同体不是各构成主体的简单相加，而是各构成主体融合发展的"命运与共"的关系存在。高校思想政治教育共同体"大思政"格局理应是一个应然状态，然而实然却存在不同程度的问题。高校思想政治教育共同体理论设想的行稳致远，需要机制建设的奠基助力。

"高校'全员育人'已是落实立德树人根本任务的共识，如何实现协同育人，或许可以从机制建设不足角度进行分析。"

——某校马克思主义学院办公室主任访谈摘要

高校思想政治教育共同体育人除了主观上的认识不足和思维局限，其主要局限还存在客观上的机制建设滞后和缺位等问题。高校思想政治教育理论探讨与实践落实之间"说一套做一套的两张皮"现象确有存在，各自为政、相互割裂、彼此隔阂、其间抵牾的情况确有存在，"全员育人"存在流于形式的情况，没有形成耦合协同效应。高校思想政治教育共同体实效发挥离不开相应的机制导向，机制建设是高校思想政

治教育共同体取得实效的前提条件。然而，现实高校思想政治教育共同体机制不健全，难以适应高校思想政治教育发展的现实任务和要求。近年来，各高校严格按照党中央部署和要求，主动跟进、推动高校协同育人，但也有少部分高校对高校思想政治教育重视不够，在高校思想政治教育共同体协同育人体制建设方面略显不足。社会转型背景下，与高校思想政治教育的生动实践对比起来，高校思想政治教育共同体体制在整个系统中却略显滞后。在重视高校思想政治教育的同时，建立健全相关体制机制才能互相配合、取得实效。

三、高校思想政治教育共同体育人话语阻隔

教育内容、教育导向、教育艺术蕴藏于话语中，话语是教育的基础承载，没有话语也就没有教育。高校思想政治教育也需要话语评价实现交流和沟通，以达至教育目的，实现教育实效。高校思想政治教育共同体育人作为提高高校思想政治教育的理论探索和现实考量，迫切需要把握高校思想政治教育共同体育人话语适切性。

"教育对象年轻化是高校思想政治教育的一个亮点，大学生作为'网生一代'，他们的学习和生活都与网络密切相连。在推进高校思想政治教育过程中，能否实现话语更新，掌握话语权，事关高校思想政治教育实效。"

——某校辅导员访谈摘要

"高校思想政治理论课是政治的宣讲？是照本宣科？是科学的附庸？其学科的学理性常常备受诟病，因而，高校思想政治教育时常面临'说起来重要、忙起来不要'的尴尬境地。在全球化历史背景下，高校思想政治教育作为维护国家意识形态安全的前沿阵地，维护高校意识形态话语空间显得尤为重要。"

——某校马克思主义学院教师访谈摘要

然而在实践中，高校思想政治教育共同体育人话语也面临一些挑战。一方面，从外部影响因素来看，存在"全球化话语的多元化、渗透性带来的挑战"，网络社会的复杂化、虚拟化带来的挑战。大学生作为"网生一代"，更易于和乐于接受网络话语和新媒体的传播路径，高校传统思想政治教育话语与网络话语形成不可忽视的矛盾和冲突。高校思想政治教育共同体育人，若不能紧跟时代步伐，创新和发展高校思想政治教育话语，则可能造成高校思想政治教育共同体实践主体和受益主体之间的

交流阻滞。高校是维护意识形态安全的前沿阵地，如何守护高校思想政治教育话语空间，是高校思想政治教育的重要维度。另一方面，从内部影响因素来看，社会分化造成高校思想政治教育共同体内部不同的话语之间难以做到有效沟通与对接，话语更新和传达不及时，学科话语、学术话语和工作话语有着独立的话语准则，其相互之间的差异性、融贯度远远不够。

四、高校思想政治教育共同体育人共识匮乏

高校思想政治教育是一项复杂的系统工程，并非局限于高校思想政治理论课教师"独白式"的"经营"，高校思想政治教育共同体实践主体的任何一个方面都不容忽视，都是推动高校思想政治教育的重要力量。高校思想政治教育共同体旨在充分调动高校一切育人力量，最大限度整合高校所有育人元素。然而，在推动高校思想政治教育实效过程中，高校思想政治教育的责任主体纳入不全面、全员参与不广泛、责任定位不清晰，"大思政"格局尚未形成。

"近年来，国家层面高度重视高校思想政治教育，学校层面也积极贯彻部署相关工作。在辅导员例行工作中，我们都对标要求，做好大学生思想政治教育工作。但是，在如何推进高校思想政治教育协同育人方面，可能还略显不足。通常，我们学校二级学院辅导员经常与校团委联合开展系列活动，如暑期'三下乡'活动、迎新活动、迎新晚会等，与其他部门的对接相对少。"

——某校辅导员访谈摘要

"最近几年，在高校工作开展中，'思政课程'与'课程思政'是大家耳熟能详的关键词。学校在教学会议、评估工作中经常强调，在教研立项方面也向这两类课题倾斜，除了学校宣传部、校团委、学生工作部、马克思主义学院以外，其他行政管理部门工作人员的思想政治教育育人元素的挖掘还有所欠缺。"

——某校二级学院党委书记访谈摘要

高校思想政治教育并非仅仅局限于"思政课程"与"课程思政"，其他行政管理部门工作人员在高校思想政治教育中的"缺位"情况亟待改变，大学生的共同体意识也需要点播。高校思想政治教育共同体之间由于认识的偏差及共同体意识的匮乏，并未深刻认识高校思想政治教育共同体"命运与共"的关系性存在。高校思想政治

教育共同体没有发挥"共生效应"、形成"共振效应"和实现"共融效应"，高校思想政治教育共同体为推动大学生的全面发展的设想就难以为继。由于高校思想政治教育共同体意识的匮乏，缺乏休戚与共的情感共鸣，随之而来的是高校思想政治教育共同体之间关系的疏离，遑论高校思想政治教育"命运与共"的共同体实效。

第二节　高校思想政治教育共同体育人存在
问题的归因剖析

为有效发挥高校思想政治教育共同体的功能和价值，其前提在于对制约高校思想政治教育共同体发挥作用的制约性因素进行"全景式扫描"，弄清楚为何高校思想政治教育理想追求与高校思想者政治教育实际效果之间存在鸿沟，弄清楚高校思想政治教育共同体实然与应然之间存在的差异。本研究基于调研数据和访谈信息进行量化分析的基础上，收集整理查阅相关文献资料，梳理了高校思想政治教育共同体协同育人存在问题的主要原因，强化了问题研究的理论阐释，以此来弥补问卷量化资料的不足，以期为后文探讨高校思想政治教育共同体构建寻找解题思路。研究对高校思想政治教育共同体育人存在问题的归因剖析认为，系统内部要素疏离分散、西方话语霸权现实挤压、现实工具理性价值冲击和全媒体化传播潜匿挑战等，都是影响高校思想政治教育共同体实践的现实影响因素。

一、系统内部要素的疏离分散

梳理高校思想政治教育共同体育人所存在的现实问题不难发现，高校思想政治教育共同体系统内部要素的疏离分散是其主观原因。高校思想政治教育共同体作为一个系统性存在，其系统内含的各要素，如高校思想政治教育共同体主体、理念和环境等，其有机衔接、相互协作、互相配合才能共筑高校思想政治教育实效。反观高校思想政治教育共同体育人实践不难发现，各相关性要素之间存在彼此脱节分离的想象，并未以"共同体"的形式作用于高校思想政治教育实践，割裂了高校思想政治教育共同体的统一性，所以相应地存在高校思想政治教育实效不佳的现实困境。高校思想政治教育共同体系统内部各要素的同向融合是提升高校思想政治教育实效的重要途径，也是实现高校立德树人根本任务的重要载体。当前高校思想政治教育系统内部要素存在疏离分散的情况，不利于高校思想政治教育共同体形成正确价值定位和践行同心同向的实践举措。概括而言，产生这些问题的原因主要缘于以下几点。

首先，高校思想政治教育共同体育人主体的分散。提高高校思想政治教育实效离不开实质主体、实践主体和受益主体的同向合作，无论是顺应高校立德树人根本任务的发展导向，还是关照高校思想政治教育实效的实践推进，都离不开高校思想政治教育共同体各主体的职责明确、相互配合。然而当前高校思想政治教育共同体育人主体之间却存在不同程度的分离和分散，例如在高校育人实践中，存在忽视除了高校思想政治理论课教师以外的育人力量，忽视高校全体总动员同向育人的可能，忽视大学生作为受益主体的主体地位等情况，高校各职能部门的思想政治教育育人元素的挖掘不到位，高校思想政治教育共同体育人主体并未实现全员调动，这一系列情况都不利于高校育人主体的聚合、凝聚育人合力。各主体责任有别、分工悬殊、业务各异，但同向同行实现立德树人根本任务的目标归属是一致的，因而高校一体化育人体系还有待加强。

其次，高校思想政治教育共同体育人理念的差异。价值理念是行动的先导，只有高校思想政治教育共同体育人理念的更新，才会有高校思想政治教育共同体育人实践的跟进。然而反观高校思想政治教育实践，高校思想政治教育共同体育人实践却不尽如人意。在这里强调育人理念主要指的是高校思想政治教育共同体实践主体之间的理念差异。高校思想政治教育共同体理念内蕴的整体、协同和融合要义并未被深刻理解和把握。高校思想政治教育共同体实践主体立足于自身的"一亩三分地"完成岗位工作，较少或忽视相互之间的系统融合，处于同向协作的理念不强、协作育人积极性不高、育人实效不佳的现实困境。此外，伴随着在大数据、人工智能、算法等新一轮技术革命的驱动，人们已置身于多感知通道传播的场景时代，缺乏互联网时代协同育人理念，线上线下育人载体的耦合还不到位，观念落后、方法成就、实效不佳，就无法实现以新技术观教育促协作谋发展。

最后，高校思想政治教育共同体育人环境的局限。当前，高校思想政治教育共同体育人实效有待提升，除了理念有待更新、主体有待协同以外，还需要环境营造的作用发挥。"教育的实质是营造'环境'，通过环境培育人才。"环境是育人的载体，高校思想政治教育共同体是社会大系统中一个相对独立的子系统，关涉高校思想政治教育的相关环境都会影响高校思想政治教育共同体功能和作用的发挥。其中国际国内的社会经济、文化和政治环境都影响和作用于人的思想和行为。网络环境也空前复杂，大学生无人不网、无处不网、无时不网，网络环境俨然已经成为与经济社会文化家庭等环境影响要素相关的重要因子，成为影响大学生成长发展的重要场域。然而网络环境参差不齐，线上线下融合不佳，校园网络监管、舆情掌握、网络平台建设、网络队伍建设等略显不足，各方面环境并未形成同向同行的育人格局。此外，校园文化育人环境作为高校文化育人的重要载体，在文化环境建设、明确校园文化育人目标、发挥校园文化潜移默化的熏陶作用，从而更好地践行校园文化育人使命等方面都有不断加强和改进的空间和可能。

二、西方话语霸权的现实挤压

苏联的建立标志着世界"一球两制"格局的形成。至此以美国为首的西方国家，从未停止"话语武器"在意识形态领域的渗透和攻击，妄想建构西方意识形态成为世界各民族膜拜的"文化图腾"。世界话语格局"西强东弱"的情况未曾改变，西方发达国家秉持西方中心主义霸权思维，掌握议题设置、话语资源和话语裁判，操控话语生产、传播和销售，以"和平演变"的方式打压异己，设置思想陷阱推波助澜，使苏联和东欧破防，走上了改旗易帜的不归路。回溯这段历史可知，形成鲜明对比的是，一方重视意识形态话语建构，夹杂和裹挟文明傲慢和意识形态偏见，另一方则弱化和放弃了话语建构和传播，亦步亦趋自毁长城地把社会主义的发展"拱手让人"。"一定的意识形态总是以一定的语言为载体的。也就是说，既不存在无语言载体的意识形态，也不存在无意识形态导向的空洞的语言形式。"西方话语霸权的现实挤压，是导致社会主义国家亡党亡国的幕后推手。总结经验教训，值得反思的是，中国必须强化国家意识形态话语建构的理论研究和实践推动，应避免"被动应付"，采取"主动出击"，以构建新时代中国特色社会主义话语体系，锻造抵御西方各种意识形态渗透的话语武器。

与西方种种制度危机形成鲜明对比的是，当下，中国特色社会主义进入新时代，中国在经济建设、核心技术、基础设施、制度建设、民生工程等方面实现了跨越式发展,展现了"风景独好"的发展势头,强有力论证了并非只有西方模式是通往现代化的唯一出路。中国成为西方发达国家觊觎和掣肘的对象,西方发达国家未放弃以隐蔽的话语"叙事"、新闻"叙事"冠冕堂皇植入其价值观念,"强权即公理"成为西方某些国家的座右铭。西方强势话语对中国的国际舆论传播、对外交流合作等形成干扰和阻碍,制造"中国威胁论""修昔底德陷阱""中国崩溃论""历史终结论"等不实言论,抢占话语霸权的制高点,暴露其全球化战略的欲望和动机。新自由主义、历史虚无主义、普世价值和宪政民族思潮等社会思潮沉渣泛起,打着自由、平等和民主的幌子"传经布道",俨然以欺骗伎俩为资产阶级利益攫取"开道护航",不遗余力篡改历史、抹杀记忆、漠视功绩、兜售民主、标榜人权,指鹿为马制造迷障以妖魔化共产党的领导和社会主义制度,动摇人心、弱化制度,企图扼杀中国对抗可能性,实现真正的"不战而胜",瓦解马克思主义意识形态指导地位,进而达到颠覆政权、实现西方资产阶级垄断利益的价值归宿。

"西方话语霸权是历史的产物,有其内在的形成机理:西方的发展优势借助学术包装,转化为话语优势;西方的话语优势借助越界本能,转化为话语空间优势;西方话语的空间优势借助资本逻辑和国家力量,转化为道路和制度的同质化过程。西方话语霸权,其终极目的在于塑造一元话语世界和现实世界。哪里有霸权,哪里就有反抗。"在全球化背景下,话语霸权一直是西方意识形态渗透的重要支撑力量,全球化话语中的各种社会思潮,正逐渐渗透、解构和威胁作为国家意识形态的马克思主义思想政治教育话语权。我国高校思想政治教育者传播主流意识形态的主体地位呈现"去中心化"趋势,教育的主体和权威受到威胁和挑战。西方国家话语霸权企图推进西方文化价值观的优越化、扩张化和普适化,从而牢牢占据人类社会精神生产的制高点,掌控世界话语的权威性和解释权,其文化霸权主义行径显露无遗。如果任由西方国家话语霸权"大行其道",全媒体视域下,各种海量信息良莠不齐、交错混杂干扰和影响着大学生形成正确的思想认识和价值判断。西方国家话语霸权的现实挤压则可能造成大学生落入西方话语霸权的"文化侵略""思想殖民"圈套,大学生极易成为"被迷惑""被煽动""被蛊惑"的"策反"对象。各种错误的意识和情感不断地膨胀和涌现,盲目崇拜西方价值和文化,追捧"舶来"节日和文化,则会造成对于主流意识形态的消解和弱化,造成大学生陷入思想混乱、理想模糊、信仰迷茫、价值无序和精神失落的困境，加大了高校思想政治教育的难度。

高校思想政治教育是传播国家主流意识形态的主渠道和主阵地，客观认识和正确对待西方话语霸权的现实挤压是有效应对客观形势挑战，并切实应战的前提和基础。"网络的开放性为各种社会思潮的涌现和渗透提供了一个广阔的空间。各种各样的社会思潮、'主义'充斥于校园互联网上，在很大程度上削弱了马克思主义在高校意识形态中的主导地位。"西方所谓的"意识形态的终结""非意识形态""去意识形态化"等论述都是掩盖事实的谎言，都是横亘在国家发展面前不可忽视的大山。世界上任何一个国家无一例外的是，伴随经济化浪潮而面临异质文化的交流与碰撞，在这过程中毫无意外的就是，西方发达国家以其经济优势和科技地位，以高势位文化优势掌握着话语主导权，通过各种形式兜售和实现其意识形态输出，展现了不平等"输出"与"输入"关系。此种不平等情况同样存在于我国，所以也有学者提出"警惕殖民文化"的危机。因思想文化领域多元文化和价值观念的激烈碰撞，这也势必带来高校思想政治教育领域主导权等挑战问题。此外，"数字化生存"和"网络化生存"犹如硬币两面性，既拓宽了学习的途径和方式，无论何时何地，只要网络在线，学生学习成长就可实现。但是，毫无疑问，问题与困境同在。网络信息发展既可以赋能高校思想政治教育，推动高校思想政治教育协同育人，同时亦可成为高校思想政治教育发展的阻力，对高校思想政治教育目标的实现带来严峻的挑战。

三、现实工具理性的价值冲击

德国著名社会学家马克斯·韦伯曾提出"理性人"假说，以"工具理性"和"价值理性"两个范畴来分析和探讨人的社会行动。其中"工具理性"昭示了以目的为转移，其动机考虑效果最大化；"价值理性"则以价值为判断标准，考量和追问人生价值和意义。开展高校思想政治教育实践中的"工具理性"和"价值理性"，是高校思想政治教育的两种基本形态。"从理论上看，在思想政治教育中工具理性与价值理性是辩证统一的，一方面工具理性是价值理性的基础和前提，并体现着价值理性的要求；另一方面价值理性是工具理性的目标和归宿，并为工具理性提供动力保障。"高校是维护意识形态安全的前沿阵地，推动高校思想政治教育具有直接的目标导向定位，彰显了高校思想政治教育的"工具理性"。高校思想政治教育在强调合乎人的目的和主体性时，则可能消解或者弱化高校思想政治教育本质的风险。二者都有其合理向度，但其本身的局限性又必然引发各种批判。如果高校思想政治教育一味地强调"工具理性"，强制灌输、宏大叙事，适得其反的是，以效率和利益最大化为导向，则可能受到各种社会思潮的侵蚀，遮蔽和掩盖了人的精神追求，导致不同程度的思想偏差和价值困惑，无意于高校思想政治教育实效。相反只强调"价值理性"，则可能由于一味地简单迎合受教育者的情况，忽视或背离思想政治教育的政治本质。大学生获得感不仅需要"工具理性"的指引、导向和服务，还需要"价值理性"的沁润、改造和涵养。高校思想政治教育在坚持社会主义办学方向的同时，维护意识形态安全，坚持以学生为本，关照大学生精神世界的丰盈，双管齐下营造科学、稳定、和谐、发展的育人环境。因而，高校思想政治教育"工具理性"和"价值理性"的融合统一，避免二者的相互分野，保持相互的合理张力，找到平衡，求得实效。

然而，当下中国正处于传统社会向现代社会过渡的社会转型时期，科学技术给人类带来了无尽的便利，克服了传统资本运作的瓶颈，摆脱了地域和空间的限制，然而新的科学技术却成了人类发展的桎梏。片面强调工具理性和科技至上，导致人类囿于其中无法自拔。工具理性的兴起和价值理性的式微，工具理性的滥觞所伴随的就是物质世界的充裕和精神世界贫困。1982年，尼尔·波兹曼撰写了《童年的消逝》，揭露和批判了人类文化精神的枯萎现象。在资本逻辑本性驱使下，漠视人的精神向度追求，片面追求价值利益最大化，不免陷入技术崇拜、工具崇拜、利益崇拜和效率崇拜的困境而无法自拔，不同程度地出现精神世界的贫乏和社会道德滑坡等现象。这反映了片面的工具理性追求，不同程度地造成大学生迷失方向、思想混乱和价值模糊，以及物化了的社会关系造成高校思想政治教育实效危机。

思想政治教育领域也存在"说起来重要，做起来次要，忙起来不要"的情况，在工作中，有的仅仅把思想政治教育作为一种工具或手段，有时过分强调思想政治教育的形式和工具价值，模糊甚至偏离思想政治教育的本质和目的。"比如重智育轻德育，学校教育在'知识中心主义'的支配下与生活发生脱节，又如功利主义风气盛行，高校教学不是为了促进学生的德性发展，而是为了能取得不错的考试成绩，德育的初心被功利化的分数所蒙蔽，一批精致的利己主义者由此而生。"社会转型时期工具理性价值冲击，社会乱象丛生，个体存在实用主义、功利主义、拜金主义等片面追求倾向，把是否获利作为重要判断标准，把工具理性视为万能良方以应万变，物质充盈与精神贫困形成鲜明对照，高校思想政治教育的功能不免"捉襟见肘"。高校思想政治教育也面临各种"灵魂拷问"，如"高校思想政治教育能否提高大学生的就业率？""高校思想政治教育到底有什么用？"在工具理性价值导向下，还存在这样的误区，即"高校思想政治教育有用才是真理，无用则是空话和形式"。一些高校为了排名和称号也存在工具化倾向，学科布局、专业设置、人才培养、考核评价突出实用性的功利取向，存在读书无用、经济至上、实用为先的声音。这也在一定程度上弱化甚至遮蔽了高校思想政治教育的价值理性。对于大学生个体而言，在实用主义的工具价值影响下，难免存在自我异化的情况，对于自身的成长发展，通常会过多考量实用性，其内在的价值理性则容易被忽视。如此一来，高校人才培养就会偏离轨道，高校思想政治教育实效不佳也就不足为奇，这是高校思想政治教育共同体构建、提升高校思想政治教育实效必须正视的现实问题。

四、全媒体化传播的潜匿挑战

全媒体时代信息传播媒介多元化，西方话语霸权和意识形态渗透也逐渐"外溢"延伸至互联网空间。习近平总书记在主持中共十九届中央政治局第十二次集体学习时指出了推动媒体融合发展、建设全媒体成为我们面临的一项紧迫课题。伴随着互联网技术的迭代发展，大数据、人工智能、5G互联、区块链和云计算等新技术如雨后春笋、锐不可当，社会发展逐渐进入了传统媒体与新媒体融合发展的全媒体时代。当下，一个开放多元、虚实交错的全媒体时代，是高校开展思想政治教育实践无法回避的客观背景。分析全媒体时代信息传播的潜匿挑战，是提高高校思想政治教育实效性的探索和思考。中国特色社会主义进入新时代，我国社会主要矛盾发生了变化，而在传播领域，传播受众的诉求也发生了深刻的变化，传统的传播媒介"供给侧"已经无法满足大众的"需求侧"。大众对精神文化的诉求也倒逼全媒体传播的发展，实现了文字、图片和视频传播的有机融合。

全媒体时代信息传播呈现如下特征，其一，传播主体多元性。全媒体时代信息传播"去中心化"明显，打破了信息传播的"垄断"，颠覆了传播主体到传播受众单向传播模式，从以往传播主体和传播受众泾渭分明到交互主体传播，呈现传播受众主体化发展态势，走向了信息传播的平等化、大众化和平民化路向。如今人人都是"麦克风"，人人都是"操盘手"，人人都是"传播器"，每个人都可以运用媒体进行信息的输入和输出，既是信息传播的发布者，也是信息传播的反馈者，传播主体和传播受众成为传播的交互主体。在传播进程中不断互换角色，信息传播由一元主体走向全员参与，呈现传播主体多元化的特点。其二，传播过程超时空性。传统的信息传播表现为传播主体有计划、有目的、有意识的单维聚向传播。而全媒体时代形成了单向推进与双向交互式的传播发展模式。由于人人都可发声，传播主体跨越地域和文化差异，实现超链接、超文本信息传播的传送和接收，传播受众在碎片化的时间里就可以根据自己的诉求，灵活、便捷、即时地搜索、筛选、获取和反馈信息。全媒体、沉浸式的传播让万物皆媒、万众皆媒成为可能，媒体已达到了无时不在、无处不在、无所不及、无人不用的境界，它消弭了时间和空间，使信息处于随时可以触达的状态。见信息传播趋向生活化，不受时间、空间和场域的限制即时发声，凸显了信息传播超越了时间和空间限制，彰显了传播发生的超时空特性。其三，传播载体广泛性。伴随着全媒体时代的到来，信息传播不再局限于报刊、电视和广播等载体，互联网技术推进了传统媒体与新媒体整合发展，呈现数字化媒体传播样态。数字化的期刊报纸、电影电视等应接不暇，智能手机各种APP应用，彻底地改变了人们获取资讯的方式。微博、微信、各种短视频APP，特别是直播载体，形式多样的网络自媒体和运营组织高歌猛进，凸显了个性、便捷、即时、海量和可视地多维度全方位信息智能传播效果，易于传播受众的接受、共鸣和传播。全媒体时代，供给需求决定了传播受众的诉求倒逼和推动了传播载体的广泛性。其四，传播内容开放性。全媒体时代，信息传播低门槛、即时性和过滤少，海量的信息传播跨越时空和地域文化差异，无中心和语言障碍的传播形式并存。"信息传播过程的即时性和自媒体的'人人效应'也为教育信息增加了开放度与透明度。"从某种程度来说，互联网虽是一个虚拟的平台空间，但信息内容一旦上传到传播载体，信息的内容可以实现分享、解读和消费的同步化，信息传播呈现传播内容开放性特点。与此同时，借助于大数据技术可以获取网络使用痕迹的关联信息和数据，传播内容智能化的生产、推送、获取和反馈大大增强了传播受众的"现实感"和"在场感"，传播内容的开放性可见一斑。

全媒体时代，信息传播极大地改变了思想政治教育实践活动的发展状态，给思想政治教育发展带来新的机遇。与此同时，全媒体信息传播彻底改变了人们的思维方式、生产方式和生活方式，进而引发了全社会各个生存领域的深刻革命，网络社会交往方式的复杂化、虚拟化是现代网络社会生活的基本形态之一，如何有效应对是高校思想政治教育共同体潜匿的挑战。全媒体时代信息传播打破了意识形态封锁和时空边界，海量信息的涌入、各种不良文化沉渣泛起，加之西方资本主义文化的扩张，世界范围内各种文化存在渗透、碰撞、交融和整合的发展态势，各种不良社会思潮打着科学和进步的名义蜂拥而至、乘虚而入，遮蔽了意识形态领域的暗战，加大了高校思想政治教育的难度。世界范围内信息传播不受时空限制，信息传播速度之快、海量信息之广、传播形式的多样化都给高校思想政治教育带来巨大的冲击，传统武力斗争转向信息交锋。如何规避网络舆情失控现象，净化网络思想政治教育阵地，给高校思想政治教育提出了更高的要求。

大学生借助于各种传播媒介，既是网络信息传播的发布者，也是信息传递的受众，置身网络信息化浪潮中的大学生难以在波峰浪谷间明确价值取向。网络信息传播极易造成所谓的"课上十年功，不如课后一分钟"的真实写照，如此一来，客观认识和有效应对网络信息传播对高校思想政治教育实效性的消解，关注热传播与冷思考，杜绝网络信息传播带来的负面"蝴蝶效应"。"全媒体以无处不在、无所不及、无人不用的融场域优势，贯穿高校思想政治教育'教、学、践、评、建'全过程。"深刻认识高校思想政治教育共同体有效传播的重要价值，让高校思想政治教育共同体意识真正地内化于心，形成高校思想政治教育共同体同心同向的舆论场，并成为引领和推动高校思想政治教育共同体协同发力的自觉实践，守住高校思想政治教育传播舆论生态，实现高校思想政治教育实效性的跃迁和升华。"自媒体带来了'话语平权'与'话语主导权'以及'中心话语解构'与'主导话语建构'之间的矛盾冲突，自媒体场域开始成为各种意识形态争夺的重要战场。"立足于当下全媒体环境，能否客观认清和有效应对全媒体时代高校思想政治教育共同体有效传播的风险和挑战，关系到高校能否牢牢把握网络思想政治教育、守住高校思想政治教育网络生态、传播主流意识形态的重要议题。

第五章 教育共同体视域下高校思想政治教育立体化模式研究

第一节 高校思想政治教育立体化模式理论概述

一、现代教育理论

高校思想政治教育立体化模式构建具体体现在教学观念上，要体现出现代教育新理念和新思想，用新的教育理念和思想指导立体化教学活动。思想是行为的先导，改进思想政治教育，必须首先更新思想政治教育观念。思想政治教育作为一种有目的的、有指向的、社会的、文化的活动，更加突出地受到思想观念的支配。过时的、保守的教育体制和方式，往往凭借过时的、保守的思想观念维系而习惯地持续下去，对反映时代特征的教育内容和手段，也会按过时的、保守的思维方式给予裁定和阐释。构建主体性思想政治教育模式，必须以观念更新为先导和动力，以创新精神更新教育观念。

我国正在进行的改革开放是一场深刻的社会变革，它促使人们的生活方式、思维方式、行为方式和思想观念发生了巨大的变化，从而使思想政治教育既面临着发展的机遇，也面临着巨大的挑战。新形势下，作为我们党的政治优势和优良传统的思想政治教育，也只有高高扬起创新的旗帜，才能真正增强自身的有效性，开创出生动活泼的新局面。只有解放思想、勇于创新才能克服传统思想政治教育的弊端及其消极影响，如果无视社会的发展变化、学生思想行为的发展变化、学生生活环境的变化，仍坚持守旧的、保守的观念进行思想政治教育，拒绝研究新情况、新问题，就会导致思想政治教育体制的僵化，达不到思想政治教育的目的。当前，构建立体化的思想政治教育模式，应树立新的思想政治教育价值观、任务观。

（一）确立统一价值观

由于受传统"社会本位说"的影响，在思想政治教育领域存在着片面的"唯社会价值观"，人为地把社会价值与个人价值对立起来，过分强调社会价值，忽视甚至否定个人价值。在这种思想指导下，思想政治教育目标只强调社会要求，忽视甚至否定个人的内在需要；思想政治教育功能只重视思想政治教育在促进社会发展方面的社会功能，忽视甚至贬低思想政治教育在促进个人发展方面的个体功能，致使思想政治教育难以吸引受教育者的积极参与，因而收效不大。事实上，人是社会发展的手段，更是社会发展的目的。思想政治教育通过培养具有主体性的人来促进社会发展，而社会发展的最终目的也是为了人更好地发展。社会价值与个人价值是辩证统一的，如果割裂二者的关系，片面强调一方而忽视另一方，其结果，不仅人的主体价值得不到发展，人的社会价值也得不到充分体现。因此，在思想政治教育工作中必须克服片面的"唯社会价值观"，确立社会价值与个人价值相统一的科学价值观，在满足社会发展需要的前提下，充分尊重和兼顾个人的内在需要，促进社会价值与个人价值协调发展。

（二）确立任务观

思想政治教育的最终目的不仅在于为教育对象提供理论的灌输，更重要的在于教育对象能在生活实践中践行思想政治品德行为。因此，培养人的主体意识、主体能力是思想政治教育主题的应有之义。我们必须克服片面的只灌输社会规范的任务观，同时，也要防止忽视甚至否定社会灌输规范的倾向，确立灌输社会规范与培养能力和发展个性相统一的新观念。在改进灌输方法、提高灌输效果的同时，重视社会实践的锻炼，着力培养人的能力和个性，促进人的全面发展。受传统教育思想的影响，思想政治教育的全部任务仅归结为"传道"，即灌输社会规范，视受教育者为社会规范的接收器，而不重视能力和个性的培养。因而，在思想政治教育中简单说教、硬性注入的现象普遍存在。

事实上，完整的思想品德系统是一个由心理、思想和行为三个子系统有机结合而成的三维立体结构，具备思想政治品德知识，为人的思想政治品德行为和习惯提供了基础和前提。在教学内容上，要不断根据社会发展出现的新形势、新特点、新要求，更新和充实教学内容，使教学内容贴近时代、贴近社会、贴近教学对象思想实际，坚持与时俱进，由不同层次的内容相互作用，共同构成思想政治教育的内容整体，统一于思想政治教育目标之上。马克思主义基本理论教育是根本内容，它决定着思想政治教育整个内容的根本性质，体现着社会主义事业接班人和建设者的根本素质；政治观、世界观、人生观、价值观和理想信念是核心内容，是社会主义事业接班人的必备素质；爱国主义、道德规范和法律意识是基本内容，是合格的社会主义事业建设者的基本素质。同时，随着社会的发展进步，思想政治教育内容也处在不断的变化发展之中，是稳定性和动态性相结合的有机整体。在新形势下，大学生思想政治教育与大学生的学习、生活和就业问题结合得更加紧密，其内容和目标与以往相比都发生了重大变化。大学生思想政治教育的内容为适应社会形势的变化和发展，逐步扩大其所包含的范围，并不断地更新思想观念，扩充知识体系，使其内涵更为丰富。

思想政治教育内容，是指根据一定的社会要求和针对受教育者的思想实际，经教育者选择设计后有目的、有步骤地输送给受教育者的思想意识、价值观念、政治观点和道德规范等信息。要使教育对象符合教育目标的要求，坚定政治信念，端正思想观点，建立道德理念，优化心理品质，形成行为规范，都取决于采用什么样的教育内容。作为思想政治教育"血液"的教育内容，是思想政治教育的重要组成部分，是教育目标的具体化，是教育主体与教育客体互动的一种中介，是确定教育原则和方法的前提，是增强思想政治教育实效性的基本条件。思想政治教育内容结构是指思想政治教育内容的构成要素及其相互关系。思想政治教育内容包括哪些基本要素，理论界的认识并不完全一致。现在，认为思想政治教育内容包括政治教育、思想教育、道德教育、法纪教育和心理教育的"五要素说"正越来越得到广泛的认同。因此，思想政治教育内容是由政治教育、思想教育、道德教育、法纪教育和心理教育五大要素组成的既相对独立又有机联系的逻辑结构系统。

1. 政治教育的导向性

政治教育是一定阶级和社会依据一定的政治思想和政治规范对受教育者施加影响，以帮助受教育者树立正确的政治方向、政治立场、政治观点、政治信念、政治态度，即实质上培养政治信仰的教育。政治教育的具体内容主要有党的基本理论、基本路线和基本纲领教育，理想信念教育，爱国主义、社会主义教育，形势与政策教育等。在思想政治教育内容体系中，政治教育始终居于主导地位，是思想政治教育的导向性内容。①政治教育具有鲜明的政治性和阶级性，政治教育总是同党的意志紧密相连，传播一定的政治思想和政治主张，从而从根本上发挥引导人们思想和行为的作用。②政治教育贯穿思想政治教育的始终，对思想政治教育过程和思想政治教育其他内容起着指导和支配作用。③政治教育指引思想政治教育沿着正确的方向发展。马克思主义理论教育对思想政治教育具有总的方向指导作用，理想信念教育是思想政治教育的核心内容。

2. 思想教育的根本性

思想教育是依据一定的哲学思想及其方法论对受教育者施加影响，以帮助受教育者树立正确的世界观、人生观、价值观以及思维方式的教育。思想教育主要包括科学的世界观、人生观、价值观教育，艰苦奋斗精神教育，马克思主义唯物论、无神论和科学精神教育，创新精神教育等。它通过引导人们对人类社会发展规律的认识和理解，使人们形成科学的世界观、人生观、价值观，具有正确的理想信念、科学的思维方式和开拓创新精神，为人们认识世界和改造世界提供根本的思想方法和强大的思想武器，为政治教育、道德教育、法纪教育和心理教育提供价值理念支撑和世界观、方法论基础。其中，世界观、人生观、价值观教育是思想教育最根本的内容。

3. 道德教育的基础性

道德教育是将社会的外在要求内化成人们的道德观念、道德情感和内心信念，再外化为具体的行为，目的是培养人们良好的道德品质和高尚的道德情操。道德教育是依据一定的伦理思想和道德规范，对受教育者施加影响，以帮助受教育者培养良好的道德品质和道德人格的教育。道德教育主要包括社会公德、职业道德、家庭美德教育，中国传统道德教育，社会主义人道主义教育以及生态道德、网络道德教育等。道德教育是思想政治教育的基础。道德教育虽然在性质、方向上受政治教育、思想教育的影响和制约，但良好的道德品质对合格的政治素质、思想素质、法纪素质和心理素质的形成与发展起着引领和提升作用。

4.法纪教育的保障性

法律、纪律与道德都是调整或制约人们行为的准则和规范，它们在社会功能上相互补充、相互凭借。法纪教育是对受教育者进行社会主义法制和纪律教育，培养他们具有法律观念和遵纪守法的品质，知法、懂法、守法，并且学会用法律武器保护自己的合法权益。法纪教育主要包括社会主义法制教育、纪律教育以及社会主义民主教育等。法纪规范是政治规范和道德规范实施的保障性力量，法纪教育在政治教育和道德教育的实施中起着重要的保障作用。首先，从法律与政治的关系看，政治规范是法律规范的最高层次，法律规范是政治准则的基本保障力量，进行法纪教育是维护政治原则和实现政治理想的重要保障。

其次，从法律与道德的关系看，法律是道德的最基本体现，道德是法律的精神基础。只有加强法纪教育，才能更好地实现道德教育使其对象从他律向自律转化的功能。再次，社会主义法律、法规中包含着丰富的思想政治教育内容，加强法纪教育可以为这些内容的实施提供制度化保障。

5.心理教育的前提性

心理教育主要包括青春期教育、心理健康教育、意志品格教育和个性品质教育等。现代思想政治教育是一种涉及人们认知、情感、意志和信念的特殊社会活动，必须以心理教育作为起点和前提。在政治、思想、道德和法纪教育的过程中，人的心理状况始终起着维持、调节和统合的作用。心理教育就是通过对人们良好心理素质的培养，使人们形成健康的心理品质，为思想政治教育其他内容的实施提供赖以依靠的基础和平台。思想政治教育内容是一个由多层次要素构成的系统，这些内容相辅相成，共同构成思想政治教育内容系统主次分明、和谐统一的整体。思想政治教育内容的诸要素在根本上是相互关联的。在思想政治教育内容结构中，政治教育是主导，思想教育是根本，道德教育是基础，法纪教育是保障，心理教育是前提。这些内容在思想政治教育内容结构中虽然处于不同的层次和地位，既不可偏废，又不可相互替代，但它们相互依存、相互依托、相互联系、相互渗透，推动着思想政治教育的发展。

运用现代教育理论推进思想政治教育立体化，在教学方法和手段上，要将现代教育技术运用到思想政治理论课立体化教学各个环节，充分发挥现代教育技术的功能优势，不断地增强立体化教学的吸引力、说服力和影响力，努力使教学方式和方法贴近实际、贴近生活、贴近大学生，符合大学教育教学的规律和大学生学习的特点，不断增强教育教学的针对性、实效性和说服力、感染力。首先，要不断拓展有效的教学方法。坚持以人为本在教学方法上的根本要求就是把单向"注入"式教学引向师生双向交流的"互动"式教学，倡导启发式、参与式、研究式等教学方式。针对不同类型、不同阶段大学生的特点以及不同的课程，可采取课堂讲授、课堂讨论、专题讲座、专题演讲、辩论、教学实践等方式。其次，要运用现代化教学手段。思想政治理论课必须积极推进多媒体教学，建立教学互动网站，把课堂延伸到网上，使思想政治理论课教学更加灵活、有效和充满吸引力。然后，要改革考查考试方法。重点考查学生对教学内容的理解、接受和运用的情况，尤其是以马克思主义为指导分析和解决问题的能力。可采用口试、论文答辩、写读书心得和调研报告等方法。在教学评价上，要依据立体化教学特点，突出教学过程的评价，弱化结论式评价，注重教学对象参与性、实践性评价，重视全面、定性式评价；弱化片面、定量式评价；强化知识运用能力、判断能力等综合性评价，弱化知识记忆型评价。

在评价过程中，把师生的活动分解成若干部分，并制定出评价标准。根据这些标准判定师生的活动是否偏离了正确的教学轨道、偏离了教育方针和教学目标，有无全面完成各科教学大纲规定的目的和任务，从而保证教学始终沿着正确的方向发展。评价具有激励功能，教学评价可以调动教师教学工作的积极性，激起学生学习的内部动因，维持教学过程中师生适度的紧张状态，可以使教师和学生把注意力集中在教学任务的某些重要部分。对于学生来说，教师的表扬、鼓励、学习成绩测验等，可以提高学习的积极性和学习效果。同时，评价能促进学生根据外部获得的经验，学会独立地评价自己的学习结果，即自我评价。自我评价有助于学生成绩的提高。虽然教与学的相互依赖性是人所共知的，但是教、学及教学评价之间的这种相互依赖性却较少被人认识到。

事实上，如果说教学活动是一个信息传递系统，那么教学评价则是这个系统的信息反馈机制。通过评价活动，教师和学生可以获取反馈信息，从而对教与学的活动进行有效的调节，并明确教与学的目的；通过评价活动，教学成果得到不断强化，在客观上产生巨大的激励作用；通过评价活动，教学工作就有了可靠的依据。高校思想政治理论课教学评价的特殊性决定了思想政治理论课评价要求的特殊性，一般而言，思想政治理论课的发展评价要做到"七个结合"，即思想评价与政治评价相结合、知识评价与价值评价相结合、自我评价与他人评价相结合、现实评价与潜能评价相结合、量化评价与质性评价相结合、显性评价与隐性评价相结合、短期评价与长期评价相结合。

除此以外，以学生学习效果为逻辑起点建构的高校思想政治理论课评价理念或体系还需要坚持三个层面的基本要求，即以"学"为中心的"教与学"的统一、以"真理"为依托的"真理与价值"的统一和以"行"为归宿的"知与行"的统一。以"学"为中心的"教与学"的统一强调高校思想政治理论课在"教—学"环节即教育教学过程中的效果评价。相对于其他课程的教学效果评价体系而言，思想政治理论课的教育教学内容有其特殊性，不仅包括国家的大政方针、国际国内形势、社会主义的基础理论，还包括政治观、道德观、价值观和心理观等教育。因此，在思想政治理论课教学评价中，教师的"教"非常重要，其教学内容的规定、设计以及传播，影响制约着学生的知识、观念、态度，也决定了评价体系设计的科学与否。

当然，掌握思想政治理论课的基本内容不是课程评价的终极目标，只是课程评价的一个基础性指标、一项基础性工作，其更重要的意义在于其作为学生树立科学价值观的依托。学生通过对马克思主义理论及其中国化的学习，通过对历史唯物主义和辩证唯物主义的学习，通过对伦理道德基本规范的学习，树立坚定的共产主义信念，远大的理想，正确的世界观、人生观、价值观、政治观、道德观、心理观等。新型的以学生学习效果为核心的思想政治理论课教育教学评价，最终就是要实现学生所掌握的真理与价值内化的统一，即学生通过受到的教育与引导，将课程的科学真理内化为自身的理念、素质与能力。

事实上，思想政治理论课教育教学的最终效果不仅在于学生是否真正掌握了课程的基本知识，是否认同了社会主义核心价值体系，更重要的还在于学生是否学以致用、身体力行，用科学知识来指导自己的言谈举止，来判断事物的是非曲直。因此，思想政治理论课的评价体系要以"知"为基础，以"行"为归宿，实现"知"与"行"的统一。在教学主体上，倡导教师的主导性和学生的主动性教学观，确立教育者和受教育者辩证统一的"双主体"观。我国在过去较长的时间里，在思想政治教育中主张片面的唯教育者主体观，而忽视受教育者在思想政治教育中的主体性，把受教育者仅视为消极被动地接受教育的客体，导致了思想政治教育中不可避免的命令主义、强制压服和单向注入，严重地挫伤和压抑了受教育者在思想政治教育中的主动性和积极性。这也是思想政治教育在较长时间出现实效不明显的重要原因之一。实际上，受教育者同教育者一样是思想政治教育过程中的主体，思想政治教育过程既是教育者按照社会要求积极组织实施教育的过程，也是受教育者基于自身思想基础和内在需要，通过自己的积极活动，能动地接受教育和进行自我教育的过程。在这里，教育者组织实施教育的主体性与受教育者能动地接受教育和自我教育的主体性是并行不悖、辩证统一的。受教育者主体性的发挥离不开教育者的激发和引导，而教育者的教育也只有通过受教育者的积极活动才能发挥作用。

实际上，教育者的主体作用，说到底也就是对受教育者主体性的激发、引导和培育作用。因此，我们必须克服片面的唯教育者主体观，同时也要防止片面的唯受教育者主体观，确立教育者的主体性与受教育者的主体性辩证统一的新主体观。在教学全过程，充分发挥学生在立体化教学中的主体选择性和创造性，使学生在立体化教学活动中全面参与、全面实践，达到自我感悟、自我认识、自我判断和自我澄清，最终使教学内容内化于学生的"心灵"（即思想），外化于学生的"行为"。

看学生的主体作用、教师的主导作用及其相互关系。所谓学生的主体作用是指学生在思想政治理论课教学中充分发挥出了各自的主观能动性和学生所特有的学习活力、创造力，在教师的指导下，能积极主动地参与教学，积极主动地自学和完成课外作业，积极主动地以正确的世界观、人生观、价值观指导自己的行动。所谓教师的主导作用，包含有主持、指导、导向等作用的意思。教师作为教育者，在思想政治理论课教学的整个过程中起着主导的作用。思想政治理论课教师的主导作用主要表现为：

第一，思想政治理论课教学的主持者、组织者和责任人，负责其主讲课程的全部教学活动的总体规划设计，同时也要做好每一次教学活动的具体组织安排，包括教学活动的目的、内容、方法及具体步骤等，都应由教师负责确定。

第二，思想政治理论课教学坚持正确方向的导向者，负责保证思想政治理论课教学坚持党性原则，坚持以科学的理论武装人，坚持以正确的思想指导教学内容和方法的不断改革更新，及时纠正思想政治理论课教学中可能出现的种种思想偏差。

第三，思想政治理论课教学对象的指导者、引路人，指导学生以正确的态度、科学的方法掌握思想政治理论课教学的内容，按照思想政治理论课教学的目的要求，使学生通过自己的努力，成为社会所需要的德才兼备的现代化人才。

学生主体与教师主导之间是内因与外因的关系。教师的主导作用对学生来说尽管非常重要，但毕竟只是推动学生成长的外部力量，究竟在实际上能起到什么样的作用，其作用的大小如何，最终取决于学生本人主动作用发挥的程度。但是，学生主动作用是否能充分发挥出来、向何处发挥作用，各个学生的作用能否相互协调配合等，又取决于教师是否具有正确的主导意识和科学的主导方法。因此，思想政治理论课教师树立正确的主导意识、掌握科学的主导方法是非常重要的。值得注意的是，不应把教师的主导作用搞成唯有教师正确，教师"一言堂"，教师统管一切、包办一切；教师也不能因为要发挥自身的主导作用而忽视被主导者的积极主动性，从而限制其多样性和个性特征。恰恰相反，只有广泛听取学生意见、集思广益、充分调动学生的积极主动性、发挥其不同特长和个性特点，才能使思想政治理论课教学活动开展得生动活泼、丰富多彩，使教师的主导作用产生出最佳效果。

二、思想政治教育原理

思想政治理论课立体化教学既是培养大学生综合素质和能力的重要途径，也是实现大学生思想道德修养"知与行"统一的重要手段。因此，在立体化教学中无论是教学目的和教学内容的选择，还是教学手段和方法的运用，大学生始终处在主体的地位。思想政治理论课立体化教学旨在通过思想政治理论课教学活动进一步巩固大学生掌握的理论教学基本知识、基本理论和基本原理，把感性认识上升为理性认识，并提高大学生运用马克思主义理论分析和解决问题的能力。思想政治教育的价值和归宿就是以人为本。思想政治教育的对象是人，它是教育人、说服人、塑造人的工作，它是建构在"人"的基础上的社会实践活动，它肩负着关注人的自身发展、解读人的存在意义、建构人的精神家园、促进人的全面发展的历史使命。人的价值问题既是思想政治教育价值的逻辑起点，也是思想政治教育价值的最终落脚点。因此，只有坚持以人为本，思想政治教育才能卓有成效，才能产生亲和力和影响力，取得实效性。

以学生为本，创新思想政治理论课教学最关键的是思想政治理论课教师要热爱和尊重学生。我们的教育实践一再证明，爱一个学生就等于培养一个学生，所以"当教师必不可少甚至几乎是最主要的品质，就是要热爱和尊重学生"。真正的教育存在于人与人心灵距离最短的时刻，存在于无言的感动之中。要抓住学生的心灵，思想政治理论课教师必须对自己所讲授的内容真信、真懂、真用，做到为人师表，热爱和尊重学生，以人格教育人格，以性情培养性情，以心灵感动心灵。这是实施以学生为本的思想政治教育教学创新的核心和精髓。

当代大学生都出生在改革开放以后的年代里，他们的成长伴随着中国经济社会的快速发展，承受着社会发展变革带来的巨大冲击。特别是处于经济全球化、政治多极化、信息网络化、文化多元化这一时代大背景下的当代中国，经济体制深刻变革，社会结构深刻变动，利益格局深刻调整，思想观念深刻变化。与之相伴，利益多元化、思想多样化，各种社会思潮涌动，各种文化相互碰撞、激荡、交融。原有的价值理念和道德标准受到了严峻挑战。人们的思想观念、价值取向、社会交往、生活方式都发生了深刻的变化，纷繁复杂的社会现象和问题会使大学生产生许多新的认识问题和思想困惑。面对复杂多变的社会问题，部分大学生疑惑不知所措，困扰不知所解，茫然不知所选，迷途不知所向。

因此，思想政治理论课教学如何更加贴近大学生的精神成长需要，更好地展示理论的现实力量，将改革开放和科学发展的理论内涵、思想魅力和实践展开引入教学过程中，以更加客观地传递事实逻辑的方式和内涵进行思想政治理论课教学，即把思想政治理论课的课堂伸向蓬勃开展的经济社会实践，加强当代大学生与广阔社会天地之间的联系，不断创新讲述方式和价值传递方式，而不是枯燥无味地照本宣科，这是思想政治理论课教学方法创新的迫切要求和重要环节。

始终坚持"以学生为本"的教学理念是教育发展的本质要求。在这日新月异的时代里，对于走在时代前沿的当代大学生来说，他们对事物会有不同的认识和看法，由于大学生的情绪波动易受环境因素的影响，其性格尚未稳定和完善，存在盲从、自卑、骄傲和依赖心理，致使在思想政治教育工作中出现诸多障碍。如果思想政治教育工作依然采用传统的单向传授法，而忽视师生间情感互动交流的教育方法，则明显不利于当代大学生的心理健康发展。所以说，坚持"以学生为本"是思想政治教育顺利发展的前提和基础，应把大学生的核心作用和个性差异相互结合起来，全面提高大学生的综合素质。大学生思想政治教育方法创新工作，应坚持以学生为主体，不仅需要依赖心灵沟通法，还需要逐步引导大学生进行自我教育和自我管理，运用自我督促法，提高大学生的学习主动性和创造性，将教育理念和教育实践经验贯穿于思想政治教育方法创新工作的始终，实现大学生自我教育，全面提高大学生综合能力素质，使思想政治教育方法创新工作得到改善和提高。

第二节　教育共同体视域下高校思想政治教育立体化模式构建

经济市场化、政治民主化、文化多元化、世界全球化和虚拟化、人的诉求多样化之间在链式的互动过程中所出现的新问题、新矛盾，构成了我国思想政治教育新的时空境遇，并对我国思想政治教育发展形成新的环境压力，在丰富学科理论体系内容的同时，又在不断地提出新的问题，凸显新的矛盾，在这种对立统一的矛盾运动中，思想政治教育方法得以创立和不断发展。改革开放以来，我国实现了由计划经济向市场经济的经济转型，由农业社会向工业和服务业为主导的城市社会和知识社会的社会转型，由中央集权政治体制向社会主义民主政治体制的转变，由封闭、半封闭逐渐向全面开放的开放型社会转变。

一、构建条件

（一）新时期中国社会的建设实践

改革开放以来，我国社会的政治、经济、文化等方方面面开始逐渐地发生改变，从而引起人们思维方式、思想观念和行为方式的变革。由战争、斗争状态向生活化、常态化社会运行状态的转变，使得思想政治教育的时效性、有效性、实效性等也不断遭遇挑战，表现在对社会环境的不适应、教育制度与观念的脱节、既有教育模式和功能的缺损等，这无疑加重了科学研究思想政治工作的重要性和紧迫性。正是在提升思想政治教育实效性的过程中，思想政治教育专业和学科才应运而生。改革开放初期，最重要的任务是进行政治领域的拨乱反正，消除泛政治化倾向，实现政治挂帅向经济建设为中心的转变，进行党的基本路线和四项基本原则教育，强化党领导的合法性。

人们以伦理方式把握世界所形成的以某种价值观为核心、以相应伦理原则和伦理规范为基本内容的伦理文化，是维系社会正常伦理秩序的良剂。市场经济作为经济文化的一种外在表现形式，不完善的市场经济使得人们追求利益最大化而忽视人的情感和精神价值，形成忽视人文精神的工具理性思维方式，形成以追求超阶级"最大幸福"为行为准则的功利主义价值态度，形成盲目追求西方民主、平等、自由、法治等多元的社会政治思想等。市场经济的趋利性和功利性催生了社会焦虑心理的膨胀，采取生产线似的对人进行道德、政治和思想知识的灌输，忽视了对人伦道德的养成教育。一旦社会的伦理体系崩溃，社会道德认知、政治态度、价值取向等就会混乱并继而引发一系列社会问题，极易造成社会动荡。

从社会性质上看，开始由前社会主义向后社会主义转变。在以家庭为轴心的熟人社会，即前社会主义社会中，风俗、道德、习惯势力强大，行为模式固定单一，家庭对个人道德、思想、政治观念等具有根本性影响，传统的道德束缚力强大。在以半社会化为主要特征的陌生人社会，即后社会主义社会中，阶级之间的界限不再确定无疑，流动的人际关系变得肤浅、间接、局限而短暂。"耻言理想、蔑视道德、拒斥传统、躲避崇高"的社会理论思潮逐渐形成。不仅如此，改革开放不久，发端于经济领域、以市场导向为目标的改革开始蔓延至所有的领域，教育产业化和市场化现象开始出现。学术本位的办学理念开始向效益和市场转化，大谈、特谈科技创新和科技开发，高等教育也开始办实业。

大学生思想政治教育，是关系国家和民族前途命运的大事。思想政治教育方法作为教育过程中的重要环节，对教育目标的实现起着尤为关键的作用。当前，科学技术的迅猛发展以及东西方文化的剧烈碰撞与相互交融，必将对整个社会产生深刻影响，给高校教育尤其是高校的思想政治教育带来巨大冲击和深刻影响。正确认识高校思想政治教育所面临的新情况、新任务，积极探索与之相适应的新途径，创新思想政治教育方法，对提高思想政治教育的实效，达到思想政治教育的目的具有重大的现实意义。要用科学发展观来指导大学生思想政治教育，高校根据教育对象的思想特点，做好多渠道、多角度和多方法的统筹安排；积极改进高校思想政治教育的途径和方法，坚持以人为本，与时俱进，贴近实际、贴近生活、贴近大学生，努力提高针对性和实效性，不断增强吸引力和感染力；积极探索建立社会实践与专业学习相结合、与服务社会相结合、与勤工助学相结合、与择业就业相结合、与个人创业相结合的管理体制，从而使大学生的思想和行为适应社会发展的需要，真正成为德、智、体、美全面发展的社会主义合格建设者和可靠的接班人。大学生思想政治教育是一个系统工程，方法创新的切入点就是要以大学生为本，从关心和理解大学生入手，创新思想政治教育方法和途径。

（二）现代信息技术的发展成果

现代信息技术的发展成果不仅使现代思想政治教育可以利用高科技成果营造浓厚的教育氛围，以高科技文化成果为载体进行思想政治教育，而且更突出地体现在可以通过高科技产品提供先进的教育手段和运用良好的教育方法进行思想政治教育。例如，我们可以利用信息技术和计算机网络技术与设备建立全社会或某一系统的思想政治教育与管理模型。这样既可以促进思想政治教育的规范化与科学化，又便于从事思想政治教育的领导和管理部门及时了解情况，为决策提供依据。

随着信息时代的到来，特别是网络技术的迅猛发展，整个社会已逐渐走进信息社会的新时代，人们的生产、生活和思维方式在新时代下自觉或不自觉地变化着。思想政治教育作为理论性和实践性兼具的认知活动和实践活动，信息时代下信息技术的发展尤其是多媒体技术的发展，给思想政治教育领域带来了巨大变革，用颠覆性形容这种变革也不为过。一方面需要思想政治教育与时俱进，转变教育方法、充实教育内容；另一方面媒体的发展拓宽了人类生活空间和交往范围，提供了新的教育手段和技术，从而改变着人们的学习方式，为思想政治教育的发展提供新手段。尽管多媒体技术的发展带给人类的影响也有消极方面的，但现代人已经不能离开多媒体技术而存在，其带给人积极的影响是主要方面，在思想政治教育领域也不例外。

网络在中国以快速发展的趋势普及开来，网络领域信息、知识的极度丰富和迅速更新为思想政治教育提供了广阔平台，这主要表现在：①新媒体依托计算机网络技术、数字技术和移动通信技术等形成了便于传播和交流的工具，教育者可以最大限度利用这一传播优势，主动地、大规模地、长期地向教育对象宣传和教育，即使起不到及时的作用，教育对象也能在经常的"被灌输"中不自觉地接受"鼓动"。②教育对象能够通过媒体这一媒介和教育者进行平等沟通，减少双方之间因地位的"不平等"而产生的隔阂，以加强教育双方之间的有效交流，这是传统教育活动中师生间存在严格界限和地位等级森严下无法实现的。③鉴于多媒体的灵活性，教育教学活动不再仅限于教室、讲台、粉笔和一张嘴，而是能够更多地利用微博、微信、论坛、博客等新兴手段通过形象生动的语言、文字、图片来实现，增加了教育的趣味性和时代感，而且时间、地点不再被限制，可以在不同时空进行互动，将传统教育中限制双方交流的条件降到最低，较大程度上提高了思想政治教育的效率。在思想政治教育实践尤其是思想政治教育理论课中引用多媒体辅助技术，按照人们的多媒体学习特点、规律与技术来组织多媒体教育的方法与技术，可与讲授等传统语言教育教学方式一样通过词语和画面"两种通道"呈现同类材料，加强思想道德的教学与学习。

（三）现代思想政治教育学及相关学科的理论智慧

思想政治教育方法理论有广泛丰富的实践基础和浓厚坚实的理论渊源，是以马克思主义为理论基础，揭示思想政治教育领域特有规律而形成的科学体系。它是一门综合性、应用性、时代性很强的学科。其学科理论体系必然要随着思想政治教育实践的发展和基本范畴内容的精确、丰富而不断完善。随着思想政治教育学范畴的不断充实更新，其体系不仅能充分反映科学发展的新成果和思想政治教育的新理念，而且具有适应时代发展、能够容纳今后科学发展和思想政治教育新理念的开放性构架。

在理论上，现代思想政治教育学通过加强学科理论体系和分支学科的研究，对各领域的历史成果和新成果进一步提炼，从而不断丰富、充实和完善其范畴体系。与此同时，与思想政治教育学相关的学科和交叉学科的发展，也促进了思想政治教育学的发展；从人学、社会学、文化学等学科视角开展思想政治教育研究，也取得了可喜的成果，展现了勃勃生机。现代思想政治教育学在学科体系上的完善与发展，与相关学科的交叉融合，不仅在理论上为思想政治教育方法的发展提供了理论支持，而且在研究方法和工作方法上也为思想政治教育方法的创新提供了借鉴。

任何学科都不是孤立的，总是或多或少与相关学科联系或交叉，需要及时借鉴和吸收其他学科的成果。思想政治教育作为一门研究"人"的学科，是一门与多个相关学科联系密切的综合性学科，借鉴、吸收其他学科理论与方法、研究成果是丰富和完善思想政治教育方法的重要途径，从而带动其方法论的更新，例如在系统论中，以系统为研究对象，在系统与外部环境、思想政治教育系统内部各要素相互关系中，去揭示和研究整个系统的运行状况，实现教育最佳效果，提供了方法论基础。现代思想政治教育学在其学科体系上的完善与发展，加上与其他学科的交叉融合，不仅在理论上为高校主导性思想政治教育方法的发展优化提供理论支持，而且在具体方式方法运用上提供创新和优化的思路。高校主导性思想政治教育方法受到思想政治教育方法理论发展的影响。借鉴相关学科的方法谋求大学生思想政治教育方法创新具有重要意义，它不仅符合一般学科发展的共识，同时也是历史维度的证实、学科特性的要求和现实层面的呼唤。

在多元文化背景下，大学生思想政治教育的复杂性逐渐提高，迫使思想政治教育不能再局限于两三门学科之间，而是需要更多的交叉学科参与进来。大学生思想政治教育方法要想有所改进和创新，不仅要坚持马克思主义基本理论，也要借鉴吸取其他相关学科的知识和方法，因为通过借鉴其他学科的方法，可以找出它们之间的共同点和不同点，力求找出好的方法为"我"所用，这对于大学生思想政治教育方法创新具有重要的现实意义与理论价值。借鉴相关交叉学科的方法推动大学生思想政治教育方法的创新，一般而言就是通过观察、分析和比较，来汲取相关学科中的好方法和新方法，使传统的单一的、古板的灌输式思想政治教育方法逐渐转变为立体动态的教育方法，以此来不断丰富大学生思想政治教育方法体系。因此，大学生思想政治教育工作者应积极研究和借鉴多学科理论和方法，把交叉学科中新的研究视角、新的研究成果、解决问题的手段和新的研究方法有机地整合在一起，拓展大学生思想政治教育方法创新的研究视野。

（四）思想政治教育工作者队伍建设的现实成效

改革开放以来，高校思想政治理论课教师队伍建设是在曲折探索中不断向前发展的，既取得了突出成就，又存在一些主要问题，需要全面地、辩证地加以总结，开创高校思想政治理论课教师队伍建设的新局面。改革开放以来，高校思想政治理论课教师队伍建设的突出成就，为促进高校思想政治理论课程改革、加强大学生思想政治教育提供了可靠的组织保证。党中央采取了一系列措施和政策来加强高校思想政治理论课教师队伍建设，取得了突出的成绩，主要表现在以下几方面。

1. 明确了教师队伍的主要职能

思想政治理论课教师队伍的职能，就是指思想政治理论课教师队伍的职责和功能。明确其职能，对于发挥思想政治理论课教师队伍的作用和加强其建设，具有重要的意义。改革开放以来，党中央把明确教师职能作为加强"教师队伍建设"的基本前提加以关注。马列主义课教师的主要职责，是从事教学和科研，强调教师应努力提高自己的理论水平，发扬党的优良传统和作风，成为学生的表率。教师队伍的职能得到进一步明确，突出强调马列主义课教师应该解放思想，实事求是，努力进行四项基本原则教育，宣传党的路线、方针和政策，培养学生的无产阶级世界观和共产主义道德。政治理论教师既是马克思主义理论的宣传者，又是思想政治工作者，真正做到既教书又育人。要求在教学中不仅要传授知识，而且要以自己对共产主义事业、对马克思主义真理的坚强信念感染和教育学生，关心并帮助学生在思想上、政治上健康成长。要努力克服脱离实际、脱离时代的弊病，坚持理论联系实际的方针，积极地投入教学改革。教师队伍的职能明确后，广大思想政治理论课教师要在实践中不断加强思想道德修养，完善知识结构，提高教学能力和科研能力，以更好地担负起自己的职责。

2. 提高了教师队伍的整体素质

自从改革开放以来，党中央非常重视这支队伍整体素质的提高，并把它作为加强教师队伍建设的一个重要内容来抓，各级教育部门和高等院校不断加强对教师的马克思主义理论教育，从整体上提高教师的马克思主义理论素养，针对教师的实际状况，通过"在职进修和短期脱产培训"等方式，扩大教师的知识面。各级教育部门和高等学校为马克思主义理论课教师积极开展科学研究创造良好的环境和条件，大力提倡严谨的科学态度、勇于创新的精神和理论联系实际的学风，充分调动马克思主义理论课教师从事科研的积极性，提高教师的科学研究能力。通过研修，提高了思想理论水平，交流了各高校加强思想政治理论课教学单位建设的经验和做法，进一步掌握了教学方法。

3. 教师队伍建设是各项政策的重要保障

就思想政治理论课教师队伍建设而言，在历次的思想政治理论课程改革过程中，都把制定和落实教师队伍建设的各项政策摆在突出的位置。中央宣传部、教育部《关于加强高等学校思想政治工作队伍建设的意见》提出，要切实改善思想政治理论课教师的政治待遇、学习条件和工作条件，恢复理论课教师的业务职称，加强教师的培养和进修。要制定思想政治理论课教师的进修计划和专业技术职务评定考察的内容，解决教师的科研经费，逐步建立马克思主义理论课新师资培养基地，切实解决教师的编制，抓紧中青年骨干教师部门负责人的培养。要建立和完善思想政治理论课教师队伍培训体系，采取脱产进修、攻读学位、名师指导、社会考察、国内外学术交流等措施，加强学术带头人和骨干教师培养。不断完善教师队伍建设的考核评价体系和教师职务评聘体系、教师表彰奖励机制。在党中央的统一要求下，各级教育部门和高校纷纷制定了加强思想政治理论课教师队伍建设的实施意见和各项政策。

4. 提供队伍建设支撑

马克思主义理论学科建设为加强思想政治理论课教师队伍建设提供了很好的学科支撑。根据马克思主义理论学科的性质、特点和要求，进一步提炼学科方向，为马克思主义理论研究和思想政治理论课教育教学培养高水平的人才，这是加强马克思主义理论学科建设的应有之义。党中央历来高度重视马克思主义理论学科建设，中共中央宣传部、教育部颁布的《关于进一步加强和改进高等学校思想政治理论课的意见》中指出：思想政治理论课教育教学所依托的学科是我国特有的一门政治性、科学性和实践性很强的学科，只能加强，不能削弱。强调要设立马克思主义一级学科，开展马克思主义理论体系研究。在此精神指导下，中宣部、国务院学位委员会、教育部抓紧开展了设立马克思主义一级学科的论证工作，在全国建立了马克思主义理论一级学科及所属二级学科，积极开展马克思主义理论体系研究，包括马克思主义发展史、马克思主义中国化、中国近现代史、思想政治教育研究。马克思主义理论一级学科设立后，各高校大力加强马克思主义理论学科建设，注意从研究方向、课程设置、实践教学、培养方式以及专业培训等多方面培养思想政治理论课教师，不仅提高了现有思想政治理论课教师的综合素质，而且培养了新的师资以补充思想政治理论课教师队伍。

5.加强了队伍建设的宏观指导

加强思想政治理论课教师队伍建设的宏观指导是促进教师队伍建设沿着正确的方向发展的重要保证，在我国经济体制深刻变革、社会结构深刻变动、利益格局深刻调整、思想观念深刻变化的今天，切实加强党中央和各级教育部门对思想政治理论课教师队伍建设的宏观指导，对于思想政治理论课教师队伍建设拓展新的思路、提供新的举措、指明新的方向，具有更为重要的意义。

改革开放以来，党中央高度重视思想政治理论课教师队伍建设的宏观指导，就"教师队伍建设"的各方面都提出了建设性意见，主要反映在中央历次下发的关于"加强大学生思想政治教育"和"改革思想政治理论课程"的文件中。从教师队伍建设的重要性、紧迫性和总体要求、科研组织建设、教师的选聘配备、教师队伍的培养培训、学科建设、教师队伍建设政策和制度保障等方面对加强和改进教师队伍建设进行了明确的规定，是指导思想政治理论课教师队伍建设的纲领性文件。在中央的要求和指导下，各级教育部门和高等学校也积极采取有效措施，纷纷制定教师队伍建设的整体规划。

二、构建原则

（一）目的性原则

目的性原则是思想政治教育目的的要求，也是思想政治教育基本规律的具体体现。目的性原则就是要求思想政治理论教育立体化教学模式为实现思想政治教育根本目的服务。因此，思想政治理论教育立体化教学新模式要明确思想政治教育的根本目的，处理好思想政治教育课堂理论教学、实验教学、实践教学和网络教学之间的关系，实现各教学协调统一。

（二）主体性原则

主体性原则就是要求思想政治教育立体化教学模式充分体现出学生主体性的原则。立体化教学模式的出发点和归宿就是要求从教材、教学内容的选择到教学方法、教学手段、教学评价的运用都要体现学生的自主性、参与性、选择性，体现以人为本、以学生为主体的教学观。要求教学内容在选择和使用上要符合思想政治理论课教学目的、教学大纲和素质要求，要有利于大学生主体性的发挥。在教学方法和手段上，要注重发挥学生的积极性，激发学生参与教学活动。在教学评价上，要采用有利于学生自主学习的评价方法。

思想政治教育工作，实质上就是以人为工作对象，做人的思想转化工作。思想政治教育是思想政治教育者帮助思想政治教育对象提高思想道德素质的过程，是将一个不适应或不完全适应社会发展需要的人，培养成为能够适应一定社会发展需要的合格社会成员的过程。以人为本，就是要重视人的价值，肯定人的作用，承认人的力量和能动性，以人为根本。主体性思想政治教育模式坚持以人为本的原则，就是要把以有利于学生全面发展作为最根本的标准，它是指在思想政治教育活动中，坚持一切从人出发，尊重人、理解人、关心人，充分调动和激发教育对象的积极性和创造性，以达到人的全面发展为目的的观念。

以人为本，要求在思想政治教育出发点上尊重教育者和教育对象的主体地位，了解学生特点和学生需要，从学生的内在需要出发，帮助学生形成正确的需要层次和需要结构；在思想政治教育目标上不仅考虑社会规范和要求，更要突出培养学生全面发展、培养学生主体性的要求；在思想政治教育方法上实现由外部灌输向注重学生自我实践体验的转化；在师生关系上实现主客对立向师生互动的转变；等等。"为了一切学生，为了学生的一切，一切为了学生"，正是以人为本思想在高校主体性思想政治教育模式的体现。

高校思想政治教育要想真正富有成效，就必须坚持以人为本，从学生需要出发，把学生的需要作为工作的出发点和归宿，尊重、研究、满足学生的主体需要，从而使学生的主体需要更好地发挥对行为的驱动作用，以增强高校思想政治教育的有效性。如果思想政治教育者不考虑学生的主体需要，一味地凭自己的主观意愿进行机械的灌输，那么，这种在没有学生认同的情感基础上的教育，是不可能收到良好效果的。大学生的主体需要是丰富而又具体的，主要包括学习需要、生活需要、情感需要、发展需要、就业需要等。同时，不同层次的人有不同层次的需要，一个人不同时期的需要重点不同，即主要需要不同。

在思想政治教育立体化模式构建中以充分发挥大学生的主体性为根本导向。大学生思想政治教育既是教育者施教的过程，也是大学生接受教育和进行自我教育的过程，教育者教育作用的发挥，与大学生自身的主观努力是分不开的。所以，教育者选择和运用思想政治教育方法时，要把大学生的因素考虑进去，把其当作思想政治教育的主体因素对待，而不把其视为单纯的被动接受客体。其一，要认同和尊重大学生的主体地位。这要求教育者在选用思想政治教育方法时，应根据大学生的实际情况有针对性地选取合适的方法，立足大学生实际情况决定所采用的方法。此外在方法运用过程中，还应根据大学生的情况随时进行必要的调整调节。其二，要对大学生的主体意识予以重视并善于激发。主体意识是人对自身主体的地位、能力和价值的认识，实践活动中人的主体意识越强，越容易自觉地发挥能动性。践行大学生思想政治教育以人为本的方法理念，就应该在方法的运用过程中创设良好的情境和条件，促使大学生主体意识充分发挥作用。其三，还要关注和发挥大学生的主体能力。教育者要充分关注和发挥大学生的主体能力，这也是教育方法取得有效性的重要保障。教育者在教育方法的选择和运用中，要从大学生的实际情况出发，以充分发挥他们的主体性为根本导向，尊重他们的主体地位，有针对性地立足其实际情况决定所采用的方法。此外在方法运用过程中，还应根据大学生的情况随时进行必要的调整调节，并努力创设良好的情境和条件，促使大学生的主体意识充分发挥作用，这是当前大学生思想政治教育践行以人为本方法理念的基本要求之一。

（三）实践性原则

思想政治教育立体化教学模式突出的特点就是实践性。所谓实践性，它主要区别于课堂理论教学，是利用课堂以外的时空组织的教学活动，教学方式、教学手段与课堂理论教学相比，主要采取参观、实地调研、现场参与、共同研讨等形式。内容形式上更加丰富、具体、感性，不再是死板的概念、判断、推理等逻辑形式，而是活生生的事实、图像、景观和强烈的现场参与感，有利于巩固知识、理论、原理，促使感性认识上升到理性认识；在实践教学过程中，教学双方地位和角色关系较课堂教学更具有平等性、民主性、互动性，学生不再是处于被动的地位和角色，而是主动积极地参与教学活动，有利于激活学生的主体性，加快学生知与行的统一。

高校思想政治理论课作为高校教学体系中的一门基础学科，是高校马克思主义理论教育的主渠道、主阵地，其教学效果的好坏直接影响着当代大学生的世界观、人生观和价值观。为更好地促进高校思想政治理论课实践教学的实施，我们把思想政治理论课实践教学的内涵定义为：思想政治理论课实践教学是依据思想政治理论课教学目标，在理论教学的基础上，在教师的指导下组织和引导大学生亲身参与各种社会活动与调查研究，以在活动中获得思想道德方面的直接体验，深化理论认识、提高自身综合素质能力为目标的各种教学方式或环节的总和。对思想政治理论课实践教学的理解需要把握以下几点：

第一，思想政治理论课实践教学的目标是让学生将所学理论知识运用于日常生活，培养和提高其认识世界、改造世界、解决实际问题的能力，它与其他教学课程一样需要系统的规划。

第二，思想政治理论课实践教学的形式应该丰富多样，既可以在课堂上进行，也可以在课堂外进行，亦可在虚拟网络上进行，但必须与课程内容有关，丰富多样的教学形式的最终目的都是为了培养和提高学生的思想道德水平和动手创新能力，否则不能称之为思想政治理论课实践教学。

第三，思想政治理论课实践教学必须体现学生的主体性，即通过学生的主动参与使其主观能动性得到充分发挥。

思想政治理论课校园实践教学就是在高校思想政治理论课教育教学目标的指导和规范下，以校园环境为载体，以课外时间为活动时间，以学生的兴趣为纽带，由学生自主设计、策划、组织和开展的，在长期互动中形成的旨在促进学生社会化和全面发展的一系列活动和过程的总和。它是思想政治理论课实践教学体系的重要组成部分，是连接课堂实践教学与社会实践教学的重要纽带，能在较为广泛的空间层面上实现思想政治理论课教育教学相关理论和观点的具体展开。这种实践活动具有校园化、生活化、趣味化的主要特征，通过这些校园实践活动，大学生们既可以弥补课程学习过程中的不足，又可以在这些活动中培养互助、合作、协调、管理等良好的思想品德和作风，还为他们迈入社会、适应社会做好了准备。让大学生将所学理论知识与社会实际相结合，深入基层，通过自己亲身体验认识社会、锻炼能力、增长才干，从而树立正确的思想观念，提高自身的思想觉悟，增强服务与责任意识，培养创新精神和实践能力。它主要通过学生实地考察、参观访问、实证调查、志愿者服务等形式来实现。

把高校思想政治理论课实践教学具体划分为校园实践教学、社会实践教学以及虚拟实践教学，是基于大学生为同一实践主体，承担着受教育、长才干、做贡献的同一教学目标，以实践活动的场所、载体和环境为区分依据而进行的分类。这种分类能够大大拓展高校思想政治理论课实践教学的时间与空间范围，有利于高校教职员工更好地履行教育职责，有利于大学生全员全时、就近就便、可持续地参与社会实践，以便捷的方式争取社会各界对高校思想政治理论课实践教学的关心和支持，也更容易为高校学生思想政治工作者和大学生所理解、把握、操作和实施。

第三节　教育共同体视域下高校思想政治教育立体化模式实现途径

思想政治教育理论教学和研究的实践导向和价值追求蕴含着对社会现实问题的不断追求，而真正的问题意识是前瞻性的，在对现实实践的考察中获得的。因此，思想政治教育理论的发展，正是在对现实问题的不断超越中开辟境界的。前瞻地解决问题，要求在解决问题的同时，使受教育者的思想认识超越现有水平。这自然要求具有前瞻性的理论来指导，从而洞见和昭示更为久远的未来，使思想政治教育实践更具预见性、科学性，思想政治教育理论研究应当通过螺旋式的发问和应答去反复追问带有普遍性、根本性的问题，在对现实问题的深刻思考中昭示未来。在高校思想政治教育中树立问题意识，建构基于问题意识的思想政治教育的学习模式，保障学习的实效。

一、社会服务学习模式

"服务学习"作为一种新型的学习模式，近年来发展迅速，引起世界上一些国家和地区的广泛参与。志愿服务作为服务学习的主要形式之一，以在校大学生为参与主体，经过近几年的快速发展，已成为高校社会实践的一种重要形式，在高校思想政治教育开展中不可或缺。将服务学习模式引入高校思想政治教育，一方面有利于我国高校志愿服务实践的研究，另一方面为高校开展思想政治教育提供了一种新途径。

（一）社会服务学习的内涵

服务学习是将服务与学习相融合的教学方式，从广义上讲，学生所参与的一切对其知识、能力、品德产生影响的活动都可视为服务学习。但从严格意义上来说，服务学习更注重服务与系统化的学习紧密联系，即通过服务实践与知识理论学习的相互融合来丰富学生的知识，完善学生的品格，提高学生的技能和公民能力。这一过程中，服务与学习密不可分，学习与服务并重是服务学习的主要特征。

社区服务重在公益性，这种活动与教学、课程没有任何直接的联系，也不需要学生事后进行自我反思、讨论等，而服务性学习既是一种公益活动，更是一种实践教学方法，它的核心是课程、服务与反思的结合，它的服务活动是精心组织的，有明确的学习目标，重在使学生在服务过程中把在学校学的知识运用到实践中去，并对所做所见进行反思，以巩固加强所学知识。

（二）社会服务学习的教育功能

当前我国高校思想政治教育取得的成果有目共睹，然而伴随社会多元化发展和高等教育普及化趋势，高校思想政治教育在实施过程中暴露出许多问题。为实现高校思想政治教育的有效性，高校思想政治教育必须开辟新的途径。随着社会的发展，志愿服务成为大学生参与和实践公民责任的新方式，成为思想政治教育有效的途径。因此，高校思想政治教育提倡社会服务学习模式。

（三）社会服务学习模式构建

高校思想政治教育活动的开展主要有两种方法，分别是在第一课堂进行授课和在第二课堂的日常思想政治教育工作中开展课外活动。在高校思想政治教育中引入服务学习的模式是将服务学习分别与两种通道形式相融合。

高校思想政治教育主要采取授课方式，融服务学习于第一课堂的思想政治教育中，要求学生根据课程学习内容，参与一定社会实践服务，实现理论的内化与外化，通过课程学习与社会服务的整合实现思想政治教育的有效性。值得注意的是，思想政治教育服务学习应着重与高校思想政治教育理论课相结合，改变以往高校思想政治教育理论课单纯说教的形式，使学生学会将理论应用于实践中，学会思考与反思，达到教书育人的目的。

高校思想政治教育也广泛开展于第二课堂的日常思想政治教育工作中，高校有计划、有组织地将志愿服务活动与思想政治学习相结合，即在学校有关政策和规范的指导下，由相关部门或学生自己对服务活动进行设计、策划与组织实施。区别于一般的实践活动，服务学习活动必须有学校配备或学生邀请的指导教师对学生进行培训与监督，并引导学生反思，给予学生评价。

为了高校思想政治教育服务学习模式的顺利发展，我们必须克服现实中存在的诸多困难，创造优良的外部环境。优化高校思想政治教育的外部环境需要多方资源注入和支持，离不开政府的重视和社会的支持，离不开学校教育观念的更新，更离不开三方共同协调和努力。指导服务学习模式的开展是一个长期艰巨的过程，所以我们应对高校思想政治教育服务学习活动进行科学的规划。高校思想政治教育在加强服务学习理论研究奠定发展基础后，要整合各方力量，努力创造具有自己特色的高校思想政治教育服务课程，逐步实现高校思想政治教育的目标。

伴随着高校思想政治教育服务学习环境的改善和规范的合理化，高校的思想政治教育服务学习模式应该努力适应各方面的需求，向组织合理化、制度规范化、活动广泛化的总趋势发展。当前，高校思想政治教育服务学习模式才刚刚起步，缺少合理的规章制度，许多问题都需要规范化的制度来解决。在合理的规范指导下，高校应进行科学化的组织，实现高校思想政治教育服务学习活动的社会化。

二、网络教育模式

单从网络的发展速度和运用人数来说，网络时代已经悄然向我们走来。高等院校是我国社会"网络化"的发展前沿，随着网络在我国的日益普及和发展，上网的大学生不断增加，网络对当代大学生的行为模式、价值取向、政治态度、心理发展、道德观念等将产生越来越大的影响。网络已成为中国共产党和西方敌对势力争夺青年的重要阵地，主动占领网络思想政治教育新阵地，要运用技术、法律、行政手段，加强校园网的管理，严防各种有害信息在网上传播，牢牢把握网络思想政治教育主动权。这给我们指出了网络思想政治教育的工作方向，即要占领网络阵地的制高点，必须一方面抓网络建设，一方面抓网络管理。

（一）高校网络思想政治教育体系建设

校园网是为学校师生提供教学、科研和综合信息服务的宽带多媒体网络。中共中央国务院《关于进一步加强和改进大学生思想政治教育的意见》指出："要全面加强校园网的建设，使网络成为弘扬主旋律、开展思想政治教育的重要手段。"网络时代，大学思想政治教育的先导性、实效性、主导性正面临严峻挑战，只有努力在信息高速公路上"跑"好思想政治教育的"车"，才能变被动为主动，开创学生德育工作的新局面。学校首先实施铺"路"工程，大力加强校园网络基础设施建设。加强校园网络建设是建设主题教育网站或网页，积极开展网络思想政治教育活动的基础和前提。近年来，在教育部和地方教育行政部门的推动下，在各高校的努力下，据不完全统计，全国共有几百所高校先后建起了校园网，这表明我国"数字校园"的建设已初具规模。从总体规划的角度来看，校园网建设应包括基础设施建设、网上教学软件建设和有关人员培训三项内容。因此加强校园网络建设，也主要从这三方面入手。

1. 加强基础设施建设

基础设施建设是校园网的物质基础，包括硬件和软件两大部分。其中硬件部分由主干网和子网中有关设备及连线组成，而软件部分则由操作系统及大量校园网应用软件组成。当今世界计算机技术、通信技术、网络技术发展迅速，机器设备日新月异，要保持网络建设的优势，必须重点放在网络的基础设施建设上。校园网络硬件建设包括布线、服务器、工作站、交换机、路由器等设施和系统软件平台。其中最重要的是布线工程。未来的网络是一个光传输网络，速度和质量在现在和不久的未来网络中都将是一个重要的决定因素。因此，布线工程必须做长远考虑。网络硬件建设固然重要，但网络应用软件的建设也不可忽视。要正确处理好硬件和软件的关系。单纯追求硬件设备上的档次和规模，而忽视软件建设，盲目认为学校设备高档就是教育的现代化，这是校园网建设的大忌。从某种意义上讲，硬件水平只是一个投入的问题，而软件水平的提高远比硬件水平的提高要复杂得多。

要采取"点上深入，面上拓展"的策略，就要在"用"字上下功夫，重视校园网络关键性的应用软件配置的建设，避免低水平重复开发教学软件所造成的人才和网络资源的浪费。

因此，一方面要充分利用高校自身的技术人员和网络资源优势，以及硬件同步建设，自主地逐步设计出有自己特色的应用系统；另一方面可引进现成的系统平台。

加强网络安全建设也应该是校园网络建设的基本要求。随着网络迅速普及，安全性越来越引起人们的重视。如果硬件不安全，会造成网络瘫痪；软件、数据不安全，会造成重大的经济损失和不良的影响。网络的安全性对学校更是具有特殊的重要意义。因为学校是培养高素质人才的阵地，反动的、不健康的信息的流入，将严重危害当代大学生的身心健康。因此在建设校园网的过程中一定要加强网络的安全建设。

2. 加强网络教学软件建设

网上教学软件建设是校园网的核心内容。其任务十分复杂和繁重，需要长期、艰苦的努力才能使校园网名副其实地融入日常教学活动之中。配置、开发教学软件的设备至少应包括这几部分：非线性编辑系统、多媒体教学软件制作系统、光盘刻录系统。

3. 加强相关人员培训

人员培训是校园网能否正常运行的关键。校园网的出现是一件新鲜事物，学校各级领导和广大师生从观念与技术上都需要有一个适应过程，为此在安排培训对象和培训内容上应有针对性。具体设想如下：

第一，对主管校园网工作的各级领导，重点放在观念转变和对本校校园网的总体规划以及总体框架的培训上。

第二，对校园网的管理和维护人员，应使他们参加建设的全过程，由网管人员自己完成校园网络的系统集成，培训网管人员对校园网各硬件设备的连接及各种网管软件的使用与维护，这样既锻炼了网管队伍又可以节省不少的经费。

第三，对教学人员和学校其他职员根据上报需求的不同，进行分层次培训。

第四，现代教育技术培训班，目的是使广大高校教师人人都能熟悉并使用现代教育技术手段，正确使用多媒体教室的各种教学设备，能利用计算机信息网络获取信息、收发电子邮件，具有运用多媒体教学软件和管理软件进行辅助教学和管理的能力，了解计算机及信息网络的安全保护知识和法律法规，培训对象为全体教职员工。

第五，教学课件制作培训，目的是培养一批能开发、制作本专业教学课件的骨干教师，为高校开发学科课件系列打好基础，培训对象为部分中青年教师。对学生，可由高校有关组织出面举办网络信息技术的相关讲座，采取多种方式组织学生学习网络知识。通过学生利用计算机完成课题的过程，培养学生的创新精神和动手能力。

（二）加强思想政治教育主题网站和网页建设

我国高等学校思想政治教育网络工作已经取得了很大的成效。但总的来说，学生在网上制作思想政治教育专题主页和建立思想政治教育专题网站比较多，而校园的思想政治教育专题主页和网站、思想政治教育工作者自己本身的专题主页和网站比较少。因此，网上的思想政治教育专题或非专题主页和网站的水平，就整体而言不仅参差不齐而且缺乏鲜活的个性化、生动活泼的育人界面，需要不断提升理论深度。因而，大力加强思想政治教育专题网站或网页建设，成为高等学校思想政治教育工作者的紧迫任务。

1. 加强网站阵地建设

加强网络阵地建设，建设有特色、有吸引力、有影响力的思想政治教育网站是一项基础工程。大力拓展网上思想政治教育阵地，用马列主义、毛泽东思想和中国特色社会主义理论体系去占领网络阵地。当前，尤其要注重学习中国特色社会主义理论体系重要精神以及科学发展观的深刻内涵，确保思想政治教育进网络有一个正确的舆论导向；要引导学生树立正确的世界观、人生观、价值观；要围绕一些重大的政治问题，旗帜鲜明地发表评论，进行积极引导，对错误言论要敢于批评，及时纠正错误信息。坚持网上有党、团组织的声音。

2. 贴近校园建设

在网上建立思想政治工作的平台，充分发挥"渗透式"隐形教育的功能。例如各个高校工作的有益尝试。

3. 搭建校园立体平台建设

利用校园新闻资源，整合校报、广播、电视台等媒体，搭建校园网络新闻立体平台，做好典型宣传、热点透视和舆论引导工作，从而形成网上网下思想政治教育的合力。

三、校园文化教育模式

校园文化是校园环境的核心内容，校园文化迅速发展为自觉、稳定而有组织的文化阵地，是一种特殊的社会文化现象，它是以中国特色社会主义文化为根基，以学校文化活动为主体、由全校师生员工共同创造的、充满时代气息和校园特点的人文氛围。

（一）文化教育的基本原则

1. 主导原则

校园文化建设必须始终坚持社会主义意识形态的主导地位，坚持党的基本路线和基本方针，坚持先进文化的前进方向，坚持社会主义价值取向，坚持用科学理论武装师生头脑，坚决抵制腐朽文化侵蚀大学校园，为大学生思想政治教育营造良好的校园文化氛围。

2. 系统原则

校园文化是一个复杂的、开放的、多元并存的系统，具有整体性、结构性、层次性和开放性的系统特征。使校园文化建设有目的、有计划、有组织，具体来讲应该从学生文化到教职工文化，从物质文化到精神文化，从课内文化到课余文化，从通俗文化到高雅文化，从学习区文化到生活区文化统筹考虑，整体设计，以达到整体优化的功能。

3. 自主原则

校园活动特别是学生科研及课外活动应尽量由大学生自己独立组织、安排，充分尊重他们的创造精神，培养他们自我教育、自我管理、自我服务的能力。

4. 教育原则

开展校园文化活动是一种潜移默化的思想政治教育，应真正寓教育于各类活动之中，全员参与、全方位构建。校园文化是对青年学生进行素质教育的有效途径，在组织学生开展校园文化活动中必须注意其知识性、趣味性、科学性。

5. 创新原则

文化的核心和生命在于创新，校园文化也不例外。校园文化建设必须不断更新思想政治教育和管理的理念，着力于培养学生的综合素质，特别是培养学生的创新精神和创新能力，激发学生的创新潜力，着力于创新校园硬件和软件环境，只有这样才能使校园文化永葆生机和活力。

（二）校园文化建设的实践路径

大学生思想政治教育既面临良好的机遇又面临严峻的挑战，重视校园文化建设势在必行。校园文化重在建设，贵在坚持，与时俱进，难在开拓创新。创新是加强和推进校园文化建设的关键出路。在新世纪新阶段，我们要弘扬求真务实的科学精神，积极探索校园文化建设工作的新思路、新观念、新形式和新方法，努力开创大学生思想政治工作的新局面。

1. 校园文化建设的核心

校园文化建设必须为社会主义现代化建设服务，为高校的育人目标服务，着眼于大学生思想政治教育的现状，展现新时期高校的人文精神和大学生积极向上的良好风貌。校风建设是校园文化建设的核心，校风建设实际上就是学校精神的塑造。优良的校风具有历史的传承性，大学在其沿革中积累下来的宝贵财富和精神食粮是激励师生孜孜以求的内在动力。校风最集中的体现是学风和教风。教风是主导，学风是主体，要抓好校风建设首先必须抓好教风建设，而抓好领导作风建设是抓好教风建设的重中之重。我们要开展师德教育活动，并结合形势和文化建设的侧重点充实学习内容，要把学习与学校的实际工作结合起来。要充分利用专题讲座、学习交流会、图片展、知识竞赛等各种载体开展形式多样、符合学生特点的学习宣传活动，在学生中形成爱党爱国、遵纪守法、尊敬师长、团结互助、勤奋好学、积极向上的良好风气。

2. 开展丰富多彩的文化活动

高校校园文化建设要重视品牌文化建设，精心策划与部署，同时投入相应的物力、财力和人力，组织适合本校办学特征的全校性的大型活动，如德育节、科技节、体育节、合唱节等，让其成为学校校园文化的标志，成为实施大学生素质教育的一道亮丽风景线。校园文化存在于学校全部教育与管理行为之中。除了组织大型活动之外，还要综合协调教师的业余生活和学生的课外活动，激活大众性生活文化。要针对当前学生活动的实际，探索通过社团文化、班级文化、寝室文化、食堂文化建设，促进学生在较长时期的潜移默化的过程中既增长才干，又接受主旋律文化。善于结合传统节庆日、重大事件和开学典礼、毕业典礼等，开展特色鲜明、吸引力强的主题教育活动。

3. 完善校园文化活动设施

第一，开展丰富多彩的校园文化活动，体现群众性，为加强学生人文素质教育，各高校特别是一些以理工科见长的高校应该对各专业有针对性地开设人文选修课，开设强化班。举办各种形式的人文素质讲座，组织人文精神大讨论。以网络为载体，积极主动、全方位地将学校丰富的思想政治教育内容搬上校园网，积极营造高品位的校园人文环境。

第二，在校园文化物质建设方面，高校要精心设计，科学布局，处理好建筑风格上传统与现代的关系，实现山水园林、人文景观和自然景观的完美结合，使其既有传统的韵味，又体现时代的气息，根据自身特色，突出深邃的文化底蕴。

第三，在校园文化制度建设方面，高校应强化制度建设，坚持依法治校，在管理原则上坚持兼容并蓄，有容乃大；在管理方法上坚持收放有度，粗细相宜；在管理制度上不断自立、完善检查防范督促机制。

4. 加强校园文化管理

高校校园文化建设要注重校园文化的教育性，多引导、少随意，多严谨、少盲目，多积极、少消极。要注重校园文化的学术性，突出学术氛围，举办各种学术讲座，聘请专家学者介绍学术动态，进行学术咨询，指导学术研究，体现出高校校园文化与其他社会文化的明显不同之处。

第六章 大数据时代高校思想政治教育共同体教育的新形式

高校主流意识形态教育离不开具体路径的实施。在新的历史形势下，重新审视大学生主流意识形态教育工作，积极探索并创新主流意识形态教育的路径，使之更好地体现时代要求，增强高校主流意识形态教育的效果。开创高校主流意识形态教育既要抓住自我教育、校园文化、社团活动等常规的路径，同时还要坚持推陈出新，积极开辟网络、手机等新的路径，提高教育的吸引力和凝聚力。

第一节 利用网络新媒体，拓宽高校学生意识形态教育平台

网络作为当代信息革命的重要标志已深深融入人们的生活之中，渗透到社会的各个层面和领域。它的高度普及和广泛应用对当代高校大学生的学习、思维、交际和生活的模式产生了巨大的影响，也日益影响着高校的政治态度、道德风貌、价值取向及行为模式等各方面。网络技术的迅猛发展无疑给高校主流意识形态教育带来了难得的发展机遇，同时也不可避免地带来了严峻的挑战。利用网络进行高校主流意识形态教育是新形势下进一步加强和改进高校工作的必然趋势，高校主流意识形态教育的网络路径创新势在必行。

一、网络媒体给高校意识形态教育带来的机遇

（一）丰富信息来源

在传统的意识形态教育工作中，知识理念的灌输是主要方式，学生处于被动地位，内容枯燥单一，入脑难入心。而互联网的应用明显地改变了这一方式。在意识形态教育工作中，教师可以围绕课题更加广泛、更加方便快捷地搜集资料，丰富了教学

资源，改善了教学方式。如多媒体在教学中的应用，教师和学生可以更加自由地调配从古至今、从中到外的信息资源，不仅有文字资源，还有声、画、影等资源，教学效果明显改善。

（二）整合教育资源

一是整合学校和家庭教育资源。学校利用网络搭建平台，就坚持家庭教育的重要性、教育方法等问题与家长沟通。同时，经常性地公布学生在校表现，对学生存在的问题进行交流，有利于双方形成合力。二是整合社会资源。网络可以极大地开发其他可利用资源，如其他学校的意识形态教育名师课程资源、现实社会中的意识形态教育资源等，能够极大地提升意识形态教育资源质量，并便捷地获取丰富的、成熟的、经过检验的其他教学资源。

（三）增强意识形态教育的灵活性

利用网络，可以引导学生走出课堂，将意识形态教育工作延伸至社会各方面。如就校内或社会上发生的某个事件广泛开展交流讨论，通过群体发言的力量，扬善惩恶；设立在线咨询，教师和志愿者实时解决学生的困难、疑问和困惑；可将意识形态教育活动通过网络延伸到校园以外，号召全社会共同参与，开展宣讲、慈善、救助等活动，让学生在社会实践中强化意识形态教育成果。

二、高校主流意识形态教育网络创新的基本原则

为适应网络时代的迅速发展，高校主流意识形态教育工作必须加快创新步伐，不断增强高校主流意识形态教育网络路径的开发与建设。创新网络主流意识形态教育，要把握以下两个基本原则：

（一）坚持正面性原则，保证高校主流意识形态教育发展方向

高校主流意识形态教育网络路径创新，必须按照主流意识形态教育的要求，坚持马克思主义，弘扬社会主义主流文化。一些西方国家利用自己在网络中的优势，欲颠覆社会主义于无形，大肆宣扬自己的价值观，许多腐朽、落后的思想侵蚀与冲击着大学生。我们要有清醒的认识，主动迎战，积极应对，始终坚持正面引导，大力倡导社会主义原则，让马克思主义意识形态占领网络阵地。

（二）坚持时效性原则，提高高校主流意识形态教育的针对性

网络具有信息量大、传播速度快的特点，高校主流意识形态教育要跟得上时代的步伐，主要是教育信息要紧贴现实，结合当前热点信息内容，开展主流意识形态教育活动。不能死抱书本，死背教条，空洞说教。充分利用网络信息，丰富大学生主流意识形态教育内容，及时调整教育形式，以高校当前最关心的问题进行讨论、交流、学习。高校主流意识形态教育必须积极利用不断更新的网络信息，提高教育效果。

三、高校主流意识形态教育网络创新的基本途径

（一）建立高素质的网上高校主流意识形态教育队伍

在网络深刻影响高校的思想、学习、生活、交际之时，许多高校主流意识形态教育者还没有意识到网络给自己带来的挑战。一方面，他们对利用现代网络信息技术开展思想教育的意识淡漠；另一方面，他们也没有掌握一定的计算机网络知识和技能；另外，他们对相关互联网法律法规、网络道德缺乏了解。

因此，为了有效地改变和提高高校主流意识形态教育效果，必须建立一支高素质的网上高校主流意识形态教育队伍，使得广大高校主流意识形态教育者与时俱进，顺应时代发展的需要。

（二）加快建设高校主流意识形态教育主题网站

首先，明确网站建设的指导思想。高校主流意识形态教育主题网站建设必须始终坚持以马克思主义、毛泽东思想和中国特色社会主义理论体系为指导，保证正确的政治方向，以正确的舆论导向主动做好意识形态工作。旗帜鲜明地高唱中国特色社会主义主旋律，传播社会主义核心价值观，针锋相对地驳斥资产阶级的腐朽思想文化。

其次，加强网站宣传推广。高校主流意识形态教育主题网站应有足够的"人气"，有高校的积极访问与参与，才能实现其教育、引导和服务的功能。为此，必须高度重视网站自身的宣传与推广，运用校园新闻资源，整合校报、广播、电视台等媒体，努力塑造良好的外部形象，使更多的学生知晓网站、认识网站、了解网站、登录网站，对网站高度认同和肯定。

最后，及时更新网站内容。高校主流意识形态教育内容必须及时更新，空洞的理论展示不仅浪费网站资源，而且会逐步在高校中丧失吸引力。只有通过跟踪当前热点话题，围绕一些重大的政治问题、敏感的意识形态问题，及时报道最新进展，旗帜鲜明地发表评论，增强网站内容的吸引力和时效性，才能提高大学生浏览欲望。

（三）加强高校主流意识形态教育的网络管理

第一，制定完善的校园网络管理规范。高校相关部门要以国家的法律法规为依据，结合学校自身的实际情况，制定一系列明确的网络管理规章，规范互联网秩序，严肃网络纪律。制定符合高校实际的针对校园网络特点的管理制度和办法，加强对网上舆论管理和监控的力度，对不符合高校主流意识形态教育的行为给予坚决打击，切实净化校园网络环境。

第二，加强网络信息监控。开展高校主流意识形态网络教育，必须对网络信息进行严格监控，采取有效的技术手段限制、剔除那些有害学生健康成长的信息，清除思想垃圾，规范网上行为，尽量为学生提供一个良好的网上生活空间。依靠技术手段，加强对网上不良信息的监管，控制不良信息传播的范围，从信息传播的源头加强控制，正本清源，扬清去浊，净化网络环境。

现在，手机在学生中已经普及。高校主流意识形态教育要充分利用手机及其网络的功能和优势，通过短信、手机报、手机教育网、家校信息通等载体和平台，不断提高教育的时代性和实效性。

四、利用网络新媒体加强意识形态教育工作的对策

（一）加强高校党委对意识形态工作的领手

意识形态工作是党的一项极端重要的工作，是高校党委工作的重中之重。高校党委作为单位意识形态工作主体责任者，党委书记作为第一责任人，要克服认识不到位、主要领导重视不够等思想问题，加强检查指导，建立健全考核奖惩机制，在人员、物资、设备等方面提供充分的资源保障，从思想上、组织上、物质上构筑高校意识形态工作的坚实堡垒。

（二）加强意识形态风险防范

加强意识形态风险的防范是一个系统工程，不仅需要学校内部建立起风险防范工作格局，更需要社会新闻舆论和新媒体的高度自律；不仅需要政府拓宽主流意识形态发声渠道，更需要学校与政府、与社会媒体建立起良性互动的渠道。

（三）加强媒介素养教育

媒介素养，指人们对媒介的有效使用能力，以及对媒体信息的接受、选择、理解和创造的能力。进行媒介素养教育要着重培养大学生的信息伦理意识，使学生加强法治观念，自觉维护和创造正确的、良好的、充满正能量的网络信息环境。要培养大学生对各类信息的鉴别能力与批判精神，鼓励和引导学生不盲从、不盲信，保持思想的独立性，把个体价值与社会整体价值有机统一起来。另外，也要加强意识形态教师的媒介素养教育，引导教师关心、关注网络言论与信息，及时发现苗头性问题，有效地利用网络工具加强对学生的思想引导。教师还要对学生习惯和流行的网络语言进行了解，以学生乐于接受的语言与交流方式，保持与学生的良好沟通与交流，使意识形态工作的开展更加贴合学生实际，从而提高工作的效率。

（四）加强校园网络社区建设

高校要深入研究网络信息及工具的特点和学生行为方式与思想特征，化被动为主动，充分利用网络为思想政治工作服务。要利用其传播快、互动性强、载体功能强等优点，灵活设计思想政治教育内容，使其成为能够引人注意、引人思考、促人进步的信息，并把此类信息通过自媒体信息发布、交流互动、发展粉丝等方式，以体验式、渗透式、交互式的形式融入学生的生活、学习、社会交往、业余娱乐等环节，切实增强工作的实效性。要顺应网络时代特点，在学生、网络与信息内容三者之间搭建起校园网络社区，把学生从分散的网络世界集中到校园这个大家庭中，成为网络社区的建设者。以网络社区为基础，建成信息交流和教育平台，辅导员利用网络平台开展思想政治工作教育，并将其与传统教育方式相结合，形成多层次、全方位、立体化的思想政治工作体系。

总之，高校应充分发挥网络优势强化意识形态教育工作，利用网络丰富教育资源和教学方式，增强意识形态教育实效。同时也要清醒地认识网络对学生理想信念、道德观念和处理社会关系的影响。在此基础上，通过优化资源配置、加强网络监管和创新意识形态教育方式等手段，最大限度发挥网络优势，避免不良影响，构建科学的意识形态教育工作体系。

五、网络新媒体下意识形态教育工作的必要性

（一）创新是思想政治教育模式的必然选择

意识形态教育工作将有助于思想政治教育工作者紧紧抓住大学生的具体阶段性特点，有助于我们将大学生思想政治教育的主、客体紧紧地联系在一起，有助于有效地传递思想政治教育信息，从而增强高校学生思想政治教育的实效性。因此，创新大数据时代高校意识形态工作研究，对于高校而言具有较强的理论及现实意义。

（二）有助于丰富传统高校思想政治教育理论思维模式

大数据时代意识形态教育工作，在理论上，将有助于我们丰富和创新思想政治教育理论思维模式。力求突破单纯依靠传统教育方式对学生进行教育传统认识，以加强和改进意识形态教学模式，填补相关领域研究的空白。

（三）有助于提高思想政治教育的针对性

在实践上，有助于提高高校思想政治教育的针对性，更好地发挥思想政治教育过程中的主观能动性，增强学生接受思想政治教育的主动性与自觉性，从而更好地因材施教，促进创新型、应用型人才的培养。要响应国家号召，契合时代主题，有效推动大数据时代高校意识形态教育工作，使此项工作能够成为国内的领头羊，并起到积极的带头作用。

在大数据时代高校的意识形态教育工作究竟如何发展，如何将意识形态教育贯穿大学思想政治教育的始终，并建立长效机制，就成为一个亟须解决的问题。要研究高校意识形态教育的理念，力求突破对高校学生思想政治教育的传统认识，以加强和改进高校意识形态教育的实效性，使高校思想政治教育更具针对性。

第二节 积极发挥党团组织作用，利用第二课堂加以引导

在大数据时代要针对加强高校意识形态工作问题的有效途径进行全面、系统的研究，为解决目前国家提倡的重视高校意识形态工作的有效途径提供可靠保障。因此，要探索出一条加强高校学生意识形态工作的有效途径，建立高校意识形态工作长效机制，为学校的后续发展提供经验，以期在实际工作中体现指导意义。

一、充分发挥第二课堂的载体作用

第二课堂是相对于第一课堂而言的，是学校在教学计划之外组织和引导学生开展各种有教育意义的活动。第二课堂作为一种教学方式和途径纳入教学体系中，作为第一课堂的有效补充，是学校人才培养的重要载体。第二课堂更能体现学生的自我展示，重视学生对所学知识的灵活运用，并鼓励学生主动参与，在更多实践活动中提高综合素质。与此同时，高校意识形态工作应当主动参与到第二课堂教学中，创造性地开展意识形态工作。

（一）发挥高校教师基层党组织的引领作用

高校教师基层党组织可以组织活动，与高校学生党组织或团组织进行对接，走进同学日常生活的党日或团日活动，以第二课堂为载体，开发更多新颖和丰富的组织活动。高校教师应当不断以身作则，充分发挥自身思想引领作用，以积极向上的价值观念潜移默化地影响高校学生。高校教师应当主动关注学生学习生活，并给予学生有价值的帮助，用实际行动践行社会主义核心价值观，体现高校教师的党员党性风范，为在校学生树立良好的榜样，起到广泛的示范效应。

（二）完善新媒体网络平台的第二课堂教育

高校应当将意识形态教育与网络、自媒体等新媒体相结合，以提高意识形态教育的预见性、时效性和广泛性。加大对网络意识形态教育的人才和资金投入，努力建设好微信公众号、微博、论坛等各类信息源和综合网络平台，合理利用这些网络平台发布信息或者进行主流意识形态教育，不断提高这些网络平台的影响力、号召

力和公信力。这些网络平台上的信息不仅包括与主流意识形态相关的理论知识、时事热点的剖析、国家政策的解读、社会正能量事件，还有与大学生生活、学习等方面息息相关的优秀文学作品、影视作品、知名专家和学者等成功人士的演讲等吸引大学生的内容。

高校应该打造这些网络平台的资源共享、交流互动、便捷发表思想观点等功能机制，将主流意识形态融入其中，引导大学生身心健康成长，在潜移默化中对大学生进行主流意识形态教育。高校意识形态教育工作者及相关领导应当通过这些功能与大学生积极互动，以深入了解当下大学生的思想状况和价值取向，了解大学生对意识形态教育工作的看法和建议，据此对高校意识形态教育工作进行改进和创新。

（三）开拓更多意识形态工作第二课堂新阵地

社会实践活动是第二课堂的主要阵地，也是高校意识形态工作的重要阵地。社会实践是全面推进学生素质教育和青年学生成长成才的重要环节，是大学生思想政治教育的重要途径，把学校教育、社会教育和实践教育有机结合起来，让枯燥的理论变得生动并易于接受。在社会实践组织过程中应当主动发挥思想引领作用，组织学生亲身体验社会经济发展进步，体验公益服务社会的价值所在，在实践中深刻领会党的方针、政策和路线。深入挖掘社会实践中的爱国主义资源，主动对接爱国主义教育基地。加强校企合作，推荐学生到优秀的民族工业企业或者基层社区锻炼实践，实现学生从校园走向企业的无缝接轨，从实践中收获正向的价值理念。

二、加强党对高校意识形态工作主导权的对策

进一步提高高校党委对意识形态工作重要性的认识。随着党在意识形态领域工作的不断深入，新情况、新问题层出不穷。高校党委要充分意识到加强意识形态工作主导权的重要性和紧迫性，继续深化对加强党在高校意识形态工作主导权的认识。

首先，深化对党在高校意识形态工作主导权的必要性、长期性、艰巨性和复杂性的认识。意识形态工作本身就是一项极为复杂的工作，高校的意识形态工作则更为复杂。高校是思想意识相互交锋最为激烈的场所，不同年龄、学派和党派的学者以及在校大学生在思想意识上有很大的差别甚至矛盾。高校党委必须高度重视意识形态工作的复杂性，充分认识党的意识形态工作的长期性和艰巨性，戒骄戒躁，从

实际出发，在行动上自觉坚持马克思主义的指导思想，及时制定正确的对策措施，在意识形态工作的针对性、实效性和创造性上下足功夫。

其次，充分认识意识形态教育在高校工作中的重要地位。意识形态工作事关党在高校的执政地位，事关校园环境的和谐与稳定，事关高校的社会主义办学方向。高校党委要充分借助思想政治教育理论课的重要作用，对大学生开展爱国主义、集体主义和社会主义的思想教育，促进师生的全面素质特别是思想政治素质的提高。

最后，牢牢树立加强党对高校意识形态工作主导权的关键在于党委的理念不动摇。从坚持党委领导核心作用、把握党委领导与校长负责的关系、健全科学有效的运行机制三方面入手，不断创新领导形势，巩固和完善党委领导下的校长负责制。当前，必须以党的十九大精神为指导，坚持中国特色社会主义的指导思想，在坚持党委领导的前提下，充分发挥各级党组织和广大党员的作用，增强意识形态工作的时效性和针对性，使学校真正成为传播和研究马克思主义意识形态的坚固阵地。

（一）明确加强党对高校意识形态工作主导权的目标和任务

加强党在高校意识形态工作中的主导权主要目标就是实现马克思主义在高校的大众化。高校作为人才培养高地和马克思主义大众化的主阵地，应从"马克思主义政党只有赢得青年，才能赢得未来"的战略高度，使当代大学生从马克思主义大众化的普及对象成长为马克思主义中国化的坚定信仰者、践行者和传播者。所以，实现马克思主义在高校的大众化是加强党对高校意识形态工作主导权的首要目标。

在高校推进马克思主义大众化，主要就是用马克思主义的意识形态武装大学生的头脑，不仅让马克思主义的基本理论和基本观点为大学生们所熟知，而且让马克思主义的方法论成为大学生在认识世界、改造世界过程中的主要方法。我们必须看到，马克思主义大众化首先是高校思想政治教育工作中的一项系统工程，高校思想政治教育工作将是马克思主义大众化的主要实现平台。马克思主义大众化必须通过充分发挥思想政治理论课的主渠道作用，不断提高思想政治理论课的教学实效，使思想政治理论课成为大学生真心喜爱、终身受益、毕生难忘的课程，真正使马克思主义意识形态受到学生们的认可和欢迎；必须通过日常思想政治教育的阵地建设和校园文化建设相结合的新型模式，形成马克思主义大众化的有效教育合力，最终使大学生树立马克思主义的信仰和中国特色社会主义的理想；必须通过各种途径加强对西方资本主义意识形态的坚决批评来帮助在校大学生们看清西方资本主义国家的阴谋诡计，防止大学生误入资本主义意识形态的陷阱。这些都是摆在高校思想政治教育工作者面前今后的主要任务，我们要通过利用好高校思想政治教育这个平台来实现马克思主义的大众化，切实增强党在高校意识形态工作中的主导权。

加强党对高校意识形态工作主导权的任务是把握高校舆论导向，把握高校的舆论导向才能为党和社会培养合格的社会主义建设者和接班人。在校大学生是党在高校舆论宣传工作中引导的主要对象，大学生具有开阔的视野、活跃的思想、敏捷的思维，对新信息、新知识、新问题具有很强的接受能力，是各种意识形态信息接收和使用的中坚力量，同时他们对学校的舆论导向也比较敏感。在高校舆论环境日趋复杂、西方敌对意识形态随处可见的当今时代，充分发挥党在高校意识形态工作中的舆论引导作用，对大学生们给予正确的舆论引导，用马克思主义先进的思想文化占领学生的意识形态阵地，对于高校坚持社会主义办学方向，培养社会主义事业合格建设者和可靠接班人，具有十分重要的现实意义。

高校舆论工作正面临并将长期面临经济全球化、社会转型和互联网的普及等国内外复杂的背景环境。党在高校中的舆论引导工作，既要充分利用这一复杂环境信息量大、互动性强、传播渠道广的优势，又要注意新的传播方式所带来的去中心和多元化带来的泥沙俱下、鱼龙混杂的情况。党在高校的舆论引导应立足于时代发展的制高点，从高校健康发展的大局出发，充分发挥党的地位和作用，在高校舆论引导中上通下达，对进入校园的大众媒体、海量信息进行严格监控，慎重筛选。

一方面稳定提供正面的社会主义意识形态的信息，另一方面尽可能堵截、删除西方敌对意识形态的信息。另外，还可以对正面信息进行深加工，以更加贴近实际、贴近生活的方式在校园里进行二次传播，使正面信息发挥它们的最大效能。同时，党在高校进行舆论引导时还要在具体方式上有所改变：把传统的"严把关"变为"巧指路"，从让人们"看什么"转变为教人们"如何看"，变以"堵"为主为以"导"为主，更多地依赖所要表达的意见本身的说服力来达到引导的目的，这样才能真正实现党对高校舆论工作的引导。

及时有效地抵制西方资本主义意识形态的渗透，不断巩固社会主义主流意识形态在高校的安全，也是我党加强在高校意识形态主导权的主要任务之一。改革开放以来，尽管社会主义的意识形态被作为主流的意识形态，但是根据国内国际的复杂形势，我们应认识到，马克思主义必须在斗争中才能发展，不但过去是这样，现在是这样，将来也必然还是这样。正确的东西总是在同错误的东西做斗争的过程中发展起来的。要想真正确保社会主义意识形态主流的地位，就要与资本主义意识形态做坚决的斗争。

（二）把握加强党对高校意识形态工作主导权的途径

1. 加强组织领导

高校党委要切实加强对意识形态工作的领导，定期听取意识形态领域工作进展的汇报，掌握最新的工作动态，牢牢把握意识形态工作的主导权。继续坚持党管干部、党管人才的原则，在任免干部的过程中把意识形态工作能力作为审核的重要标准。充分发挥党委宣传部门的指导和协调作用，切实加强对校园内的新闻舆论、党员教育、文化建设等工作的领导，始终掌握对宣传文化系统领导干部的任免权，掌握对宣传文化工作方针政策的决策权，掌握对意识形态宣传业务的终审权。

2. 完善管理体制

高校要抓紧构建党委统一领导、各部门有效管理、基层党组织密切配合的管理体制，构建以主管部门为主体，其他部门共同参与、相互配合的管理格局。在高校党委的统一领导下各部门各学院要对本部门本学院内的意识形态工作切实负起管理职责，绝对避免形式主义、主观主义的作风，把意识形态工作落到实处。对于意识形态领域出现的新问题、新矛盾，下级部门要及时向上级主管部门汇报，不断提高解决意识形态领域突发情况的能力。

实行主要领导人问责制，哪个部门和单位出了问题，就追究哪个部门和单位主要领导的责任。建立健全意识形态领域舆情信息汇集和分析机制，随时掌握校园以及社会上的舆情动态，及时发现和处理不良倾向性问题。建立和完善信息通报和信息协调制度，各级部门要建立长期的信息共享平台，主动沟通意识形态领域的各类信息，尤其是一些重要情况以及需要注意的突发问题。高校党委还应建立和完善内部管理和监督制度，始终保持处理意识形态工作的及时和高效。

3. 积极推进理论科研建设工作

高校党委还应该鼓励和支持马克思主义理论研究与创新。马克思主义理论研究与创新在高校意识形态工作中起着基础性的作用，是体现党的领导的重要保证。改革开放以来，中国特色社会主义现代化建设的伟大实践、中国高等教育由精英化向大众化的历史性转变等现实为马克思主义理论创新提供了丰富的材料，我们必须从这个实际出发，抓住机会，努力把马克思主义理论创新推向一个新的高度。理论创新的目的在于增强马克思主义理论教育的时代感、针对性和实效性，增强党对高校意识形态工作的说服力、战斗力。我们要在坚持马克思主义基本立场、观点、方法的基础上围绕高等教育的最新发展趋势以及意识形态领域的新情况、新问题，抓住重大根本性问题，站在最新的学术前沿，对马克思主义理论进行总结、说明和创新。

（三）加强党在高校意识形态工作的主导权必须与时俱进

面对互联网的新的冲击，加强党在校园网络宣传阵地中的主导权，可以从以下三方面拓展我党在校园互联网舆论宣传的阵地。着手进行马克思主义意识形态的网站建设，开辟舆论宣传的主阵地。网站建设，是网络意识形态宣传的主要手段，是传播我党意识形态理论和价值观念的主要方法。

然而我们已有的网站在内容建设上还有待提高。仅仅把网站内容局限在国内外新闻时事、领导人的活动报道等，那只不过是把我们的网站变成一个网络形式的报纸杂志。如果是一般性的新闻网站做成这样还可以让人理解，但是，作为我党在高校的网络意识形态阵地的网站，仅有上面的那些内容显然是不够的。我们可以从以下几方面进行内容上的拓展和丰富。

1.增加中国传统文化的相关内容

我们中国的传统文化博大精深，内容丰富，作为过去的意识形态，我们不能把它们一棒子打死，而是要重新发掘，进行再利用。在与当前国情以及马克思主义理论相结合的基础上使中国的优秀传统文化再次绽放光辉。借助中华传统文化将有助于人们了解和把握当今主流意识形态的某些价值观念，它们之间有很多共同之处。另外，高校大学生对传统文化也有比较好的认同感，这都有利于我们借助传统文化开展意识形态教育。所以，党在高校的意识形态网站，应当充分发掘我国的传统文化，利用好传统文化的资源。利用传统文化的形式是多种多样的，历史文物、历史典故、经典著作、传统艺术等都可以在我党的网站上有一定的位置。

2. 增加最新政策法规的相关内容

我们党的所有政策法规都是在马克思主义的意识形态理论指导之下制定、出台的，是主流意识形态的直接反映，人们可以通过对这些政策法规的了解和认知，感受社会主义意识形态的现实力量，有助于人们更加鲜活地理解我们的意识形态理论。应当在网页的显著位置专门设立一块政策法规宣传网页，可以供大众随时查阅浏览。

3. 增加马克思主义的经典文献及最新理论的相关内容

马克思主义的意识形态理论，主要蕴含在一些经典作家、领袖人物的著作和文献资料中。不学习经典原著和文献，就难以理解和把握真正的意识形态的理论。不可否认，现在大学生可以从很多地方接触到对我党的意识形态理论无意或有意地曲解的内容。所以，我们的意识形态网站上必须有马克思主义经典作家和领袖人物的经典著作以及我们党的重要文献，以供人们学习和研究真的马克思主义的理论。另外，除了学习经典，我们还要学习我们时代的马克思主义理论家的最新观点和理论成果。我们党的意识形态理论的建设和发展，从来就离不开党内理论家们的探索和研究，这种研究既包括对经典理论的研究和解读，也包括结合我国的发展实际对理论进行的创新。让我们的大学生了解我们主流意识形态理论的前沿内容，及时掌握理论动态和发展方向，是非常必要的，所以我们的网站还要开辟出这样一个最新理论成果展示的板块。

4. 抓紧开发马克思主义意识形态理论的相关教育软件

在丰富内容的同时，我们还必须保证技术能够跟得上内容的需要。从大学生的知识水平、认知特点、兴趣爱好等实际状况出发，开发出一批符合马克思主义意识形态理论教育需要的应用软件。运用马克思主义的基本立场、观点和方法，生动地阐释社会主义意识形态的内容以及在社会主义市场经济条件下人们关心的热点难点问题，实现寓教于乐、寓教于知，增强高校社会主义意识形态教育的时效性。

5. 借助新兴媒体提出一些理论和现实的热点难点问题供大家讨论和交流

利用社交网站的开放性特点，建设网上马克思主义意识形态的讨论阵地，定期发布马克思主义意识形态理论研究的成果和社会上的热点难点问题这类的话题供大家学习和讨论，任何一个大学生，只要有兴趣，就可以随时登录查看我们的微博或社交网站，了解相关的内容，发表个人的观点。通过这种开放的平台变意识形态教育的单向输出为双向的互动，充分调动同学们的积极性和主动性，让他们真正参与到我们社会主义意识形态的建设中来。

第三节 加强校园文化建设，促使意识形态 教育潜移默化

意识形态工作是党的一项极端重要的工作。作为中国特色社会主义实践的重要组成部分，社会主义意识形态建设事关党和国家的前途命运，事关民族的凝聚力和向心力。高校作为意识形态工作的主阵地，承担着研究和宣传马克思主义、培育和践行社会主义核心价值观、为实现中国梦提供人才保障和智力支持的重要任务。这就要求坚持把立德树人和意识形态教育工作贯穿高等教育教学全过程，强化高校意识形态阵地建设，因事而化、因时而进、因势而新，通过开展健康向上、格调高雅、形式多样的校园文化活动，做好大学生意识形态教育工作。"00 后"大学生的价值观和意识形态还未稳定，他们是社会成员中的活跃分子，容易受到一些别有用心的人的蛊惑，所以意识形态教育需要特别关注大学生，加强大学生价值观的培育，用科学的价值观引领意识形态教育。

一、校园文化活动对加强高校意识形态教育的作用

高校意识形态阵地建设工程，是铸魂工程，是固本工程，也是战略工程，其意义就在于巩固了马克思主义在社会主义意识形态领域的指导地位，巩固了实现伟大中国梦的共同理想基础，具有十分重要的意义。通过提升校园文化活动的质量、品位，传承校园文化活动的人文精神，打造校园文化活动的"品牌"工程，把透彻的说理同鲜活的语言结合起来，把理论的穿透力同情感的亲和力结合起来，以大学生喜闻乐见的形式回答大学生关注的热点问题，使青年大学生真正成为中国特色社会主义理论的积极宣传者、自觉践行者和坚定信仰者。文艺作为一种特殊的社会意识形态和精神生产形态，反映出从物质世界到精神世界、从生产关系到思想关系的人类全面的社会生活。文艺以独特的形式、形象、意境感染青年、影响青年、塑造青年，在潜移默化中使青年陶冶情操，提升精神境界。校园文化以一种隐形教育的方式，

蕴含着丰富的意识形态教育内容，承载着青年大学生"三观"教育的功能。一部优秀的校园文化作品，可以从世界观、审美情趣、思想品格等方面给大学生带来潜移默化的熏陶。校园文化作品的质量决定着其发挥意识形态教育功能的关键，任何一部文艺作品、任何一项文艺活动的组织呈现，都包含着一定的时间、精力和专业素质，不是一蹴而就的。培养优质文化活动的"体"载社会主义意识形态的"道"，就需要久久为功的精神。

二、以校园文化活动参与高校意识形态教育

大学将自身建设成为思想文化的标杆、道德文化的旗帜和科技创新的高地，完成促推、引领和守护社会主义意识形态的历史使命。大学精神是大学发展过程中的原动力，也是最宝贵的传承，对于彰显大学的办学特色和水平有着重要的作用。弘扬大学精神是高校意识形态教育的重要内容。大学精神的培育，除了要进行课堂教育之外，还要在浓厚的人文氛围中开展内容丰富、形式多样的校园文化活动，树立原创性、引领性、示范性的文化品牌，因为校园文化活动浓郁的"品牌"对于大学精神的培育意义重大。通过精品工程抓提升、原创作品抓特色、高雅品位抓引领，打造能够反映大学精神的文化脉络，体现大学精神的校园文化活动，传递核心价值观，引导大学生追求充满正能量的生活，并增强他们的社会荣誉感和道德判断力。高校意识形态教育要创新实践方式，丰富教育内容，完善教育体系，增强文化自信。探索社会主义核心价值观和大学精神的有机契合，重视民族团结进步教育，提升大学生马克思主义民族观意识。以社会主义核心价值观和大学精神引领校园文化思潮，帮助青年大学生掌握科学的世界观和方法论，加强人文关怀，培育健康心理，弘扬优良学风和校风，从源头上巩固各族青年团结奋斗的共同思想基础。

大学生大部分时间是在高校校园中度过的，校园文化对大学生的成长、成才发挥着重要影响。校园文化是高校进行大学生主流意识形态教育的重要载体之一，良好的校园文化作为一种宝贵的教育资源，以一种特有的潜在力量影响着大学生的思想素质、道德品质和行为意识等各方面。建设先进的、和谐的高校校园文化，有利于进一步加强和改善大学生主流意识形态教育工作，提高教育的实际效果。

三、校园文化主流意识形态教育的基本内容

校园文化是学校在长期办学实践中形成的学校精神、学校传统、校园文化活动及文化环境的总称，是以塑造学生良好的综合素质为主旨，以学生与教职工的积极交往互动为主干，以课外活动为主要手段，以学校精神与校风为主要特征，所展示的是校园独特的文化感召力、吸引力和统摄力。校园文化主要由校园物质文化、制度文化和精神文化三部分组成。

高校主流意识形态教育中的校园文化是指在高校内，以学生为主体，以教师为主导，在校园文化建设中渗透主流意识形态教育内容，通过潜移默化的形式影响学生思想素质、意识观念和行为形成与发展过程的物质文化和精神文化的总和。重在从校风、学风、校园历史、校园建筑、校园活动等方面体现学校核心精神和教育理念，渗透着国家主流价值观念，对大学生进行潜移默化的熏陶，其主要特点就在于教育内容的渗透性、教育形式的多样性和教育目标的潜隐性。

四、高校主流意识形态教育的校园文化路径创新

（一）坚持以社会主义核心价值体系作为校园文化建设的指导思想

校园文化建设的正确定位，关键在于明确其指导思想，社会主义核心价值体系正是新时期推动校园文化建设的必然要求。校园文化建设是校园文化先进性的可靠保证，是发展社会主义先进文化的重要内容。加强校园文化建设，建设先进校园文化，必须坚持以发展着的马克思主义为指导，以马克思主义中国化的最新成果引领校园文化建设，弘扬健康文化，使马克思主义的理想、信念成为大学生的精神支柱和自觉意识。

（二）坚持系统性和可持续性原则推进校园文化建设

校园文化建设是一项系统工程，既要注重校园"硬件"方面的改善，"软件"方面的加强也十分重要。校园文化建设作为一个综合建设，必须坚持系统性和可持续性原则。高校要高度重视校园教学环境和学生生活环境的治理与改善，使校园的规划、景观等呈现一种和谐美。同时，也要注意校园文化宣传，充分利用校报、板报、电台、

电视台、网络等传播媒介，推进校风建设和优良学风的形成，在校园范围内营造浓郁的积极向上的校园文化氛围，让大学生从中得以滋养、熏陶，促进主流意识形态的形成与发展。当然，先进校园文化建设须经历一个逐步完善的过程，须在实践中不断沉淀，尤其在促进大学生主流意识形态教育过程中，更要深度开发和系统整合校园文化建设资源。

（三）坚持以活动创新带动校园文化建设

高校校园文化活动必须注重思想性与艺术性的统一，通过寓教于乐的方法，以大学生喜闻乐见的形式开展各项活动。一方面，不要流于形式，过分追求娱乐效果，忽视"主旋律"弘扬；另一方面，不能空洞说教，忽视活动效果。既要注意活动的思想性、教育性，又要积极探索新形式，创新活动方法。广泛利用校外空间，争取社会各方面的支持，拓宽活动开展所需资源条件。加强学校同社区、企业、部队、博物馆等单位的联系，将周边丰富的教育资源融入校园文化，让大学生在活生生的生活中解决实际的政治、思想和道德问题，促进主流意识形态教育目标的实现。

第七章 "互联网＋"时代高校思想政治教育共同体建设方向

本章主要从"互联网＋"时代高校思想政治教育体系构建、"互联网＋"时代高校思想政治教育资源整合、"互联网＋"视域下思想政治课教室空间的科学利用以及"互联网＋"时代高校思想政治教育手段运用四方面进行研究。

第一节 "互联网＋"时代高校思想政治教育共同体体系构建

随着社会的发展，我国计算机网络的建设已经初具规模，互联网对青年的思想观念产生了巨大的影响，不同人群之间的社会观念的冲突越来越明显，对高校思想政治教育形成了挑战。思想政治教育与互联网结合是未来的发展趋势，要顺应时代的发展潮流，就需要我们不断地研究新情况、探索新思路、解决新矛盾。 -

一、"互联网＋"时代高校思想政治教育基本特征

（一）马克思主义基本理论

马克思主义以及中国化的马克思主义的科学理论，能够指导网络思想政治教育的实践工作。马克思主义关于人的全面发展理论是网络思想政治教育的基础理论，同时基于网络自身特点以及网络主体发展的本质要求，马克思关于人的全面发展理论又得到了深化。因为网络主体不仅要以现实生活为主要活动场景，同时他们又生活在网络虚拟社会中，在虚拟社会中扮演另一个角色。在这种条件下，现实社会中人的内涵有了进一步的拓展，他们在网络中超越了时间和空间的限制，甚至能够完成现实生活中无法实现的构想，让人们实现了从现实生活到虚拟实践的转变。尽管这种实践始终带有虚拟的成分，但并不能因此说此种实践是无意义的，它必然以某

种实践的形式改造着主体本身。

在虚拟空间中，主体能够表现出不同于现实社会中的特性，这就是虚拟主体性。虚拟主体性大大凸显了主体的独立自主，每个虚拟主体都可以自由选择价值取向和行为方式，从而实现高度的自主感和自由感，使主体意识不断受到强化。在虚拟角色的扮演中，主体依然有完整而独立的人格，是一种高度自由下的崭新面貌。虚拟主体在虚拟空间中形成了新的社交关系，这就是虚拟社会关系。虚拟社会关系下，社会交往范围扩大，社会交往内容变得深刻，促进了人的社会关系的发展。在马克思主义关于人的全面发展理论指导下，网络思想政治教育要以实现人的全面发展为目标，促进人的主体性和社会关系的协调发展，同时还要注意虚拟实践与现实实践的不同。特别是，虚拟实践作为一种全新的实践形态，如何在实践中完成人的自我发展，离不开马克思理论的指导。马克思主义人学理论以"现实的人"为出发点，主张从现实的、具体的个人去理解人，以尊重和发展"人的需要"为主题，以实现"人的自由全面发展"为归宿点。马克思一再指出"人始终是主体"。网络思想政治教育坚持马克思主义的科学指导必须做到以下几点。

1. 坚持马克思主义指导不能变

马克思主义基本原理永远是我们从事思想政治教育工作的指导思想，即便在信息条件下也不能有丝毫动摇。今天，这一原理仍然没有过时，群众中同样不可能自发产生中国特色社会主义理论体系，不可能产生党的创新理论，需要我们从外面灌输。至于是通过讲课、写书、制作电影电视等来传输，还是通过博客、微信、QQ 聊天的方式来传输，那只不过是平台不同的问题，本质上没有改变。尤其是在信息满天飞且真假难辨的情况下，更要加强灌输，否则，无以弘扬主流意识形态，无以践行社会主义核心价值观。

2. 坚持以人为本

以人为本原则是信息化视域下思政课教育教学方法创新的基本原则。思想政治课教育教学也要时刻把作为主体的学生放在第一位。信息化视域下，网络社会的兴起使年轻一代更加理性和自主，他们渴望发挥自己的主体性，倾向于以自我为中心来处理人际关系，这些改变促进了思想政治教育工作者的改变。传统思想政治教育中，教育者处在高高在上的地位，向学生灌输教育理论甚至进行训诫。新时期的思想政治教育工作要尊重学生的主体性，要在以人为本的原则下开展工作，对学生动之以情、晓之以理，用科学的思想政治理论指引学生，既不能过分迁就，也不能一味批判教育。只有这样，才能增加思政课教育教学的趣味性和知识性，改变以往的严肃教育方式，充分激发学生的学习主动性。

3. 坚持继承优良的传统不能变

传统被人们赋予了神圣的、超凡的"克里斯玛"特质，能够指导人们的行为。政治工作的改革创新应当有利于继承优良传统，而不能在改革中把优良传统搞丢了。这一点，我们过去是有不少教训的。买椟还珠者有之，削足适履者有之，画虎不成反类犬者亦有之。当然，我们也要防止以继承传统的名义把不良的东西继承下来。继承传统要抓住精髓，继承真正优良的，摒弃"左"的、过时的、非马克思主义的。

4. 坚持实事求是的态度不能变

实事求是是马克思主义中国化的理论成果精髓。在思想政治教育工作中，实事求是意味着教育者要从社会实际和教育实践出发，分析大学生的言行举止和思想状况，在实践中不断发现新问题，并对新问题做出有效的解决，从而确保思想政治教育的时效性。在信息网络条件下创新发展思想政治教育工作，更要实事求是，注重效果，不能搞花架子、做表面文章。大学生网络思想政治教育必须牢牢把握教学计划，对学生和全社会进行社会主义思想道德指导。将当前流行的网络活动与大学生思想政治教育结合在一起，鼓励学生进行创新创业，在实践中深化专业知识。鼓励学生面对现实，勇于承担责任，避免欺骗自己和他人，以诚信、善良、乐观迎接新时代的挑战。网络世界纷繁复杂，如果在这缤纷的世界里忽视了生活的实际，再去搞一些形式主义的东西，只会让网络社会更加难以把握和驾驭。实际上，真正的创新是很实的东西，只有以实事求是的态度开展网络思想政治教育，才会在更大程度上赢得人民群众的信赖。

（二）接受与学习理论

1. 灌输与接受理论

传统思想政治教育过分强调了教育者的主体地位，而忽视了受教育者的接受问题。随着思想政治教育的不断发展，人们才逐渐认识到思想政治教育不仅是教育者进行教育，也是受教育者进行学习的过程，而在教育者与受教育者这一对关系中，受教育者应该占据主体地位。

（1）实践或实验基础问题。近年来，高等教育得到了迅猛的发展，各学科水平不断提高。一些学科知识的范围逐渐扩大，能够为其他学科所运用。例如在思想政治教育学科中，哲学解释学就能够帮助我们深入研究思想政治教育的接受问题。哲学解释学是从本体论的角度出发，研究读者理解和接受思想文化的哲学理论。哲学解释对读者的接受活动进行了深入的研究，形成了丰富的接受理论。在一定程度上，哲学解释学的接受理论能够运用到思想政治教育中来，因为思想政治教育的主要内容是受教育者对具有意识形态属性的思想进行理解和接受。运用哲学解释学的相关理论能对思想政治教育的主客体、受教育者的接受能力、教育目的进行深入的分析。哲学解释学中的接受美学和接受理论是正确的，但思想政治教育并非纯粹是一个接受问题，教育者个人的品德修养以及教育方式方法都会对受教育者产生影响。因此接受理论要接受实践活动的考量，可根据接受理论设置实验，对学生进行教育，并根据教育效果来判断理论的可信度。不过实践方法存在一定的后果，如果达不到预期的效果，投入就会白费，所以可以抽取一小部分学生进行实验。先设置几个实验组和控制组，实验组在接受理论的指导下实施教育，控制组不进行接受理论指导教育，一段时间后，比照两组学生的教学效果，从而形成初步结论。一次实验难免有很大的误差，可进行重复实验，最终形成比较可靠的结论。虽然实践在思路上是可行的，但研究效果却往往不尽如人意。

首先，思想政治教育的接受是一个非常复杂的问题，实验组和控制组很难去除其他因素的影响，学生在日常活动中难免会受到社会环境、同学以及教师的影响，从而影响到思想政治教育的效果。其次，思想政治教育观念的形成是一个长期、系统的过程，如果实验时间过短，接受者很难把教育内容转化成为观念，对实验结果的检验就会出现偏差；而如果实验时间过长，受教育者的学习能力等个人因素又会对教育效果产生影响。所以思想政治教育接受理论的实践研究进展十分缓慢，还没有形成令人信服的研究结果。即便如此，接受理论的实践研究对思想政治教育的影响也是不能忽视的。在我们的思想政治教育中，往往强调理论的重要性而忽略了实践，针对这个不足，思想政治教育要做出相应的调整。

（2）关于接受的被动性问题。在学习过程中，不仅有接受学习，还有与之相对的发现学习。接受学习强调学生的接受行为，教师将所讲述的内容传授给学生，学生只需要进行接受，而不需对教师讲授的材料和观点进行质疑。虽然接受学习并不意味着被动学习，学生在学习过程中也能发挥其主动性，比如自主分析材料、解释观点等，但也丧失了探究学习的积极性。发现学习的特点和接受学习的特点正好相反，发现学习并不是接受教师的材料和观点，而是运用教师知识中的逻辑结构，去发现新的知识并形成自己的观点。

在大学生思想政治教育领域引入接受理论是一项创新，但教育学领域中却早早就进行了接受理论的研究。同样是进行教育，思想政治教育与教育学的差异令人深思。虽然思想政治教育也是强调对学生进行教育，但与单纯的教育不同，思想政治教育还有意识形态的内容。传统思想政治教育过分强调教育的意识形态性，而忽视了教育的接受问题，因而往往被认作是灌输式的教育。接受者只是被动地接受教育者的观点，而不能进行自主选择，难免会产生抵制情绪，从而降低思想政治教育的效果，甚至适得其反。人们对这个问题的关注点多聚焦在思想政治教育的内容上，教育理论枯燥无味，学生缺乏兴趣，学校迫切需要对思想政治教育的内容进行改革，而忽略了背后深层次的体制原因。目前思想政治教育是建立在一定的权力基础之上的对人们意识形态领域的强制性宣传教育，正是思想政治教育的政治性，才导致了灌输问题的产生。但人们对灌输问题的态度走向了极端，不是全盘肯定，就是全盘否定。其实接受学习与灌输教育有其相同之处，都是强调受教育者对教育者观点的接受，只不过灌输教育多了依仗权力形成的强制性因素。在思想政治教育领域中引入接受理论，更多是借接受问题的研究来呼吁重视人们的自主性问题。所以思想政治教育领域的"灌输与接受"问题中的"接受"，并非哲学解释学中的接受，而是与接受学习相对的发现学习。

目前高校思想政治教育中大学生还不具备学习的自主性，在总体上还存在着受动性、被迫性等接受学习的特征，但最终还是兼顾接受学习和发现学习的优点，提高接受效率，加强创造能力。

2. 教育过程与学习过程理论

大学生思想政治教育过程的实施者是教育者，接受者是被教育者。一方面，教学活动要从教学要求和受教育者的学习状况出发，另一方面，高校思想政治教育创新研究者可通过各种途径进行学习。西方学习理论有联结派、认知派和联结认知派三类。

（1）联结派理论主张学习是个体对外部刺激的反应，主要有桑代克的尝试错误学习理论以及斯金纳的操作性条件作用理论。在桑代克的尝试错误学习理论下，学习一般会经历以下过程：外部问题对学习者形成刺激；学习者对外部刺激做出随机或盲目的反应；这些反应大部分失败，小部分成功；对反应进行筛选，选取成功的动作，淘汰失败的动作；最后将成功的动作整合为行为；再进行新的尝试。尝试错误学习理论实际上是不断尝试各种行为，并对成功行为进行筛选，强调学习过程的循环往复。而斯金纳认为，学习者的行为能够通过强化训练而得到良好的表现，学习者能够通过操作式的条件反射对外部刺激进行成功的反应。联结派学习理论建立在学习者对外部刺激的反应之上，过分强调刺激与反应的生物本能，忽略了学习者的自主选择作用，因而受到人们的批判。

（2）认知派学习理论强调学习是有机体的认知行为。认知派学习理论认为学习是有机体主动对外部环境进行反应的行为，当学习者意识到刺激时，便会根据外部刺激产生自主的行为。在认知派学习理论下，学习者是学习过程的主体，对所学知识往往会"顿悟"。显然，认知派过分重视了主体学习作用，因此也招致一定的批评。

（3）联结认知派强调外部刺激和主体行为的统一，主要代表有加涅的信息加工学习理论和连锁学习等。这种学习理论不仅强调外部信息的刺激，也强调主体对外部刺激的加工。

3. 价值观形成过程

在人的观念形成过程中，态度和信仰起着重要的作用，在进行思想政治教育时，受教育者不同的态度和信仰会给教学效果带来不同的影响。

（1）对价值观考量的基本背景。尽管思想政治教育总是提到"价值观"的培养，但是对于什么是"价值观"，却还没有真正地了解。思想政治教育领域的价值观研究主要包括以下三个方面内容：价值观的概念，价值观的内容，价值观的产生、变化和发展过程。

首先，价值观是认知领域的，是人的情感、意志、态度的复杂集合体。其次，价值观可以从形成的时间维度这个角度审视，也可以从形成的对象这个角度审视。从价值观形成的横向与纵向来看，价值观是在时间的不断发展过程中形成的观念，包括个体发展的童年时期、少年时期、青年时期的一系列的价值状况，也包括群体发展的小学阶段、初中阶段、高中阶段和大学时期等不同阶段的价值观状况。

从价值观形成的对象这个角度来看，价值观可分为个体价值观与群体价值观，个体价值观包括个人的情感、态度等，受其生长环境、思维发展水平的影响，群体价值观则是在一定范围活动的群体的价值观念。这两者存在着复杂的关系，个体价值观作用于群体价值观，但群体价值观又不仅仅是个体价值观的简单融合，其内部不同的观念相互作用、相互制约。

总而言之，个体价值观是研究价值观的基础，而群体价值观具有广泛的社会性和影响，是我们需要研究的重点。对价值观的研究主要侧重于价值观形成和变化过程中的社会影响因素，包括社会因素有哪些、影响程度有多大等内容。研究方法上，有固定调查和跟踪调查两种方式。固定调查是对一定年龄段的群体进行长期的调查，而跟踪调查是选取一定人数作为研究对象，调查他们的价值观随年龄变化的情况。

（2）价值观形成的主要环节。价值观形成的第一个环节是价值心理的形成。价值心理是人们对外部刺激做出的心理反应，来源于人们长期的生产实践活动中形成的对事物的经验判断和评价，主要包括价值认知、价值体验和价值倾向，它是价值观形成的基础。一般来说，价值心理的形成要有几个条件：

首先，对受教育者形成刺激的外部事物或知识具有重要的社会意义和个人意义，才能深入到人们心灵深处，为人们所关注，从而对人们的心理形成刺激，最终产生价值心理。

其次，外部刺激如果与人们此前经历的事物或所接触的知识相似，有助于人们产生与原先相似的信念和价值观，从而加深事物和知识对人们的刺激程度。

第三，这些外部事物或知识与人们原先的认知与价值观截然相反，从而引起人们内心的巨大震撼。

第四，这些事物或知识信息经常出现在人们的经历中，使得人们习以为常，并产生潜移默化的影响，从而形成不容置疑的心理。

第五，人们对权威的顺从心理和名人的崇拜心理，能够引导人们产生价值从众心理。

价值观形成的第二个环节是价值观念的凝聚，事物和知识的外部刺激使人产生价值心理并形成初步的价值观后，零散的价值观念集聚成明晰的价值观的过程就是价值观念的凝聚。价值观的凝聚，不只是各种价值观的简单融合，多种价值观还可能存在相互冲突的现象，因此要在是否有利于个人发展、是否有利于社会发展的判断标准下，整合出积极向上的价值观。

二、"互联网 +"时代高校思想政治教育共同体体系构建基本原则

网络思想政治教育的原则，是在观察和处理网络思想政治教育问题时必须遵守的准则和标准。只有树立了正确的指导思想和基本原则，才能使网络思想政治教育走上健康、正确的发展道路。

（一）循序渐进原则

人的认识是一个从浅到深、从表面到内部、从复杂到简单、从低级到高级的过程，它不能一蹴而就，要循序渐进。思想政治教育教学不应急于取得成功，而应遵循循序渐进的原则。先要充分认识到受教育者的实际情况，包括受教育者的思想发展水平、心理年龄、思想接受程度等，根据这些实际情况制订相应的教学计划，循序渐进地推进教学工作，从而避免学生产生紧张和厌学的情绪。而且在教育实践过程中，还要不断掌握大学生的需求情况，根据时代背景，对思想政治教育工作进行创新，实现思想政治教育的与时俱进。

（二）系统性原则

思想政治课教育教学涉及多个环节和对象，它们紧密结合，形成了一个复杂的有机系统。总的来说，思想政治课教育教学系统主要包括教育者、教育对象、教育方法、教育环境"四体"。"互联网 +"时代下，思想政治教育要遵循系统性原则，要求教育者从系统整体的角度出发，进行教学工作的创新，既要考虑到教学对象的特点，也要考虑师资队伍、教学设施、教育目标等教学环境的实际情况，还要考虑到教学方式的选择，对具体问题进行具体分析，随机应变、有的放矢，从而整体推进教学工作。

（三）创新原则

知识经济是以知识为动力的经济发展，这标志着人们的创造能力得到了高度发展，特别是精神创造能力得到了空前提高。而精神创造力中的智力、知识、主观能动性和思想水平等的提高，不是自然就能形成的，而是要通过教育和培训等措施来实现。

思想水平的培养，主要通过思想政治教育来实现，不断提高的培养要求也给思想政治教育提出了难题，尤其是互联网的兴起大大提高了知识传播的速度和范围，学生获取信息的途径大大增加，思想政治教育难以形成往日的权威。坚持传统的权威教育模式显然是故步自封，只有创新才是发展思想政治教育的最佳途径。

传统思想政治教育工作存在诸多弊病，一是观念故步自封缺乏实践，甚至不符合实践需求；二是工作效率十分低下，以前以教育者为主体的灌输式的教育方法严重降低了学生的自主选择能力，学生无心进行探究活动，教学效果很不理想；三是教学手段单一化，思想政治教育只存在于课堂上，难以处理不断涌现的新情况和新问题，只有通过行政手段，以管代教；四是思想政治教育学科发展受阻，传统思想政治教育过分强调了政治性，局限于意识形态领域的宣传教育，忽视了学生自主性的培养。以上种种问题，只有通过改革创新才能真正解决。事实上，我国自改革开放以来，就对思想政治教育提出了改革的要求。

自 20 世纪 90 年代以来，思想政治教育水平不断提高，思想政治教育思维方式、教育方式及其思想内容上得到了逐步创新，为以后更深入的改革提供了理论依据和现实支持。

首先，改革创新是事物发展的主要动力。任何事物都是处于不断的新陈代谢之中，思想政治教育也不例外。改革是改造事物的结构层次和运行规律，在适应社会发展的基础上扬优弃劣；创新是创造高技术水平和高知识水平的新事物。改革与创新结合，能够去除事物的弊病，并注入新动力，以期推动事物的前进和发展。

其次，各个学科的发展成果为思想政治教育工作的创新提供了理论基础。信息时代下，生产力水平得到了空前的提高，各项科学获得了广阔的发展空间。社会科学和自然科学发展至今，已经形成了相当完备和全面的理论系统，为高校思想政治教育创新提供了科学依据。与此同时，新的研究方式也为思想政治教育提供了新的研究方向。

最后，我国不断进行的高等教育改革和创新为思想政治教育创新提供了良好的环境基础。思想政治教育是高等教育重要的一环，关系到大学生的思维水平和思想道德修养。可以说，思想政治教育的创新是与高等教育的创新步调一致的。因此，思想政治教育工作要把握好这个机遇，逐步完成对教育教学和思想理论的创新。

社会水平的提高促进了人才培养水平的提高，作为培养学生思想素质层面的思想政治教育，自然也有新的要求，思想政治教育的创新主要集中在以下几个方面。

一是价值观的创新。高校思想政治教育价值创新的主要目的是树立个人价值与社会价值内在统一的新价值观。在市场经济条件下，追逐利益最大化难免成为个人价值观的重要部分。从人的生存发展的角度来说，物质是人维持生活的基础，也是获得其他发展的前提，个人的逐利行为无可厚非。这是当前思想政治教育工作无法回避的一点，尤其是市场竞争机制充分激发出人们获取个人利益的欲望，如果仍然对物质利益避而不谈，思想政治工作不仅难以取得成果，还会让人感到厌恶。

同时，随着我国市场经济制度的不断完善和经济水平的不断提高，社会中还出现了只强调个人价值而无视社会价值的问题。这种思想蔓延到高校，使得思想政治教育工作出现了只追求满足个人的需要，而忽略社会要求的倾向，严重削弱了思想政治教育的影响。

个人利益和社会利益应该是有机的融合体，不应该对立起来。因此在我国，个人与社会是辩证统一的。个人的全面发展是以社会发展的各个方面为基础的，社会和国家要为个人的全面发展提供最有利的环境，保障个人的合法权益，达到个人自由的目标，必须处在社会共同体之中。同时，个人的全面发展又能促进社会的全面发展。这就要求我们确立个人价值和社会价值内在相互统一的新价值观，既要满足社会发展要求，也要防范片面的唯社会价值观。要按照社会发展的需要，主动服从并维护社会和国家的利益，克服片面的唯社会价值观，实现自己的价值。

二是方法观的创新。思想政治教育方法应该是把教育者和受教育者结合起来，教育工作者应从思想政治教育方法的选择和运用入手，在教育者自身优势的充分发挥的基础之上，充分调动受教育者的积极性。

三是主体观的创新。传统思想政治教育中，受教育者的主动性和积极性受到了严重压抑。事实上，思想政治教育的过程不仅是教育者积极筹备以及实施教育的过程，也是受教育者根据自身的认知水平和发展需要开展自我学习的过程。

四是质量观的创新。创新思想政治教育质量观的主要目的是促进思想道德素质和科学文化素质全面发展。如果只重视科学文化而不重视思想道德素质，科学研究就会失去方向和规范，丧失了人的主体性；如果只重视思想道德素质而不重视科学文化，那么培养出的人才就不能适应社会发展的需要，不能服务于我国提高生产力的要求，甚至使我国发展停滞。思想政治教育要坚持以人为本，充分发挥思想政治教育的双重功能，促进人和社会的全面发展。

（四）拓宽眼界与关注中国现实相统一的原则

思想政治教育创新要关注世界、关注中国，要以全球性的眼光和宏观的视域去面向世界。

首先，大学生思想政治教育创新必须具有世界视野。经济全球化将世界连成一个不可分割的整体，但随着全球化而诞生的互联网技术给人们带来便利的同时也带来了消极影响，西方强势文化和价值观通过互联网进行快速的传播。大学生思想政治教育工作者如果不能通过世界视野去看待思想政治教育，就难以体会到思想政治教育工作的机遇和挑战，甚至走上故步自封的道路，无法与受教育者进行交流，从而失去思想政治教育的意义。大学生思想政治教育工作者要不断提高自身知识水平，学习互联网技术，真正与世界潮流融合在一起，才能理解受教育者的价值观，对各种重大问题做出自己的回应，真正适应思想政治教育的新形势。

其次，大学生思想政治教育创新要对多元价值观有独特的见解。西方价值观念的入侵以及大众文化和网络文化的流行，都意味着社会进入了多元化价值观的时代。今后我国社会多样化的趋势还将进一步加剧，这必然促使社会进行更为深入的变革。在此背景之下，思想政治教育者要在马克思主义理论的指导下对多元文化进行系统的分析和解读，真正做到取其精华、去其糟粕。因此，思想政治教育理论研究要跟随时代的脚步，对社会的多元价值进行重点研究。

再次，大学生思想政治教育学科的创新需要借鉴其他学科的研究成果。科学技术尤其是信息技术的迅猛发展，急剧地推动了社会生产力和社会结构的变革，社会财富极大增长，社会分工更加细化。自然科学和社会科学也得到了长足的发展，各学科之间的界限也越来越模糊，系统论、控制论、信息论等跨学科的理论不断出现，为学科的研究提供了宏观视角和工具。先进的科学研究成果对思想政治教育理论的创新有高屋建瓴的作用，思想政治教育工作者要敢于借鉴其他学科的研究成果，利用先进的科研成果提高自身的思维水平和研究方法，不断推出高质量的研究成果。

最后，我们也要注意实践。实践是检验真理的唯一标准，我国改革开放走的就是一条实践检验真理的道路。高校思想政治理论创新要以实践为基础，要关注我国改革开放的历程，要从促进社会发展的角度出发，理性分析理论在实际操作中遇到的问题。理论只有真正地与实践结合在一起，才能获得长久的生命力，才能为创新提供强劲、持久的动力。对客观事实的把握不能只停留于表面，如果只关注于特定的情况，而不关注事物的发展方向，也会导致理论与现实脱离。因此还要拓宽看待问题的眼界，学会通过现象看清本质。实践要以分析解决中国的现实问题为出发点，而对现实问题的解决又能够促进理论创新，所以实践和理论二者是相辅相成的。这就要求我们在处理事情的时候，着力于推动实践与理论创新。全球化为思想政治教育理论提供了许多可研究的切入点，如全球化背景下的道德教育、多元文化价值观下的思想政治教育以及全球化背景下的爱国教育等问题。只有真正融入社会实践，才能了解理论的缺陷以及现实的本质，才能真正为思想政治教育改革创新提供切实可行的方法。

三、"互联网＋"时代高校思想政治教育共同体体系建构的基本方法

目前，学术界还没有对网络思想政治教育方法进行准确的定义。从当前研究情况来看，利用网络进行思想政治教育的途径很多，并且课堂教学创新也在不断发展中。

（一）跟踪获取法

跟踪获取法是指在网络上获取教育对象的语言和行为，并以此分析教育对象的思想政治状况。尽管从总体来看，受教育者在网上的行为千差万别，看似毫无规律可言，但就网络整体发展现状而言，个体通过网络的折射所产生的行为还是存在很多共性的。例如，教育对象的信息包含在在线聊天、微博、邮件发送等行为之中，可以通

过在线调查、论坛讨论、流量统计等方式获取相关信息，特别是大数据技术的发展，使得针对特定行为进行细化分析成为可能。网络思想政治教育依托大数据技术实现对受教育者的跟踪，及时获取个体的数据信息，进而能够实现针对性教育。

（二）技术渲染法

技术渲染法是指利用网络特点，坚持利用与发展相衔接、杜绝与预防相结合，不断提高网络思想政治教育针对性和有效性的技术手段。一方面，要充分发挥网络技术优势，通过多媒体不断烘托和渲染教育内容，增强冲击力和感染力；通过大量的信息存储强化教育对象的自我教育，方便教育者的跟踪回顾，强化约束力和影响力。另一方面，要时刻牢记信息安全是网络的命脉，实施互联网安全战略，安装信息过滤器，设立防火墙，随时监视上网运行和浏览内容，建立"信息海关"，屏蔽不良信息，并阻止不健康的信息进入思想政治教育的网络系统。

（三）筛选法

筛选法是对一段时间或一个阶段的综合数据，运用识别、过滤和整理的手段，把握其规律并做出判断，从而获取教育者的思想信息。获取思想信息后，要与现实生活和客观环境进行比较，提取出真实信息。通过筛选可以抓住思想领域的主要矛盾，从而确定当前思想政治教育的主要工作中心，大大提升网络思想政治教育的效率与精确度。

（四）寓教于乐法

寓教于乐法指的是教育工作者通过文字、图像、视频和网络游戏等方式让受教育者在娱乐休闲中接受教育的方法。寓教于乐法的关键是要能够准确把握数字载体和教育内容的结合点，既要具有娱乐性，同时还要实现教育目的。我们可以建立独特的文学、音乐、书画艺术、动画等娱乐频道，开办网络课程，赠送"电子贺卡"，实现寓教于乐的教育理念，加强思想政治教育课程的趣味性，推进网络思想政治教育发展。

（五）主题灌输法

主题灌输法是指提炼出思想政治教育的主题，通过专门网页和专题报告等专项活动来对受教育者进行灌输教育，从而实现思想政治教育的影响力。根据信息传播学理论，涉及的一些重大理论，传统的灌输方式是可以直接在受教育者思想中产生作用的，故而传统的灌输法依然有它必要的用途。但在网络思想政治教育中，灌输法要灵活运用，避免受教育者产生抵触情绪。网络思想政治教育主题灌输法必须坚持选择性应用，区分重点和规模，确保主题灌输的严肃性和权威性；必须坚持循序渐进的原则，阶段性地进行专题灌输，充分发挥教育实效，一般来说，专题不宜过多；必须坚持综合性应用，专题栏目的选择要多样化，根据学科内容选择网络课堂、影视展览、热点分析等方式。

（六）虚拟引导法

虚拟引导法指的是运用网络虚拟空间载体，引导受教育者思想与行为的方式方法。在网络空间中，虚拟主体具有隐匿性，行为者彼此不知道对方的身份，但能进行真心的交流。教育者可以在网络空间中与受教育者进行交流，可以通过共享音乐、电影、彼此留言等途径，不断提高信任度，跟进他们的思想状况，把握他们的思想脉搏，从而引导他们的思想，让受教育者拥有正确的思想认知，进行健康向上的网络行为。

（七）资源优化法

资源优化法是指通过收集、整理和转贴等方式，对现有网络信息资源进行优化，深化主题，从而占据网络思想传播的主导地位，正确引导网络思想。要运用社会主义核心价值观等各类社会主义先进思想占领网络阵地，通过专题等形式突出主题思想，形成强势舆论地位。可通过网络多媒体拓展教育信息资源，采用"置顶""弹出浮动窗口"等方式推送优质资源，将最优质的资源，受教育者最关心、最感兴趣的资源推送到他的桌面，这是加强网络思想政治教育吸引力的重要手段。

（八）交互法

交互法是指教育者通过网络平台与教育对象沟通，实现思想政治教育的目的。与虚拟引导法相比，交互法中的教育者不用隐匿身份，可直接与受教育者进行交流。这种互动方法可以有效地克服传统思想政治教育的严肃氛围，受教育者更容易自由发言，从而可以更好地影响他们的情感和态度。一般来说，交互法可以分为三类：一类是在线聊天，运用 QQ 和微信等聊天工具，实现即时沟通；二是网页吸引法，用微博和空间等软件进行延时静态通信；三是论坛引导法，用社区、贴吧等公共平台来提高受教育者的注意力和认同感。

四、"互联网+"时代高校思想政治教育共同体体系构建的基本模式

随着新时期、新任务、新问题、新环境的产生和变化，尤其是在"互联网+"时代，传统的思想政治课教育教学必然面临时代的挑战。积极探索新形势下高校思想政治课教育教学的新模式、新方法是进行高校思想政治教育转型的必由之路。

（一）高校思想政治教育的信息传播模式

思想政治教育是我党的优良传统，其在发展过程中形成了有特色的教育模式，取得了非常好的教育效果。但教育模式从来不是一成不变的，从信息传播的角度分析，可以粗略地分为三个阶段。

1. 传统模式

我党早期的思想政治教育主要是通过言传身教来实现的，其方式主要是教育者与被教育者直接面对面，形式主要是开会、谈心、现场鼓动、上大课等。结合当时的形势来看，这些方式有其特殊的历史性，就整体而言，特点是方法灵活，能够有针对性地解决具体问题，指向性明确，效果反馈及时。当然也有不足之处，比如教育的程序、内容安排较随意，也不是很规范，教育效果往往与教育者个人的素质能力相关。我党思想政治教育模式的雏形就在这样的基础上发展起来了，形成了一些有代表性的教育模式，比如课堂教育模式、随机教育模式、个别教育模式等。

传统教育模式尽管受到诸多挑战，但是在网络思想政治教育中依然是不可或缺的。就像网络中的虚拟人离不开现实社会，网络中的诸多问题最终还是要在现实社会中加以解决。

从网络思想政治教育的发展来看，一些网络上无法解决的问题，还是要由教育者与受教育者直接面对面解决。特别是网络上一些违反网络道德的行为，甚至网络犯罪，必须借助现实社会的教育手段或惩戒手段来完成教育活动。因此，在网络思想政治教育模式中，传统模式是不可忽视的。

2. 大众传播模式

在继承和发扬言传身教模式的基础之上，我党逐渐认识到利用大众传播的教育

模式，并很快形成了一定的规模。其中，利用工业社会的大众传媒手段开展群体性的思想政治教育已经成为重要的手段为人民所掌握。大众传播条件下的教育模式的优点是覆盖范围广，打破了地域和空间的限制；由于有了集中的、专业的教育规划、制作、传播，这种模式的思想政治教育规范性强，效益比较高；同时，由于这些教育往往是集体智慧的成果，能够形成优势力量，过去对个人能力、素质的依赖逐渐被打破。这些优点使得大众传播模式的思想政治教育获得了空前的发展。当然，这种模式也有其不足之处，那就是针对性往往不够强，无法对受众进行精确的定位与分层。教育者发布教育内容之后，对受教育者的反馈意见难以及时跟进，学习往往依赖受教育者的自觉性。尽管网络的普及使得一些大众媒介遭遇到挑战，但目前来看，一些大众媒介并不是网络短期内能够取而代之的。比如新闻媒体、电台、电视台等，它们在思想政治教育中依然发挥着非常重要的作用。网络的发展越来越多地渗入上述领域，并与其结合得越来越紧密。网络思想政治教育如何与大众媒介融合，借助大众传播模式实现更大的教育价值，是网络思想政治教育发展面对的重要课题。

3. 网络教育模式

当人类进入信息化时代，随着互联网的普及以及人民群众信息素质的提升，网络思想政治教育成为思想政治教育深入发展的必然要求。在这一大的背景之下，网络思想政治教育模式正以前所未有的速度快速发展，并将成为未来一个阶段思想政治教育的重要模式。网络传播信息既有对大众传播模式的继承，也有重大突破。继承主要表现在网络传播信息的方式也同样是面向受教育者进行宣传，这一点上传统大众传播的优势网络都具备；同时，网络思想政治教育允许受教育者进行个别交流，更加具有针对性，从而把思想政治教育的手段提高到了一个新的发展水平。

从有关研究成果看，网络思想政治教育模式有三种基本类型：面向群体教育为主的教育模式，包括信息发布、公开课、专题教育等；面向特殊群体教育为主的教育模式，包括心理咨询、法律咨询、政策解读、专家在线等类型；以交互为主的教育模式，包括同步讨论、共同研讨等类型。网络思想政治教育作为一种新型的教育模式还处在高速发展的阶段，网络思想政治教育可以使用的方法和手段也日益丰富。需要注意的是，网络思想政治教育模式并不是对过去教育模式的否定，相反，我们必须看到，尽管网络思想政治教育模式有着独特的地位和作用，但传统的教育模式仍然大有用武之地。就网络思想政治教育模式来讲，它仍然是以传统思想政治教育模式的基本要素为基础的，依然可以看到传统教育模式的一些要素。

思想政治教育模式，对受教育者来说，就是通过教育模式提高思想素质、道德素质和政治素质。但是，单一的模式结构是不能实现教育模式功能的。单一的模式结构和少量的模式都不能应付受极其复杂变量制约的道德问题情境。新形势下，家庭、社会、信息环境等都影响着受教育者的思想，只有把传统教育模式和网络教育模式结合成复合模式，才能解决这些问题。

一方面，信息网络条件下需要运用网络思想政治教育模式有其客观需要。我国地域辽阔，经济发展不平衡，教育资源的配给也有较大差别。特别是一些偏远的、经济欠发达的地区，由于人烟稀少，甚至与外界的交通都不顺畅，如果仅仅借助传统的教育模式，他们获取信息的能力会大打折扣。

另一方面，网络思想政治教育模式也离不开传统教育。网络上的虚拟人的背后都是有血有肉的现实人，虚拟人是现实人的延伸。网络思想政治教育中，主体作为虚拟人的特征，具有生命感性的现实的存在，具有特定的物质条件和环境，实践活动是虚拟人得以存在和发展的基础，虚拟人具有特定的社会关系，这是其主体性和社会性得以确立的社会基础。

（二）网络教学整合模式

随着互联网技术的飞速发展和高等教育信息技术的逐步深化，网络教学逐渐融入课堂教学中，形成了混合式教学模式。在混合式教学模式下，网络环境渗透到教学的方方面面，高校思想政治理论课教师不仅可以进行课堂教学，还可以完成备课、布置作业、批改作业和回答问题等课后教学活动；学生除可以进行课堂学习外，还能进行在线做作业、讨论协作、在线回答问题等课后学习活动。这种课堂和课后结合的模式，不仅能够发挥思想政治教师的主导作用，还能最大限度满足学生自主学习的需要。

1.网络探究模式

网络探究模式是一种利用互联网资源的课程单元，是由美国的道格（B. Dodge）和骑（T. March）等人于1995年开发的，其主要理论依据是布鲁纳的发现学习论。

Webquest 一般由以下六个部分组成，设计者可以修改不同的部分来实现不同的学习目标。

一是引言。这一部分主要向学生介绍 Webquest 主题，让学习者明确学习的内容，并提高学习者的学习兴趣。

二是任务。"任务"模块在 Webquests 中，是对在这一活动结束之后学习者应该做到的事情的一种描述，是 Webquest 的一个非常重要的组成部分。它可以是一个作品，比如一个 Hyper studiostack 或者一个 PPT 演示作品，也可以是一种口头上或文字上的行为，比如能够解释一个特定的课题。一个好的任务应该有挑战性、可行性和趣味性，能促进学习者高级思维能力的发展。要完成 Webquest 中的"任务"，只靠简单收集信息、整理、拷贝和粘贴信息是不行的，它从根本上需要建构主义学习方法。

三是过程。"过程"模块是设定的具体步骤，它包括把任务分割成子任务的策略，角色扮演的描述，或者每个学习者都可以采用的观点。指导者可以在这里提供学习建议和人与人之间的相互作用的建议，例如如何实施"头脑风暴（brainstorming）"。对于 Webquests 过程的描述应该简短明了。需要注意的是，在这个例子中它所需的资源不是单独列出来的，而是嵌在它的每个具体的步骤中。

四是资源。"资源"模块在 Webquests 中就是指导者为学习者完成任务而安排的一系列网页。这些资源应该提前选择好以使学习者全力专注在课题上。值得注意的是，为学习者准备的资源不只局限于互联网上找到的那些。毫无疑问，Webquests 的资源中当然也包括教科书、录音材料以及和其他人的一些面对面的互动交流。通常，对这些资源进行分类管理是很有必要的。

五是评价。"评价"模块是最近才被加入 Webquests 模式中去的。评估者可以是教师、家长或者学生的同伴。

六是结论。Webquests 的"结论"部分可以提供一个机会来总结经验，它虽然不是这个模式中最重要的一块，但是它给读者一种完满结束的感觉。对结论部分一个很好的利用就是教师可以在整堂课的讨论中用它进行最后的课堂听取工作。

2. 益智活动

一是热链接列表（HOTLIST）。HOTLIST 其实就是一个包含很多热链接按钮的网页，这些按钮链接到活动创造者认为对学习者的课题研究非常有用的一些网站。

这样学习者或使用者就不用无休止地在网上搜索信息而是专注于研究，大大节约了时间。例如在 Chinaonthe NeJ 中，作者就给出了有关中国方方面面的一些网站的集合。

二是剪贴簿（SCRAPBOOK）。如果学习者对他将要研究的课题已经有了一个初步的认识，譬如他们在课堂上已经有过一些初步的学习或看过这方面的资料，那么他们这次基于网络的活动首先要做的就是关于 SCRAPBOOK 的探索：学习者深入研究一组已经精心分类组织好的网站，比如照片、地图、视频素材、虚拟现实旅行等。学习者利用这些剪贴簿来研究他们认为很重要的、更深层次的课题，例如 Democracy Onlinein America。

三是探寻（HUNT）。当该发展一个学科的硬性知识的时候，教师和学生就可以开始"寻宝"了。在这里最基本的策略就是找到那些对于理解给定课题很关键的富含信息量的网站。这些不是一些拥有很多网站名字的"门户网站"，不要寄希望于学生在网页的海洋中能找到一根针。

在搜集好这些链接之后，Filamentality 要求教师迅速对链接到的每一个网页资源都提出一个关键问题。如果教师不打算使用所有找到的链接的集合这就没有问题，Filamemality 将代替教师来处理它们。一个精心设计部署的寻宝绝不仅仅只是找到一些与我们的知识毫无关系的"金矿"，当学生发现答案时，通过选择那些决定课题的范围或者参数的问题，他们的思维会更加深刻和深入，从而扩展和开拓了他们的思维领域。最后，教师通过提出一个总结性的问题，让学生对自己的所学进行总结。例如：Black History：Pastto Present。

四是主题样品（SUBJECTSAMPLER）。在 SUBJECTSAMPLER 中，给学习者呈现一小部分（或者半打）围绕主要的课题而安排的能够激发学习者兴趣的网站。因为这些已经选择好的网站每一个都能够给学生一些可读、可看或者可做的有趣的东西，所以这成为学生能欣然接受的一种非常有效的方式。

另外，学生被要求从个人视角对网上的活动做出反应。学生在"寻宝"时，那些硬性知识是他们所未曾经历过的，而在这里，学生将被询问他们对于课题的自己的观点，比较他们各自的经历，说明他们对于作品和数据资料的理解等。如此一来，学生被邀请加入研究这个课题的集体，而且在这个活动中他们的意见受到了重视。

当目标是使学生觉得与课题有一种连接感的时候请使用 SUBJECTSAMPLER，那样主题将意味着更多东西，主题将会更有意义。

五、"互联网＋"时代高校思想政治教育共同体体系构建的发展趋势

当前"互联网＋"时代高校思想政治教育正在实现新的跨越，并形成自身发展的基本思路。从未来发展的角度看，当前思想政治教育正在以下几个方面实现突破，或者说正是以下几个方面构成了网络思想政治教育发展的基本趋势。

（一）开放性趋势

第一，思想理念进一步解放。无论是管理者还是教育者，对于应用网络进行思想政治教育要从过去的谨慎态度、截堵的思维定式中解脱出来，并积极投身到网络思想政治教育事业。加上我国网络安全管控能力的提升，网络的使用（包括智能手机的使用）已经十分普遍，国家在信息化建设领域也取得了阶段性的成果，网络与广大人民群众的生活联系日益紧密，用好网络为人民服务已经成为共识。特别是近些年来，道路自信、理论自信、制度自信、文化自信成为思想领域的主流，在意识形态斗争中，广大人民群众增强了定力，增强了与敌对势力斗争的能力，这些都促使我们更加坚定地去拥抱互联网世界，在网络上发出我们的声音。思想的解放是前进的基本保证，人们的思想一旦从桎梏中解放出来，就能迸发出强大的力量。

第二，教学内容的开放性。由于历史上西方敌对势力的干扰、渗透与破坏，过去的思想政治教育在某种程度上具有一定的保守性，这当然是极其必要的。由此，以往教育的内容主要集中于党的路线、方针、政策以及革命传统、传统美德等内容。正是立足于自身理论的探索与实践，最终形成了独具特色的社会主义思想政治教育内容体系。今天的受教育者获取信息资源的渠道是多元化的，他们在网络上获取的信息可能比教育者还多，有的内容与教育者提供的甚至是矛盾的。这个丰富的世界极大地开拓了受教育者的视野。如果网络思想政治教育采取保守的姿态，不能为主体提供充足的资源，受教育者就会通过其他途径去获取。今天，面对西方腐朽落后的价值宣传，社会主义价值体系已经具有强大的对抗力，也正是在新与旧、先进与落后的对比中，社会主义核心价值观的正确性和优越性才会得到更加充分的展现，使得受教育者在比较中不断加强对社会主义核心价值观的认同。网络的开放性决定

了网络思想政治教育也必须要不断加大开放的力度和深度。因此思想政治教育必须适应这种变化，不断丰富教学内容，及时进行教育与疏导。

第三，教学手段的开放性。以往思想政治教育的教育方法和手段单一，PPT与教师讲授成为标配。这种教学手段具有一定的保守性，思想政治教育者往往也不注重借助新媒体的力量，即使使用也会存在这样或者那样的顾虑。在这种条件下，受教育者面对一成不变的教学手段，容易产生疲劳感，进而失去对教育内容的兴趣。近些年来，这种格局已经逐渐被打破。网络教学手段不断引入，外来信息通过各种渠道进入受教育者的思想，思想政治教育的开放体系已经逐渐形成。开放性的思想政治教育能够实现信息的自由生产和发布，因而人们可以自主地学习。

近些年来，网络思想政治教育不断打破原有的封闭教育模式，通过教育网、远程教育、微博、微信、微课程、网络课堂等手段不断加大开放力度。全国性的教育平台，跨院校、跨地域的思想教育平台作用日益显现，在开放中求发展将是所有思想政治教育者都必须面对的现实课题。

当前，由于网络的普及和智能手机使用的普遍化，教学资源的获取有了更多的途径，比如MOOC、远程教学、优质公开课的引入，思想领域中的各种思潮、观点都直接呈现在了受教育者面前，这些日益丰富的教学手段正在产生积极的教育效果。

第四，融合发展，进一步提升开放的层次。近些年来，国际合作在多领域得到了扩展，思想政治教育工作也不例外。通过对国外优势资源的引入，以及受教育者到海外教育机构进行联合培训等方式，国外的先进经验、文明成果、教育理念和手段等不断为我们所借鉴，我国思想政治教育的面貌有了很大的改变。在思想政治教育的过程中，开放是必然趋势，如何在这个过程中完成思想政治教育的既定目标，使得外来资源更好地为我服务，是一个急需解决的重大问题。

（二）订单化趋势

与过去的思想政治教育相比，今天的受教育者有了更大的选择空间。在当前的网络思想政治教育中，以兴趣为导向、以个体需求为选择前提的教育资源也已经初具规模。特别是近些年来，网络思想政治教育所倡导的平等主体、交互、个体需求等理念有了极大的发展。通过网络，受教育者可以自助选择教育资源，实现自我选择、自我管理的订单化教育模式。

从未来网络思想政治教育的发展来看,这种趋势只会加强不会削弱。从人才培养目标来看,追求人才的个性化已成为教育界的共识。网络为个性的张扬提供了宽广舞台。网络信息是思想政治教育的重要资源,随着我国网络信息化水平的日益提升,受教育者的网络应用能力不断加强,网络思想政治教育必须跟上步伐,在纷繁复杂的网络世界中引好路、做到位,为实现受教育者的个性发展提供优质教育资源与服务。

(三)同步性趋势

网络信息的传播速度打破了时空的界限,一条信息从地球的一端到达另一端也只是瞬间的事情。微博、微信等新媒体、朋友圈的关联,使得信息传播的方式发生了极大的改变。过去我们在做思想政治教育的时候,往往有较多的时间备课、研究教育方案、制订教育计划,但是网络打破了这样的时空观,连锁效应使得信息在短时期内大面积扩散。特别是一些网络红人、名人或者网络大V,其影响规模可以达到千万数量级。如果这个信息是虚假的或者负面的,其影响将十分恶劣。如果加上粉丝对网络名人的忠诚性,要消除这些不良影响,其任务也将十分艰巨。在这种情形之下,要做好网络思想政治教育,就必须与之抢时间、抢夺话语权,网络思想政治教育如果在时间上慢了半拍,效果就会大打折扣。

在网络思想政治教育中,教育必须要与事件的发生同步。网络上真真假假的信息不断涌入受教育者的头脑,进而影响受教育者的价值判断和行为,这就要求网络思想政治教育必须跟上信息更新的速度。当一个信息在受教育者身上即将发生不良影响时,网络思想政治教育的正能量必须立刻跟进,通过教育的引导、思想的疏导、教师的督导来改变可能出现的错误认知。所以说,网络思想政治教育不再是过去那样,根据教科书按部就班进行教学,而必须要与信息的变动保持同步。

(四)同质化趋势

在以往的教学中,教育者与受教育者之间存在清晰的界限。教育者掌握信息,并以老师的身份传递信息,这些信息往往是受教育者接触不到的。由于资源的不对等,受教育者对于教育者具有信息的期待,所以只能以听者的身份接受教育。

在网络教育中,这种界限逐渐被打破,受教育者原有的信息期待正逐渐减弱。与过去传统教育只关心受教育者职业领域思想动态不同,网络的出现使得很多生活细节也进入思想政治教育的视野。一个更加丰富、更加真实的受教育者将呈现在教育者面前。它既是虚拟的，又是现实的。电子邮件、远程教育、网络社区、网络新闻、网络游戏、博客、微信等使得教育者与受教育者仿佛是生活在一起的平等主体，甚至有时候受教育者掌握更多的信息资源，教育者与受教育者发生了身份的对调，身份同质化的倾向越来越明显。

在网络思想政治教育中，教育者与受教育者必须打破等级差距、年龄差异，教育者必须深入受教育者的生活了解其思想变化，否则就不能制定有效的教育方案，甚至连受教育者所说所想的内容都搞不清、弄不懂。

（五）制度化趋势

毋庸置疑，良好的网络思想政治教育环境是保证网络思想政治教育正常有序发展的前提，这不仅需要网络主体的高度自律，还需要网络的制度化管理。网络在带来大量有用信息的同时，也带来了许多消极的信息和不良影响，比如虚假信息、色情暴力等。

网络是一把双刃剑，特别是错误的网络信息往往又具有很强的迷惑性。在进行思想政治教育的同时，也必须通过强制手段来保证网络信息的纯化，对网上不文明、不健康的言行进行跟踪监督、整改，积极开展网上"环保"工作，及时进行信息"检疫"，使信息化网络平台服务于思想政治教育，同时使网络道德规范与法纪规范建设日益制度化，从而保证网络思想政治教育取得良好效果。

第二节 "互联网+"时代高校思想政治教育共同体资源整合

互联网时代人们的思维方式发生了变化，因此，要转变观念，提高认识，重视和加强思想政治教育资源整合功能，这是深化高校思想政治教育工作的重要途径。

一、互联网时代高校思想政治教育资源整合的理论支撑

随着互联网技术的普及，社会虚拟化倾向日趋明显，这冲击和重塑着当代人尤其是当代大学生的价值观念，为当代思想政治教育提出了一系列的难题。要想解决互联网时代的思想政治教育问题，需要首先理清其前提性理论问题。要构建虚拟时

代人的生存与发展理论，需要深入马克思主义经典作家尤其是马克思的经典文本中去进行解读，为互联网时代思想政治教育提供理论前提参照。

马克思异化理论是思考人与作为人的对象化的物之间的矛盾的重要方法论。这一方法论是考察人与其自己制造的对象之间矛盾的重要方法论。当然马克思在考察任何事物的时候，总是从其两面加以考察，为了避免误解，我们在考察互联网技术对人的异化的同时，先考察其发展人的一面。

（一）互联网对人的发展的积极作用

马克思认为新技术的出现对人类的发展起到了积极的作用，是一种重要的解放力量，其极大地拓展了人类生存与发展的空间。

首先，互联网一定程度上解决了人与自我的矛盾。人与自我的矛盾主要表现为身体与精神的矛盾，这也是众多学术流派共同关注的一个学术问题。马克思认为人双重地存在着，主观上为自己存在，客观上存在于自然无机环境之中。在现代社会，人的个性的实现受到其所支配的商品的多少的制约，这一矛盾一直伴随着整个人类生存与发展的各个时代，在人类生产力水平不够高的情况下，就一直会存在。但是，互联网技术的出现，在虚拟领域中实现了人的精神发展的需求。在虚拟时空中，我们挣脱了自然必然性的制约，这是我们在现实社会中一直追求的一种理想状态。人的身体与精神的矛盾和断裂在互联网时代得到某种程度上的解决。

其次，互联网拓展了人与人交往的时空。互联网技术的出现，极大地拓展了人的交往空间并极大地节省了人的交往时间。人是社会关系的总和，有什么样的社会关系，就有什么样的人。人是现实的，现实中的人通过现实的社会关系，逐渐丰富成有个性的全面发展的人。

互联网技术的出现，为人类打开了另一空间——虚拟空间。虚拟空间中，每个人都成为一个新的发展主体——虚拟主体，从某种程度上说，虚拟主体的发展将带动实体主体的发展。通过 QQ、微博等互联网交往手段拓展出的虚拟交往平面，将全球的虚拟主体纳入一个零成本交往平台，极大地拓展了一般社会大众的交往范围，从而极大地增加了人的丰富性。同时，互联网技术极大地减少了人的时间成本，为人的自由发展提供了空间。

(二)互联网对人的异化

互联网的出现在发展人的同时，也异化人。按照马克思的异化理论，互联网对人的异化是指互联网及以其为依托的虚拟世界，本来是人创造出来的，但是在人创造出来以后，未能被人所控制，反而喧宾夺主，成为控制人的主体。具体表现如下：

第一，人们沉溺于虚拟世界，排斥现实世界。以技术为依托的互联网虚拟世界对人的控制表现为人过分地沉溺于互联网所生成出来的虚拟世界，而忘却了现实世界。在虚拟世界里，人挣脱了外界的身份差异、民族差异、种族差异、等级差异带给每个人的地位的差异，一个乞丐可以成为国王；也挣脱了自然规律对每个人的制约，一个身患重病的人可以展翅高飞；挣脱了社会规范对人的制约，一个守法的人也可以随便偷盗别人的东西。每个人不再受到自然规律、技术规范、社会规范的制约，进入个性全面而自由发展的时空。这个时空如此有魅力，以至于你一旦跨进来，就会迷恋其间而不能自拔。深入其间的人逐渐会忘记甚至拒绝那个给予其诸多制约的现实世界。

第二，在现实世界中，人的行为受到虚拟世界行为方式的影响。人们将过多的时间投入虚拟世界，使得人的行为方式、价值观念、思维模式越来越多地受到虚拟世界的影响。当我们不得不回到现实世界时，就会带着过多的虚拟特性，从而被虚拟特性所控制，而影响了人的正常社会交往。比如说，某儿童长期沉溺于虚拟世界中，当他看到某个真实的相片而觉得相片不够大时，他会怎么做呢？他会试着用在苹果手机中那样放大照片的方式来放大这个真实的照片；再比如，如果长期沉溺于虚拟世界中，进行人与人之间的交往经常都是匿名的，这样我们不用为我们的行为负责。大家可以经常"潜伏"，这使得当前的大学教育中，出现了学生为一个现实社会中的问题跟老师进行交流而不愿意"显身"的问题。

虚拟世界如此之美好，挣脱了现实世界对人的发展的必然性制约，很多人会认为这是非常好的，只要让大家都努力投身虚拟世界，整个世界就变得无限美好了。但是，马克思所认为的人的解放，是现实世界中的解放，在其著作中，花了大量的时间，用于批判观念中的解放。那么，现实世界、虚拟世界、观念世界的区别在哪里呢？尤其是虚拟世界与观念世界的区别问题。虚拟世界与观念世界的区别仅在于表述方式的不同。在观念世界中，人通过人的神经组织，表现出一幅美好的图景；在虚拟世界中，通过互联网技术，表现出一幅美好的图景。

分析到这里，我们发现不能完全依靠虚拟世界来发展人。正如在马克思的视域中，观念、宗教、空想社会主义是不能解放人的。真正解放人的方式只能是深入到现实世界，通过处理好人与自然、人与人、人与自我的矛盾，在生产力水平提高到一定程度，人与人之间、人与自我之间的关系达到一定的和谐程度而慢慢完成。

（三）从虚拟世界的异化中复归与解放

互联网技术支撑下的虚拟世界虽然不能最终达到人的真正解放，但是我们不能因此就排斥互联网。马克思主义认为技术具有双重特性，是把双刃剑。技术本身不存在问题，而是运用技术的人的问题。所以，对于互联网技术，我们要做到将其运用好、运用对，使其在现代社会能够成为发展和解放人的手段。而要运用好互联网技术及以其为技术依托的虚拟世界，根据马克思的异化理论，我们可以推演出以下两点：

第一，虚拟世界的设计与现实世界的必然性制约之间保持一个合理的距离。在虚拟世界里人的精神得到了全面的关照，挣脱了现实制约性，提前获得了解放。然而这种解放，虽然有现实的互联网技术作为支撑，但其还是马克思所批判的观念中的解放。这种观念中的解放不是真正的解放，这是马克思与其他学者的一个主要观念差异，马克思认为人的现实解放是最为重要的。

第二，践行虚拟世界认识论与价值观教育。互联网世界为我们打开了一个虚拟的世界，这为人文社科领域开辟出了一个独特的研究领域。虚拟世界的认识论问题，首先是一个求真的问题，就是区分虚拟世界与现实世界的问题，这涉及虚拟世界与现实世界的划界问题，以及虚拟世界与现实世界的关系问题，这个问题看起来简单，其实是一个很深奥的学术问题。虚拟世界的价值观问题，是一个求善和求美的问题。虚拟世界的价值观判断问题就是判断虚拟领域的善与美的问题。虚拟世界的价值观判断现在存在一个重大的问题，即当代互联网技术运用能力强的青年人的价值观判断能力却较弱，两者差距的拉大逐渐成为虚拟领域价值观教育的一个主要问题。虚拟世界的价值观借助于虚拟商品已经大规模渗透进中国年轻一代的消费世界。

二、互联网时代高校思想政治教育资源整合的路径选择

整合高校思想政治教育资源，路径是关键。在经济全球化、政治多极化、互联网化、文化多元化的时代条件下，借助信息网络新媒体技术实现思想政治教育手段的创新成为一大趋势。在具体的实践中，互联网与思想政治教育的有机融合是研究的重要内容，思想政治理论教学中哪些内容适合用互联网的方式来表达，需要深入探讨，这直接关系到对互联网技术的利用能否有效传承思想政治理论课教学内容，关系到能否使思想政治教育教学内容真正做到"进学生头脑"，并为学生所乐于接受。

（一）传统教材与互联网媒介的资源整合

1. 教材视觉表现形式差异

高校思想政治理论课的优秀教材充分地体现出马克思主义中国化的最新成果；体现出中国特色社会主义实践的最新经验；体现出马克思主义研究的最新进展，贴近实际、贴近生活、贴近大学生，在内容上和体例上都要有较大创新。

传统教科书属于印刷媒介，是将文字、表格等做成版，涂上油薄页上形成书籍，威望较高，专业性较强，学生能够自由决定阅读的时间、地点、速度和方式。

互联网技术支撑体系下出现的数字杂志、数字报纸、数字广播、手机短信、移动电视等，相对于思想政治理论课教材载体形式来说，这种载体的特点有：信息符号多样化，视觉冲击力强，更能吸引学生；信息个性化强，更符合学生个性特征；交互性强，可随时沟通，实现互动。

2. 教材语言风格差异

思想政治理论课教材的语言具有规范性、严谨性、指导性和权威性，而互联网等新媒体则有着特殊的表现形式和语言风格，其主要表现为文字简洁精练、语言通俗活泼、图像清晰生动、信息更新及时。

3. 教材选择与突出重点差异

思想政治理论课教材逻辑严谨、章节均衡、层次清晰、前后呼应，内容具有全面覆盖性、学术权威性、理论科学性、表述准确性。

互联网是高校思想政治教育教学的现代化辅助手段，利用互联网高科技形式解

读部分教学重点、难度和疑点，以灵活新颖的形式解答部分教学内容，可以提高思想政治理论课教材教学的吸引力、感染力和说服力。

（二）互联网教学与教材教学的对接融合

1.思想政治教学网络平台与资源库的搭建

网络平台是思想政治理论课引入互联网教学的主要阵地。当前思想政治教学网络平台建设主要是"教育在线"和"教学网站"。"教育在线"是应用教育技术理论和计算机网络技术构建的一个集网络教学、教学资源管理、教学管理与评价于一体的综合性网络教育支撑平台，满足了实际教学的需求。通过"教育在线"，思想政治理论课教师可以进行网上教学安排、课件传送、作业批改、课程答疑，还能掌握每个学生的上网情况、作业状况、思想动态等，及时追踪学生网络参与状况，回答学生提出的问题，进行疏通和引导。而学生通过该系统可以下载讲义、提交作业、提出问题等，实现思想政治理论课课下教学互动。

教学资源库为教师提供授课所需要的信息资源、辅助资料，满足了学生个性化的需求，有利于自主学习、研究型学习的开展。借助现代互联网技术，这些资料可以逐年积累，日臻完善，最终成为服务于某一课程的成熟资料库，也可以方便地实现横向共享，让更多师生受益。

2.互联网教学资源建设

互联网把文字、声音、图像、动画效果融为一体，营造出一个立体的、动态的、活泼的教学氛围，使学生身临其境，全方位地接受相关信息，大大地提高了教学的效率。互联网的使用应紧扣教学内容，由浅入深地说明问题，解决重点和难点，注重教师的分析与讲解，提升教学水平。

3.多样化的教育资源利用

通过手机QQ群聊、手机微博等与学生交流。思想政治理论课教学与手机的结合是一个探索过程，其便捷性、广泛性、即时性、互动性的众多优点促使其成为思想政治理论课教学的重要手段。数字电视新媒体是建立在数字电视基础上的新媒体，包括数字电视、IPTV、移动电视与户外新媒体等。随着时代的发展和科技的进步，未来还将不断涌现多种形式的新媒体，并对思想政治治理论课教学内容、形式有机融合，将增强思想政治理论课教学的渗透性和趣味性，提高学生参与学习的积极性和主动性，增强思想政治理论课的教学实效性。

互联网的发展，为思想政治教育者走进学生的生活、倾听学生内心所需所求拓展了渠道。同时，有利于老师与学生交流沟通，关注学生思想动态，及时发现问题，有针对性地帮助学生化解现实生活中遇到的各种困扰。对于受教育者来说，互联网的发展使他们的学习渠道增多，不受文理分科和专业限制，可以遵循自己的兴趣爱好，自主学习，提升自身的综合素质，促进全面发展。

第三节　"互联网+"视域下思想政治教育共同体教室空间科学利用

随着互联网技术的快速发展和广泛使用，互联网与很多传统的行业相结合，创新发展出新的产物。在"互联网+"的影响下，高等教育的教学实践发生了深刻变革，进而产生了新的教学形态。新形态的教学将互联网思维特征融入教学中，不仅促进了教学体系的构建、教学资源的整合，也推动了教学空间形态的发展。

一、教室空间概述

"互联网+"的教育方式的目的是使人人都能够创造知识，人人都能够学到知识、获得知识。当人们知识的获取幅度提高、成本降低，也就是给人们终身学习奠定基础，这样人们才能长久地想要通过互联网学习知识。

（一）教室空间

教室空间作为一种无形的力量对学生的成长和发展产生一定的影响，对于教育文化的诠释以及教师对教育的理解来说，一定空间的存在会对一种教育的产生具有载体的作用。一般来说，教室是为学生提供上课学习的具有一定空间作用的房间。教室空间是一种空间上存在的客观实体，更是人们精神上的具有"生命意义的空间"，可视为人们成长和学习的空间，也可视为超过真实存在的、不属于物理上和地理上的空间。因此，教室空间既是一种物理空间又是一种社会空间。

教室与教室空间之间在本质上是完全不同的。教室空间是否会存在一个真实的教室，在这种思维方式下的教室就不光是指空间中存在的实体，也可以是平面化、静态化的互相之间的转变。教室则是学校在进行教育活动时所固定使用的物理场所。但是教室空间不只是实体中存在的物质空间，还包括社会中的教室空间。

（二）教室空间的更迭

从入学开始，学生在学校的学习时间，大部分都是在教室中度过的。不管是人际关系上的交往，还是师生之间的交流，教室里所发生的一切事情都会深刻地印在每位学生的脑海中。教室在人们的生活中占据了很长的一段时光，对人的一生具有很大的影响作用，我们不能忽视教室空间所存在的一切。

在历史发展中，教育空间的发展经历了三次变革。第一次，早在远古时期，人类社会的启蒙时期，氏族的长者领导一代人沿袭和使用生活中的习俗经验，当时还没出现专门的教育机构，主要是从社会和生活中所汲取的经验教训，更没有专职的教育人员，教育是以大自然为教学空间的。第二次，由原始的自由教学方式逐渐演变成为由一定的组织者所组织的具有一定形态的教室空间。第三次，教室空间的演变就是在当前时期下所发展的由立体教室逐渐走向"虚拟空间"的形成。

总之，教育空间的改变带给人们的不只是教育方式的改变，更重要的是对人们整个教育系统产生的影响。我们在教室空间的转变过程中可以看到人类在发展过程中进步，也可通过这种教室空间的转变看出学生们在学习过程中的地位。

（三）教室空间的构成要素

教室教学空间作为一种特殊的社会环境，其本身具有要素构成和环境特征，既是给学生传授知识的地方，也是学生自由活动、教师辅导学生学习的地方。教室空间的布置是否符合人们心中所想，那就是人们对教育方式的理解。实际上，人们对理想的追求从未停止过，对理想的探索与尝试也没有中断过。新的教育知识的出现，使人们对教室空间的需求又有了新的要求。在理论与实践互动中逐渐形成的探索新时期的教育改革，强调的是教育中的生命体，教室空间也在人们的思想方式下，具有自身的生命性，理想的教室空间所具备的生命性能够满足人们的需求，人们对思想教育的追求就是在不断改变理想状态下的教室空间的状态。

教室空间的变革是以学生成长的过程为主，站在学生的角度考虑，我们需要注意以下三点：

第一，不要将"学生需要"当作"学生成长需要"。在成长的过程中，学生不能独立地选择发展的方向，所以，在学生的成长过程中人们常常将"学生的需要"与"学生的成长需要，混为一体，没有正确地引导学生，学生的喜好与成长需要之间是有很大区别的，学校应当在这个基础上对学生的发展进行指导。

第二，通过学生的成长状态，特别是从学生的问题状态发现学生的"成长需要"，由此切入进行指导，使学生进步。在集体交往过程中，很容易出现部分学生交往空间的缩小，局限在一个小的圈子里，排斥其他同学。这些问题出现的方式包含着多种可能性，或者是进步，或者是退步。

第三，在成长的过程中不仅要发现问题、解决问题，还要根据学生的成长状况，组织适合学生成长的实践活动。以学生的健康成长发展为目的建立教室空间，可避免出现很多错误的观点与观念。为了促进学生的成长，应当注意各个阶段的问题状态，在教室空间的设计上面，不只是要注意建筑设计理念，更要参照教育理论观念，从各个方面考虑不同阶段、不同年级的学生的心理特征。应当认识到适宜学生成长状态的实践活动也能够促进学生的成长，这种成长的方式能够使学生成为自己教室设计的主人。

二、现代教室空间设计

（一）对教室的改革

19世纪的教室空间的设计，是根据当时社会的意愿来塑造的，是一个有纪律、有制度、服从安排的地方，是一个有着清楚的目标的地方。20世纪初，教室空间设计开始产生了一定的改观，传统的教学模式与教学理念都受到挑战。传统的教学理念需要的是足够听从教师意见与接受教师所传授的所有东西，而革新后的教育理念是让学生脱离教师的思想束缚，有自己的想法，成为一个独立自主、有自我意识的学生。对于教室空间的变革，应教育理念与建筑理念相结合，从以下几个方面进行变革与尝试。

首先，应当摆脱掉19世纪以来传统的教学形式，建筑师与教育工作者在对教室空间形式进行设计时，应当考虑适合学生学习进步的空间结构，同时要符合新的教学理念。这需要改变过去由一系列沿着无尽的走廊、特点相同的房间相互单调串联的结构。

其次，新形式的教室的设计应当符合对学生健康方面的考虑，相对于传统的学校也已经出现了露天的概念元素，能够确保教室足够通风，使得教室不再像是一个忽视个体需要的兵营式的结构，教室空间结构的设计能够使学生在一个舒适的环境中学习。

再次，教室的室内环境同样也按照以学习者为中心的教学范式设计。为了适应各种形式的教学模式，将教室空间设计得足够大，可以容纳很多的人与物，还可以适应不同的教学模式。这种灵活式的教学教室空间，更有益于学生的创作发挥。

全新的教室空间的设计，目的是对学生的学习有所帮助，在环境良好、教室设备完善的条件下，学生能够用积极的心态来面对学习。新的空间设计模式将打破传统的封闭式形态，教室中所布置的座椅、桌子以及教师所要办公的地方，都将进行变动。这种形式下，教师在讲解不同的课程时教室布置都可以针对课程进行转变。

（二）教室空间的传承与发展

未来空间的结构转变对于教室的空间设计将会产生一定的影响。教室的变迁过程也是在传统的教室空间的基础上进行的转变，这些因素同样会影响未来的发展。第一，教学方式和教室空间是相互联系的。教学方式决定空间的设计，空间设计又在一定程度上制约教学方式。在进入21世纪后，这种理念的存在仍然对今天的教室空间的变革具有很大的意义，教学理念和方法的变化同样应该体现在教室空间架构的变化中。第二，教室空间结构的变革与当下社会的时代精神之间出现了问题，新的教室空间的变革目的是解决掉这些出现的问题。当前社会条件下的时代精神已经从过去传统思想文化禁锢中解脱出来，文化之间的变化存在着不一致性。第三，自从现代教室结构形成以来，学校和教室之间存在着一定的共性，需要有不同领域的专家和专业的人员，能够突破教室在设计过程中出现的狭隘。因此，学校在建筑开发时期，应当从学生的角度出发，给学生建立一个环境适合的教学基地，使教育能够在建筑风格中表现出来。

此外，任何的建筑在设计的过程中都需要考虑建筑过程中的经费问题，需要有足够的物质基础来使设计得以进行。新的技术和新的教学设备也在影响着教室的结构。各种电子媒体、媒介的出现，也是在教学的过程中，帮助老师与学生不断革新教学方式。

为了适应不断发展的信息化社会的变化，各种新的设备、新的理念都可能会使学生的学习方式发生变化。教室使用了超大屏幕显示器使得教室空间的划分发生了变化。现实空间与虚拟空间的结合，使虚拟空间展示的方式更为宽广。当然，除了信息技术之外，建筑、环保等方面的成就也会影响教室结构的发展。

三、"互联网+"视域下思想政治课教室空间的利用

传统教室空间是一个缺乏物质创新的教室空间，传统的教室空间只重视对学生传授知识，而忽视学生的整体发展，必然会导致学生缺乏自我学习的意识。在教室设计上缺乏学生的立场，将学生视为被动的个体，缺乏对生命自觉的认识。

（一）传统教学环境

以教师为主要中心，在课堂上面对学生传授知识，同时对学生进行提问，并让学生在课堂之后对课堂上所学的知识进行练习。这种方式主要是由教师讲述，学生听讲并辅以练习以加强学科知识记忆。传统教学突出的是在教室中进行教学活动，教师是主要传播者，在学习过程中系统地安排整理课程内容，安排课程的进度，学生扮演的主要是接受者的角色，多数的时间是以学生的听讲为主，教学时间较短，最后通过练习、考试考评授课成果来判断学生的学习能力。

传统教室主要特征有：一是教师的身体语言对学习者至关重要。教师在教会学生知识的情况下和与学生进行交流的情况下，表现出来的语言、声音等，都可以反映出教师的一种态度，这些对学习者来说都是重要的。二是师生间存在互为动态、无形的交互作用。在教学的过程中，教师的语言行为、情绪变化、心理状态的改变，都会反映在教学课堂上，引起教室气氛的变化。三是学生之间相互影响。课堂上学生之间的相互竞争的氛围，可以激发学习者的情绪或者抑制学习者的情绪，从而都会对学习者产生影响。四是学习者的注意力必须高度集中。在传统的教学过程中，信息传输的过程是一个不可重复的过程，学习者必须认真地听讲，努力地记住教师在课堂中所讲述的重点。

（二）传统教室的不足与反思

高校思想政治课教学课堂一般采用多媒体教学，课堂从原来的"粉笔＋黑板"模式转变成"计算机＋投影"的模式，虽然避免了单调枯燥的照本宣科，使教学效果有了一定的提高，但又停留在了教学"表演"上，弊端没有发生根本的变化，难以满足"互联网＋"时代教学形态的变革，仍然存在很多问题。

一是限制了教师课堂教学能力的发挥，影响了师生之间语言及形体的交流，让学生处在被动环境下学习，难以达到思想政治理论课的教学目的。

二是内容更新缓慢，收效甚微。例如有些教师在课件制作和备课过程中，只是将网络下载的资料和课程内容进行简单拼凑，使得课件内容枯燥乏味，结构层次不清晰，内容缺乏和时事、生活的有机连接，不能与时俱进。

三是统一固定的座位布局，不利于教学活动的开展。课堂空间的封闭格局限制了诸如活动学习、探究学习、项目学习、协作学习等多种教学活动的展开，并强化了学生的顺从倾向。

四是多媒体教室的配备和控制难以满足学生探究的需要。课堂是思想政治教育的主阵地，高校思想政治课教学试图通过技术装备的投入对传统教室空间进行一定的改造，却不能满足信息技术时代学生学习的特点和需求。

基于此，教室的物理环境和心理环境都需要做出相应的改变，才能适应互联网时代教育教学的发展变革，应对新时期思想政治教育面临的机遇与挑战。

（三）思想政治课现代教室空间变革思考

"互联网＋"时代，物联网作为积极的教学元素与教室空间相结合，扩展了教室空间的范围。从形式上看，物理空间和虚拟空间得到了很多研究者的认可；从技术与教室互动发展来看，推动了教室由传统教室、多媒体网络教室到现代教室的发展；从教室空间的内涵来看，思想政治课现代教室空间应该是学习资源获取便利，教学内容呈现情景化、可视化，能够促进课堂交互开展，充分发挥课堂主体的主动性、能动性，促进主体和谐、自由发展的教与学的新型空间环境。对于思想政治课现代教室空间的变革要重点思考以下几个问题。

首先，现代教室空间优化的基本理念。关于现代教室空间建设的思想有很多不同的表述，但其理念基本是一致的，均强调以人为本，增强学生的主观能动性，促进主体人格的完善，最终实现学生的全面发展。

其次，思想政治课教室空间设计的主要目标，应该体现于服务和支持思想政治课教学改革。一是支持思想政治课教学结构变革。高校思想政治课教学改革的关键是将教师主宰课堂的、以教师为中心的传统教学结构，改变为既充分发挥教师主导作用，又突出体现学生主体地位的新型教学结构。同时，思想政治课教室空间的设计必须具备灵活的空间布局、动态课桌椅组合、多显示屏空间、数字学习终端等多种特征，以满足课堂教学系统四个要素地位和作用的改变。二是实现不同教室空间功能的互补。根据思想政治课教学的特点，将现代教室模块化，以适用于不同教学应用模式。

最后，在建设方案上主要遵循主导原则。满足教学活动的实际需求，在保证方案实用性的基础上，还应提升整个教室环境的智能化水平，以适应未来智慧教室的发展趋势，发挥整体系统的最优性能，充分考虑到未来系统的升级与扩充。

第四节　"互联网+"时代高校思想政治教育共同体教育手段运用

一、高校思想政治教育网站的建设

随着网络信息技术的快速发展，网络不断深入人们的学习与生活中，对人的政治态度、思想观念以及价值取向都产生深刻的影响，因此，思想政治教育工作需要新的教育方法，需要利用网络资源完成思想政治教育。然而，网络思想教育必须依靠网络平台才能实现。

首先，对高校思想政治教育网站进行简单的介绍。思想政治教育网站又名为"红色网站"，是高校利用网络向受教育者传递先进的思想政治理论，全方位宣传马克思主义观点，准确传达党的政治立场，培养遵守社会主义社会道德规范和具有较高素养"四有"新人的平台。清华大学汽车工程系于1998年建立了"红色网站"，这是我国第一个"红色网站"。这之后，随着我国政府对网络思想政治教育的重视以及相关政策规定的出现，各相关机关、高校以及企业也开始建立"红色网站"，作为我国传统思想政治教育的补充和延伸。"红色网站"的出现进一步丰富了思想政治教育的手段及内容，在引导国民建立正确价值观、人生观，提高政治思想素质等方面发挥了巨大的作用。经过多年的发展，几乎所有的高校都建立了专门的思想政治教育网站。

其次，对高校思想政治教育网站影响力的现状进行概括。经过多年的努力，虽然高校思想政治教育网站的数量不断增加，但其影响力依旧不足。本小节我们以绍兴某高校思想政治教育主题网站为研究对象，对高校思想政治教育网站的影响力进行详细介绍：第一，知晓率不高。绝大多数学生虽然了解思想政治教育网站，但不知道具体有哪些网站是以思想政治教育为主题的，而且有将近一半的学生并不知道自己的学校存在思想政治教育网站，更不用提知道本校思想政治教育网站的名称了。通过一系列的调查发现，大学生大多只听说过本校的思想政治教育网站，并未进行过进一步的了解。所以说思想政治教育网站在大学生中的知晓率较低。第二，关注度较低。大学生们较多浏览与娱乐或新闻相关的网站，极少有人浏览与思想政治教育相关的网站。就"希望的田野"这一思想政治教育主题网站来讲，只有极少数的学生曾经浏览过。大部分学生表示，即使知道本校有大学生思想政治教育网站也不会去浏览。他们对思想政治教育网站并不关注，更喜欢浏览一些知名度较高的网站。这就说明思想政治教育网站在学生中的关注度较低。第三，认可度不高。经调查发现，有将近一半的大学生对建设思想政治教育网站持无所谓的态度，他们认为当前的思想政治教育网站并未发挥其教育的功效，绝大多数学生并不看好思想政治教育网站的发展前景。这就反映出大学生们对思想政治教育网站存在不满，并不认可现行的思想政治教育网站。

二、高校思想政治教育工作中博客的运用

博客也就是我们所说的电子日志，可以分为个人博客和群体博客两类。思想政治教育工作者如若可以访问受教育者的私人博客，就能够更加准确地了解当事人的思想动态。群体博客是进行群体思想政治工作的载体，一般由思想政治教育工作者发布主题。在群体博客当中，每个参与者都能够自由地发表个人见解，但也要接受别人给予的评判。在群体交流和探讨过程中，人们的情感以及道德观念等得到提升。值得注意的是，由于网络具有匿名性，博客中难免出现措辞激烈的现象，对此，教育者要始终保持宽容的心态，对受教育者进行积极、正面引导。

（一）博客——自主呈现与分享

博客作为从网络边缘崛起的势力，具有多元化的趋势，其内容以及组织形式多种多样。

从理论上讲，高校思想政治教育工作者的博客主页空间通常包括：对自身日常工作的记录，对管理制度以及设置这些制度的原因和标准进行公布，公示各类信息、发布通知，对班级同学的进步进行记录，记录自己工作和生活的感悟，以及对网络上的好文章进行转载。

博客对每个网民而言都是平等和开放的，只要经过注册就能拥有个人博客空间，在这里没有身份和宗教信仰的差异。所有的人都能够参与其中，表达自己的观点或信仰。博客多为匿名注册，在虚拟空间之中，减少了对博客使用者的束缚。通过匿名注册运作博客，使用户能够进行平等的交流，增加网络交往的随机性和不确定性，从而导致网络伦理冲突变得越来越激烈。正是因为博客存在着匿名、虚拟等特点，使得申请者对自己的言行不负责任，甚至是违反法律法规。

随着博客的发展与网络发展速度的加快，西方国家已经将网络社区作为意识形态渗透到文化软实力之中，成为软文化入侵的首选。正因为网络博客的互动性与超级链接性，因此难以实现追根溯源，所以利用博客空间进行政治意识形态的输出是一种低成本、低风险的方式，但对大学生造成的恶劣影响却不容忽视。就目前博客的发展趋势而言，在博客界面进行思想政治教育工作，要注意以下几点：第一，始终在博客中弘扬思想政治教育中的主旋律，避免受不良思想的侵蚀。在设置博客空间话题以及特色议程时，要以本土文化为主，以爱国主义思想引导广大学生。第二，在博客议程设置中凸显本土文化，在文化交融中增加传统文化和民族文化的魅力。第三，增加文化凝聚力，增强民族认同感。通过博客激发大学生的群体凝聚力，从而使思想政治教育工作的水平发挥得最好。

（二）博客在高校思想政治教育中的积极作用

一是开启了一扇掌握大学生思想脉络的窗户。当代大学生的个性较为突出，具有丰富的感情和表现自身的欲望，在现实生活中他们的这些需求无法得到满足。因此，无法准确地把握大学生的思想状态。一方面，在现实生活中学生不愿意进行自我表达，这就导致教育者难以收集到来自受教育者的一手思想状态资料；另一方面，面对面的谈话容易使学生产生压力，而无法获得其真实想法。而如今许多大学生都喜欢在博客上分享自己的生活以及内心的想法，因此，思想政治教育工作者可以通过学生的个人微博掌握其思想动态，发现问题并及时进行解决。

二是为思想政治教育的开展推开了一扇门。传统的思想政治教育通常是以团体活动或一对一访谈的形式为主。团体活动的覆盖面广，但无法针对每一个学生进行思想政治教育；一对一访谈虽然可以针对每一个学生进行教育，但覆盖面较窄。而博客则兼顾了这两方面特性，既能保障学生的隐私，又能提高信息交流的效率；既扩大思想政治教育的范围，又能针对学生的实际情况及时调整方案。此外，我们还能通过博客进行答疑解惑的活动，或发布最新的资料以及生活提示，始终与学生保持密切联系，使思想政治教育更有温度。

三是为思想政治教育内容拓展了一片天。大学生对新鲜事物具有较强的求知欲，互联网能够对信息进行及时的更新。在博客的基础上开设的网络思想政治教育课的内容较为丰富。可以通过最新的社会事件引发学生的兴趣，从而有利于教育工作的展开。如今各大传统媒体都纷纷开设了博客与微博，及时发布权威信息，减少大学生收集资料的时间。

四是为思想政治教育时效性增强了一股力。网络思想政治教育具有较强的实效性，且能够方便、快捷、迅速地发布信息，实现资源的浏览和转载。在与学生的交流过程中产生思想的碰撞，促进大学生对思想政治的学习，从而使思想政治教育工作发挥更强的实效性。

三、高校思想政治工作中微信的运用

当下社会，微信已然成为一种生活方式。如何通过微信开展思想政治教育成为新时代的又一课题。

（一）微信与认知新培养

微信作为一种即时快速的通信工具，能够实现人与人之间更加便捷的交流，具有灵活、节约成本、显示实时输入状态等功能。微信是一个对所有用户免费开放的软件，在使用过程中只需支付少量的流量费。所有的用户都能够通过微信来构建自己的公众账号，而且对名字没有任何限制。用户可以通过公众号实现信息共享。

随着新媒体的不断发展，人们越来越离不开手机。就目前而言，微信的用户高达4亿，而其中大部分为年轻人和学生。对于学生而言，手机不仅是进行聊天的工具，还是一种生活方式，对大学生的生活产生深刻的影响。

以移动学习为例，顾名思义，移动学习就是利用移动设备进行随时随地的学习。虽然在国内，移动学习在一定范围内已被应用，但仍存在发展的空间。智能终端是制约移动学习进一步发展的重要因素，其普及率以及移动网络资费和学习资源都对移动学习有所影响。微信的出现促进了移动学习的发展，给予大学生全新的认知培养。微信应用（APP）能够帮助大学生完成学习活动。只要在手机上安装了微信应用，仅支付少数的流量费用就能使用微信。与此同时，微信的客户规模较大，共享新平台上的资料可以被所有用户使用。这样的资源库使得大学生更加容易获得学习资料。因此，微信特别适用于互动式的学习。目前生活节奏较快，师生难以实现一对一的沟通和学习，而微信能够为教育双方提供随时随地交流的平台，实现师生一对一的沟通与交流。

另外，微信的朋友圈功能为教学互动和同学交流提供了便利条件。任何学习组织都能通过微信平台进行实时信息共享。微信平台通过自身强大的分享能力，将网上的教育资源进行整合；通过二维码、推送等功能，实现学习资源的高效利用；通过教师的推送消息，实现教学内容的及时更新。也可以通过搜索功能在微信上建立虚拟班级和虚拟课堂。微信虽然无法对移动学习资源进行优化，但能够凭借自身的优势为学习者提供更多的选择和交流的方式。微信是一个拓宽认知的平台，便于学习者对各种信息的阅读和相互交流。

（二）微信为思想政治教育带来的挑战

一是微信传播时间上的即时性向思想政治教育提出了新挑战。微信作为最具即时性的信息传播平台之一，能够为所有人提供一手信息。这也是对过去由主流媒体主导传播格局的颠覆。正是由于微信能够进行实时交流，能够满足大学生学习和交往的需求，青年人在微信里进行信息沟通的同时也有可能受到错误思潮的影响。此时，思想政治教育工作者就会面临这样尴尬的境地：教育者讲授的内容受教育者早已知晓，受教育者说的新名词和新鲜事，教育者却可能闻所未闻。因此，微信的即时传播为思想政治教育工作的开展带来了巨大挑战。

二是微信传播内容的碎片化向思想政治教育提出了新挑战。微信作为一种新兴的信息传播与交往中介，在信息传播过程中容易将信息碎片化。微信中的信息一般是个人的生活细节或新闻、事态的滚动进展，每条内容表达的信息有限。基于微信语言的碎片化，网络信息的内容与教育者所表达的内容可能会出现差异，甚至相悖。这就有可能导致受教育者在思想上产生混乱甚至是逆反。

三是微信传播方式的裂变向思想政治教育提出了新挑战。微信作为信息传播的新形式，属于裂变式传播。这种传播方式的覆盖面较广，容易激发人们产生表达欲望。重大事件发生时，一些别有用心的人就会在微信平台上刻意对事件事实进行夸大，甚至掩盖事实真相捏造虚假消息。这些不实信息将对网络环境以及网络秩序产生直接的影响。因此，对微信平台进行有效监管，筛选掉不良信息，阻止网络谣言在网络上的扩散，让它们在促进人们信息交流的同时，还能够保证信息的真实性，是值得思想政治教育工作者思考和探索的问题。

第八章　高校思想政治教育共同体构建实践路径

高校思想政治教育共同体是通达育人实效的应然状态，而实然却存在不同程度的分离和分散。当前，高校思想政治教育共同体育人还面临一些困境和难题，从思维方式来看，存在单一思维、分散思维和个体思维，不同程度地存在单一化、片面化和割裂化的不足；从机制建设来看，高校思想政治教育共同体机制建设略显滞后；从话语维护来看，全球化话语中的各种意识形态风险正威胁着高校思想政治教育话语权；从意识凝聚来看，由于价值共识的匮乏，相互之间并未切实发挥"共振效应"，客观认识高校思想政治教育共同体育人的基本现状和现实难题之后，就需要围绕问题有所思考和研究。为探索解题路径，可以从典型案例中汲取智慧和经验。为此，以全国首批"三全育人"综合改革试点高校（大连理工大学）为例，以其典型校本实践为参考，来探讨对于高校思想政治教育共同体构建的经验启示。然而，高校思想政治教育共同体构建不可能毕其功于一役，我们在分析"三全育人"实践推进的个案样本经验基础上，对照现实难题，提出高校思想政治教育共同体构建应着力于推动思维转向、机制建设、话语维护和共识凝聚的有机联动。

第一节　全国"三全育人"综合改革试点的典型案例分析

一、全国"三全育人"综合改革试点的基本概况

2018 年 5 月，为学习贯彻习近平新时代中国特色社会主义思想，贯彻党的十九大精神、全国高校思想政治工作会议精神和全国教育大会精神，力争实现高校思想政治教育提质增效，教育部谋划和评选了全国首批"三全育人"综合改革试点省（区、

市）、高校和院系等三种类型的实践推进形式，以两年时间为建设周期，旨在典型示范、以点带面、逐步推广，扎实推进形成高校"三全育人"的育人格局。截至目前，教育部已评选出了全国首批和第二批"三全育人"综合改革试点省（区、市）、高校和院系。

2018 年以来，教育部评选出了全国首批（2018 年 10 月 17 日）和第二批（2019 年 1 月 4 日）"三全育人"综合改革试点省（区、市）、高校和院系，对于全国各高校切实推进"三全育人"具有引领示范作用。本文选取首批综合改革试点高校（大连理工大学）的校本实践作为典型案例进行探讨分析。

大连理工大学作为全国首批"三全育人"综合改革试点高校，取得了一系列成绩，可以从数字"三全育人"和"十大"育人体系两个维度分析和了解大连理工大学的校本实践。

二、大连理工大学"三全育人"综合改革的经验启示

近年来，《人民日报》《光明日报》《中国教育报》《中国青年报》和央视、新华社等主流媒体，多次报道大连理工大学在"三全育人"综合改革进程中的典型实践。2021 年 9 月 15 日，教育部思想政治工作司副司长张文斌莅临大连理工大学视察调研指导工作，并聚焦大学生思想政治教育开展了交流座谈。高校育人综合改革聚焦"三全育人"，而"三全育人"命题的提出，价值导向就在于提高高校思想政治教育实效，因而与高校思想政治教育共同体构建的价值归属具有一致性。2021 年，大连理工大学如期完成"三全育人"综合改革试点总结验收，综合梳理和分析其具体实践，归纳和总结其经验启示，对于推动高校思想政治教育共同体构建，从而助推高校思想政治教育提质增效具有积极意义。

（一）以"十大"育人体系建构为契机，强化协同育人思维转向

大连理工大学抓住全国"三全育人"综合改革试点高校建设发展机遇，坚持党政齐抓共管，紧紧围绕"十大"育人体系开展相关工作，推进"三全育人"校内专项试点建设，召开实践推进会，结合自身实际和特色，强调各部门教职员工的积极融入，集中校内各部门优势以攻坚"十大"育人体系具体问题，坚持显性教育和隐性教育相统一，形成高校思想政治教育提质增效的一体化育人模式。其中以"十大"育人

体系建构为契机，设立 4 个校内综合改革试点单位和 23 个专项试点，在"三全育人"专项研究方面给予经费支持，共资助理论研究专项课题 33 项，积极推动图书馆打造传统文化育人阵地，以"四维育人"体系提高宿舍管理育人质量，以及老一辈科技报国的精神传承等等。在夯实主阵地主渠道的基础上，用好"第二课堂"，形成了高校全体总动员的育人模式。"十大"育人体系层层压实，有利于强化协同育人思维转向，高校全体总动员深入人心，改变对于高校思想政治教育的狭隘理解和认知偏差，形成全校上下思想统一、点面结合、行动同向、实效共谋的育人格局，全方位守护高校思想政治教育实效。这系列举措突破传统育人边界，打造育人样板、凝聚育人经验、形成联动效应，强化协同育人思维转向，共建全方位人才培养模式。

（二）以"责任矩阵"机制明确为导航，落实协同育人权责归属

健全协同育人长效机制，形成"责任矩阵"是落实协同育人权责归属的前提。

大连理工大学在协同育人机制建设方面勇探新路，不仅出台《"三全育人"综合改革试点建设方案》，还编制《"三全育人"综合改革试点建设工作台账》，成立"三全育人"双组长（党委书记和校长）领导小组，形成党政齐抓共管的以纵横责任矩阵机制建设为导向，以任务书的形式明确学校班子成员和职能部门的角色定位、职责框定和任务分配，完善"三全育人"指标体系 100 多项，推进"三全育人"建设举措 200 多项，以配套文件助推思想政治工作体系建设，如，在科研团队平台建设中设置科研育人考核评价指标；制定"五位一体"学生心理健康防控体系，助力心理育人的有序推进；立项"高校设计类专业科研育人内涵与机制研究""二级单位'三全育人'综合改革实践机制研究""二级单位'三全育人'综合改革长效机制研究等理论实践机制"等课题，以机制建设理论研究反哺育人实践；以督促机制推进"三全育人"循序渐进，以中期检查为契机，开展定期督查，使"三全育人"各项举措能够落实落细；以基层教学组织建设实施方案为导向，有序推进教学实践。大连理工大学一系列制度机制的出台，有利于各责任单位框定责任，明确责任归属。

（三）以"全媒体"平台建设为阵地，把握意识形态话语权

全媒体时代高校思想政治教育的开展既面临着各种不稳定因素的挑战，也为高校不断开拓创新带来了机遇，抓好全媒体平台建设是适应全媒体时代的必然选择。2020 年 11 月 12—13 日，西安交通大学召开了教育融媒体建设试点工作推进会，大连理工大学被授予教育部第二批 15 家教育融媒体建设试点单位。如何加强阵地建设以维护意识形态话语权，大连理工大学牢牢把握融媒体平台阵地建设，建立了大连理工大学融媒体中心，从校级层面牵头推动融媒体发展，推动建成了 200 多个校级新媒体平台。在学校融媒体建设方面，大连理工大学也获得了一系列殊荣。

大连理工大学多元化的媒体传达平台有明确媒体运营流程，有严格的负面清单警戒，有专业教师的指导，为媒体运营准确定位、规范推进奠定了基础。其传达具有即时性、沉浸式、简洁性和个性化的内容供给特点，获得了学生们的青睐。其强烈的渗透性价值传达实现了融媒体协同育人的同频共振，于潜移默化中传播社会主义核心价值观，是正面传播的"最强音"，对于守护主流意识形态的阵地具有重要意义。以融媒体平台阵地建设为契机，维护高校意识形态安全，是大连理工大学抓好思想政治教育的重要经验。

（四）以"命运与共"关系融合为纽带，凝聚高校协同育人共识

大连理工大学以打造名师和名家培育等项目为支撑，重视强化马克思主义学院建设在推进高校思想政治教育中的重要作用，以"四项工程"（苗子、基础、培育和提高）为平台，不断强化专业人才队伍的政治素养和政治历练。学校教师教学发展中心组织开展专题研讨，以"午间教师沙龙"为平台，围绕课程思政开展讨论，各教研室老师共议潜移默化的课程思政教学方式方法。又比如，重新组建全校 272 个教研室，以集体备课全覆盖的方式，深入挖掘各门课程内蕴和可能的思想政治教育元素，实现课程思政与思政课程的有机融合。聘请退休教师担任本科生的成长导师，后勤系统以"服务育人先进个人"和"服务育人年度人物"评选活动开展为契机，调动后勤员工积极参与服务育人实践中。总的来看就是调动所有可能的育人力量，全体总动员参与到育人实践中。以立德树人为根本任务，从"命运与共"的关系纽带来审视高校育人实践，旨在强化一切可能的育人力量叠加的合作样态。高校各职能部门"命运与共"关系融合，为凝聚协同育人共识提供了新的视角，高校育人实效迫切需要"命运与共"关系的正确认识从思想转化为实践。以"十大"育人体系建构为契机、以"责任矩阵"机制明确为导航、以"三微一端"平台建设为阵地，其最终的逻辑旨归都是指向强化高校各育人力量的融合的关系纽带，以"命运与共"关系融合，凝聚高校协同育人价值共识和发展合力，形成高校思想政治教育互融共生的可持续

发展有机统一整体，从而不断提高高校思想政治教育实效。

综上，以大连理工大学"三全育人"综合改革的校本实践为例，整理、分析、归纳和总结了大连理工大学"三全育人"校本实践的实践成果和经验启示，为助推高校思想政治教育共同体构建提供了思维方法、理念借鉴和实践经验。高校思想政治教育共同体构建就是为切实推进"三全育人"的理论思考和实践方案，因而，可以从高校思想政治教育共同体育人现状中审视，可以从大连理工大学典型实践中挖掘经验。以"十大"育人体系建构为契机，强化协同育人思维转向，可以为高校思想政治教育共同体构建提供思维指引。以"责任矩阵"机制明确为导航，落实协同育人权责归属，可以为高校思想政治教育共同体构建提供机制建设经验，以便高校思想政治教育共同体同向育人有章可循。以"全媒体"平台建设为阵地，把握意识形态话语权，可以为搭建高校思想政治教育话语的"平台"与"中介"提供借鉴。以"命运与共"关系融合为纽带，凝聚高校协同育人共识，可以为达成发展共建、情感共鸣和成效共享的育人共同体奠定基础。对照现实难题，各高校应主动出击、顺势而为，积极推动各高校思想政治教育共同体构建，着力于推动思维转向、机制建设、话语维护和共识凝聚的有机联动。高校思想政治教育共同体的价值理念只有在高校具体实践中才得以凸显，各高校只有以高校思想政治教育共同体的价值理念为参考，结合自身发展实际和实践特色为考量，谋划和推进高校思想政治教育共同体构建，从而推动高校思想政治教育实效。

第二节　高校思想政治教育共同体构建的立体互通

在学习借鉴全国首批"三全育人"综合改革试点高校（大连理工大学）的典型校本实践经验基础上，还应强调深入高校思想政治教育共同体内部，把握高校思想政治教育共同体构建的立体互通。高校思想政治教育共同体是一个内含实质主体、实践主体和受益主体的"命运与共"的关系存在，各构成要件共同构成了高校思想政治教育共同体的生态系统。高校思想政治教育共同体构建离不开各构成主体间的立体互通，即相互间的沟通与协作。这里强调高校思想政治教育共同体之间的立体互通，主要是指通过高校思想政治教育共同体构建以实现其内部协同创新的动态发展过程。通过对互通的原则、过程和方式的分析，为高校思想政治教育共同体各构成主体之间的互通奠定理论基础和实践导向。正是基于高校思想政治教育共同体不同构成主体之间的"相互联系"和"相互作用"，使各自分散的力量实现聚集，各构成主体之间以共同价值理念为纽带，其相互关系将得以紧密、团结、融洽和稳固，实现各构成主体效能从"潜在"向"现实"的转化。这也体现了探讨以"共同体"为分析视角嵌入高校思想政治教育有其必要性、重要性和现实性。

一、高校思想政治教育共同体构建的互通原则

高校思想政治教育共同体构建是基于现实分化而提出的整合实践方案，是高校思想政治教育结合实际需要所进行的理论探讨。由于高校思想政治教育共同体各构成主体有别、利益不同、价值差异，因而需要以互通的方式，求同存异，共塑、共建和共享高校思想政治教育实效。

（一）价值主导与差异发展相统一

"如果一所高校在人才培养的问题上走偏了，那就像一棵歪脖子树，无论如何都长不成参天大树，更谈不上成为党和国家的栋梁。"这昭示着，高校在人才培养过程中价值主导的重要性。高校思想政治教育共同体构建的互通应紧紧围绕高校立德树人根本任务，这是高校思想政治教育共同体共同追求的价值目标，也是各构成主体彼此紧密相连的价值纽带。为实现高校思想政治教育共同体之间的互通，基于高校意识形态教育的特殊要求，理应遵循的基本原则就是价值主导与差异发展相统一。其中，坚持价值主导是指，高校思想政治教育共同体构建在实现立体互通实践中，要坚持党的领导，坚持社会主义办学方向，营造积极健康向上的育人环境，以意识形态导向定位，以科学理论武装大脑。只有价值主导的明确，才能引领实践发展的正确方向。与此同时，强调价值主导与差异性发展相统一。前文论及高校思想政治教育共同体具有主体构成的多元性特点，那么相应地，高校思想政治教育共同体作为矛盾统一体，其内部就存在差异性发展的内在诉求。各构成主体既有个体特性和主体意识，也有从集体高度审视问题的必要性。因此，总的来看，基于共同的价值目标，高校思想政治教育共同体各构成主体处于共生共存共融共享的格局中，既有自身发展的利益

诉求，也有彼此的互恰性和相互依赖性。尊重差异与多样，强调异质要素间的协调配合、对立统一、聚同化异，调和不同主体之间的关系，从而跨越鸿沟实现并行不悖的融合发展。

（二）平等互信与和谐共存相协调

高校思想政治教育共同体是一个多要素融合的有机整体，其内部由高校思想政治教育共同体实质主体、实践主体和受益主体共同构成了"命运与共"的关系性存在。高校思想政治教育共同体价值目标的实现离不开每一个构成主体的付出。高校思想政治教育共同体各构成主体之间的互通，应坚持平等互信与和谐共存相协调的原则，一则强调主体身份的平等，二则强调求同存异协同发展的可能。如果高校思想政治教育共同体各构成主体未能实现平等互信和谐共存，发生内耗，则整体功能也可能小于个体功能之和。在高校思想政治教育共同体中，各构成主体在生态系统中实践发展互动，从而找到实现自身存在和发展的最佳契合点。高校思想政治教育共同体育人实效的发挥既取决于各构成主体，也取决于系统的整体功能的发挥。如果高校思想政治教育共同体内部之间同向同行，各构成主体各就各位、各司其职、各显其能，达成最佳组合协调衔接，其整体的功效就大于各主体部分功能的总和，这就是所谓的"整体优化律"。

（三）内生动力与外生动力相结合

高校思想政治教育共同体构建的互通应坚持内生动力与外生动力相结合。实现高校思想政治教育目标，既受外部因素的影响，也受内在因素的制约，所以强调内生动力与外生动力相结合，只有内外结合才能协力共筑高校思想政治教育共同体的互通，实现内外两个动力系统的同向发力、互相促进。在内外动力链的双向加持下，高校思想政治教育共同体围绕立德树人根本任务以实现目标。为有效应对社会转型所带来的变化和发展，实现高校思想政治教育共同体立德树人的价值目标，这就要求高校思想政治教育共同体各构成主体不断认识、审视和探索，激发各构成主体的反思和追问，与时俱进更新理念，实现动态发展和自我超越。高校思想政治教育共同体不仅是高校各构成主体内生动力的产物，与此同时，社会发展的现实诉求则体现了外部动力，是高校思想政治教育发展的不竭动力。没有社会外部动力的牵引，高校思想政治教育共同体功能的发挥就难以释放和拓展。高校思想政治教育共同体构建的立体互通演化较复杂，是内生动力与外生动力相结合的结果。对于高校思想政治教育共同体的相关探讨，绝不是远离社会的学术研究"象牙塔"，还应是服务社会，加强与社会发展互动、对话和交流，实现协同发展。高校思想政治教育实效仅有外生动力的推动而没有内生动力的牵引，或者仅有内生动力的牵引而没有外生动力的契合，就不可能实现高校思想政治教育共同体的动态演化。事实上，高校思想政治教育共同体作为社会发展的一个子系统，其与社会系统发展是相互补充的，共同成就了高校思想政治教育共同体的动力发展系统。

二、高校思想政治教育共同体构建的互通过程

高校思想政治教育共同体构建的互通过程，实质上就是基于高校思想政治教育共同体价值理念的传播，实现高校思想政治教育共同体价值导向在不同主体间传递，有利于高校思想政治教育共同体正确认识和把握其"命运与共"的主体认同和实践共进的融合力量。高校思想政治教育共同体构建命题的提出，内在地包含了高校思想政治教育共同体系统的交流和融合，强调各主体间的关系优化，以主体间互相尊重各自的主体性为前提，强调相互之间关系优化的理念创新、文化培育和环境改善，以此形成沟通有序、协作有效、融合有益的融洽关系。因为，是否形成认知与接受、互识与共识，对于思想政治教育共同体作用的有效发挥具有决定性作用，所以，为实现高校思想政治教育共同体同向发力，形成高校思想政治教育共同体各构成主体间的良性互动，高校思想政治教育共同体作用的发挥，其前提离不开对高校思想政治教育共同体的认知和接受。

（一）高校思想政治教育共同体的认知过程

人类认识活动是一个过程，而认知阶段是其首要阶段。对于事物发展现状和规律的认识和把握是工作顺利开展的前提。高校思想政治教育共同体认知过程，指向对高校思想政治教育共同体内涵要义、基本特征、功能作用、现实困境和未来发展等基本理论问题的认知和把握。正是基于对高校思想政治教育共同体内容主旨的认识和把握，随即就形成了个体对于高校思想政治教育共同体的感知与判断，这一认识前提是实现高校思想政治教育共同体目标的重要进程之一。从系统论维度来看，对于高校思想政治教育共同体的认知过程内在地包含了三个子过程，首先是实质主

体对高校思想政治教育共同体的认识活动；其次是实践主体对高校思想政治教育共同体的认识活动；最后是受益主体对高校思想政治教育共同体的认识活动。对高校思想政治教育共同体的认知过程是人的基本心理过程，为进一步接受奠定心理基础。如果尚未形成对高校思想政治教育共同体的有效认识前提，则不可能进一步推进高校育人实践中基于高校思想政治教育共同体价值理念的有效应用。高校思想政治教育共同体功能和作用发挥的前提在于深刻的认识、并在此基础上实践运用。高校的根本任务是立德树人，以文化培育引领高校思想政治教育共同体之间的共向确证，大学生在学校接受教育、意识觉醒、逐渐内化、不断成长、外化于行。不难看出，高校育人的价值归属在于大学生的成长成才，大学生是高校育人的对象，同时也是高校育人的最终受益者，凸显了高校思想政治教育共同体的导向性、归属性和目的性。高校思想政治教育共同体受益主体的明确，一则是框定身份、唤醒认识，二则是增强责任、勇担使命，激发受益主体在受教育过程中的积极性和主动性，从而为更好地认识世界和改造世界奠定基础。

"理论一经掌握群众，也会变成物质力量。理论只要说服人，就能掌握群众。"高校思想政治教育共同体构建理应冲破简单的知识传授，更多的是在高校思想政治教育共同体构筑的理论体系下的身份认同和智慧启迪。只有"沐浴"在高校思想政治教育共同体理论对高校思想政治教育本身的关切之下，高校思想政治教育共同体各构成主体才能获得教育智慧和价值共识，成就作为"共同体"成员同心同向育人思维方式的科学认识。"新时代思想政治教育要引导现实的人的内在生命自觉，激发起对思想政治教育所传播内容的理解、认同和接受，避免知易行难。不仅要突破知识体系的传统说教，而且要通过所传播的价值理念引导人的行为活动并逐步把它转变成人的思想道德品质。"对于实质主体而言，认知过程需要总揽全局、透过现实、把握高校思想政治教育的实质，分析其现状、困境与不足，为进一步编制和谋划奠定基础。对于实践主体而言，认知过程理应认真学习领悟实质主体的政策导向，以各高校为具体单位，具体落实各部门的责任框定和责任分工，掌握思想政治教育内容，此外还需要认识和分析受益主体思想实际、接受能力，与时俱进地思考和运用受益主体喜闻乐见的方法路径。对于受益主体而言，认知过程其实就是对受益主体的文化塑造，激发和激活大学生的能动意愿，其实质就是按照高校思想政治教育共同体内含的价值理念的要求去思考和行动，使高校思想政治教育适应并符合高校立德树人的根本任务，提高高校思想政治教育实效，使大学生的获得感在亲身参与中不断提高。从受益主体的角度来看，高校思想政治教育共同体命题的提出和推进就是"为己之学为己之物"。从高校思想政治教育共同体命题的落脚点来看，高校思想政治教育实效的收获离不开受益主体的能动参与，受益主体是关乎高校思想政治教育实效收获的重中之重。受益主体正是在高校育人实践中不断提高思想认识、主体意识和反馈意识。对于传播特定意识形态的高校思想政治教育而言，以对话替代强制、以平等代替强权、以价值认同取代价值分歧，通过"晓之以理"认知过程的价值传导，为高校思想政治教育共同体赋能高校思想政治教育实效奠定认识基础。

（二）高校思想政治教育共同体的情感过程

"现代公民能够正确处理自己与国家之间的关系，不再把接受思想政治教育和政治共同体的价值观念视为对自己的束缚，而是认识到人的自由只能在共同体状态中实现，接受思想政治教育的最终目标是要在共同体中实现个体的思想解放。"以同心同向的价值理念来增进彼此间的协同融合，高校思想政治教育共同体各构成主体具备能动自识和实践创新的认识主体性。这一种认识主体性包含了高校思想政治教育共同体各构成主体的互识和共识。对高校思想政治教育共同体的认知过程是人的基本心理过程，为进一步接受奠定心理基础。没有对高校思想政治教育共同体的有效认知，就不能达至下一环节的情感共鸣阶段。以彼此间的"教育交往"关系为基础，奠定了高校思想政治教育共同体各构成主体间相应情感融入的条件。人类认识活动在经历了第一个认知阶段之后，紧接着进入意识活动的第二个阶段，在此，即是高校思想政治教育共同体情感过程。这里强调的情感过程是指，高校思想政治教育共同体各构成主体在认知基础上，坚定"高校思想政治教育共同体"价值信念，在各自方位形成相应情感认同的过程。与认知过程阶段一样，高校思想政治教育共同体的情感过程也需要各构成主体的情感融入。

首先，是实质主体对高校思想政治教育共同体的情感融入。这充分体现了党和国家高度重视高校思想政治教育理论研究和实践探索，以政策前瞻导向定位助力高校育人实践，以有温度、有深度、有力度的价值导向融入政策制定和发展谋划。其次，是实践主体对高校思想政治教育共同体的情感融入。这一环节体现了实践主体对高校立德树人根本任务的学习、理解和践行，对具体实践工作和受益主体倾注的情感过程，有助于实践主体秉持奉献精神、坚定育人初心、践行育人使命，为高校思想政治教育共同体的有效运行注入强劲驱动力量。最后，是受益主体对高校思想政治教育共同体的情感融入。实质主体在政策制定和未来谋划中传递着情感要素，坚持"以学生为本"，凸显了高校思想政治教育的理想信念品质。马克思曾指出，"如果你想感化别人，那你就必须是一个实际上能鼓舞和推动别人前进的人"。因而，对于实践主体而言，从情感上肯定、尊重和信任受益主体，以积极端正的态度注入榜样示范情感体验，定会形成"有血有肉"的"感染场"，这种情感的生发，感染受益主体，成为高校思想政治教育实践的助推力量。正是基于正向的情感传递，让受益主体对于"共同体"的价值理念从知识转向信念，从信念转向实践。

概而言之，基于对高校思想政治教育共同体的基本认知，经由理论的阐释和认识的升华而形成价值认同和情感归依。认知与情感紧密相连，认知是基础、情感是升华。是否形成对于高校思想政治教育共同体的正确认知是凝聚高校思想政治教育共同体情感共鸣的先行基础，此外，对于高校思想政治教育共同体的情感共鸣也能反作用于认识，使对于高校思想政治教育共同体的基本认知得以升华。总之，高校思想政治教育共同体的情感共鸣具有导向作用，有利于激发其内生动力，有利于高校思想政治教育共同体成员间的相互影响和相互作用，以情感共鸣凝聚育人共识，为增强高校思想政治教育实效奠定情感基石。在高校思想政治教育共同体中，受益主体不再是作为对立而存在，相反悦纳其作为主体的自我确证和自我实现，其融入情感要素的"动之以情"实效不言而喻。研究对高校思想政治教育共同体所蕴含的价值理念的呈现，使各构成主体相互作用，在认识基础上达成情感共鸣，形成内聚力。正如"得人心者得天下"到"得学生者得实效"。

（三）高校思想政治教育共同体的意志过程

曾令辉认为，"思想政治教育主客体之间通过互动链而形成一种驱动力"。相应地，高校思想政治教育共同体基于共同目标而互联互通、共治共享，是基于意志确认和责任框定而形成的力量整合。高校思想政治教育共同体构建的立体互通在认知提升和情感融入的基础上，推进至意志形成阶段，这是充分发挥高校思想政治教育共同体价值、谋求高校思想政治教育实效的关键阶段。高校思想政治教育共同体的意志过程，是指各构成主体在认知过程中逐渐产生和倾注了情感，从而形成坚定不移并身体力行的高校思想政治教育共同体意志，有意识地反作用于高校思想政治教育实践，即是高校思想政治教育共同体的意志活动。这里强调的高校思想政治教育共同体的意志过程内在地包含三个层面，首先，从实质主体维度来看，实质主体在实践活动中，不仅满足了大学生成长成才的素质要求，与此同时，更为重要的是，这一进程的推进与党和国家发展的人才诉求相契合。实质主体通过科学规划和编制高校思想政治教育方针、政策，以政策前瞻导向定位助力实现高校思想政治教育预设目标。其次，从实践主体维度来看，实践主体秉持高校思想政治教育共同体价值理念的基础上，依据对实质主体颁布的政策和文件精神的理解，依据对受益主体思想状况和接收能力的权衡和把握，在实际工作中设置教育内容和目的、选择教学方式和方法、创设教学情境，使之符合教育发展规律，符合受益主体成长规律。最后，从受益主体维度来看，受益主体的明确，能够唤醒大学生作为主体的自我意识，在情感认同、价值认同的基础上推进自我建构和自我塑造。

高校思想政治教育共同体实现柔性整合，其价值理念和实践方案才会被受益主体"理解"并"接受"，形成坚定不移的协同育人价值信仰。纵观受益主体的意志阶段，突出呈现了受益主体对高校思想政治教育共同体价值理念的认识与实践，受益主体实现了对于"高校思想政治教育共同体"从"知识型"掌握向"信念型"体认的转变。"在自己的意识活动过程中，思想政治教育对象已经以知识的形态、观念的形态掌握了教育内容、目的，实现了教育内容、目的由'外我态'向'为我态''属我态'的转化。"因为，高校思想政治教育共同体功能发挥的承载在于，高校思想政治教育在受益主体身上"兑现"的育人实效，收获的成长和发展。

高校思想政治教育共同体在共同体成员中的传播深度和效度，决定着高校思想政治教育共同体文化价值统摄力的强弱，在充分认识基础上坚定意志，因而也决定了高校思想政治教育共同体的稳定和发展。高校思想政治教育共同体构建的立体互通遵循认知、情感和意志的发展进程，经由体认、共情、合作的动态演进的过渡与升华。高校思想政治教育共同体构建的立体互通是基于价值相通、利益相投，根植于内部的理解和认同基础上的共同意志。"就单个人来说，他的行动的一切动力，都一定要通过他的头脑，一定要转变为他的意志的动机，才能使他行动起来。"这意味着，人的思想意志支配着行为，高校思想政治教育共同体功能和作用的发挥需要思想基础的支撑。研究厘清了高校思想政治教育共同体各构成主体的地位和相互关系，从而廓清高校思想政治教育共同体的清晰稳定构架，使各构成主体协调配合、功能互补，实现高校思想政治教育共同体育人的整体效能最大化。

高校思想政治教育共同体构建就是以党和国家的育人理念为导向，传播同心同向协同育人的方式方法，从而实现思想认同、情感共鸣和实践共进，促成高校思想政治教育共同体协同育人。在高校思想政治教育共同体受益主体设置下，不是强制，而是柔性地推动、塑造和改变受益主体的价值观念，进而根植于思想深处。大学生是可以也是愿意主动求知向善的，以更高的道德认知不断超越自我、发展自我和成就自我，从而达至党和国家所定位、社会发展所期盼的育人目标。高校思想政治教育共同体作为一种"软实力"呈现，与直接的硬碰硬的硬实力比起来相对持久和深刻。高校思想政治教育共同体构建命题的提出，希冀于通过价值理念的传达、实践路向的指引和情感力量的凝聚，使受益主体接受思想的洗礼，以自己的认知图式感悟，从而形成自觉成长发展的思想意志。高校思想政治教育共同体构建命题的提出，为各构成主体提供新的实践认知路径，高校思想政治教育共同体构建循序渐进，从最初的"困惑"和"依从"再到反复实践的"认同"和"内化"。受益主体对"共同体"身份的向往和认同，使高校思想政治教育共同体的价值理念落地生根，形成坚定不移并身体力行的意志。

三、高校思想政治教育共同体构建的互通方式

高校思想政治教育共同体构建的立体互通需要实现系统内部的自我调节、动态调适、共生共进和协同发展。相应的需要离不开互动与创新、稳定持续与动态调适、失衡与平衡三个环节的动态演化和实践推进。

（一）高校思想政治教育共同体的互动与创新

置身于纷繁复杂的国际国内背景下，教育受众也在发生变化。从互动创新视角出发，可以为高校思想政治教育共同体提供有效借鉴，突破各主体的壁垒，搭建个体发展和整体推进的有效链接，充分释放各主体的集成效率，共筑从身份认同到实

践共进的高校思想政治教育共同体。如何才能凝聚高校思想政治教育共同体育人合力，充分发挥高校思想政治教育共同体的整体效能，离不开各构成主体的互动与创新，在互动与创新配合下汇聚集成价值。这里的互动意味着，在高校思想政治教育共同体系统中，各构成主体之间相互协调和相互配合，以实现各构成主体持续"在场"的统一力量。高校思想政治教育共同体的提出是关照高校思想政治教育实践的路径探索。那么高校思想政治教育共同体要发挥作用，就要以高校思想政治教育共同体的价值理念为引领，加强协同文化的熏陶、价值共识的培育以及主体精神塑造。此外，还应强调价值理念与实践的有机融合，不能"坐而论道"，而是"知行合一"，使系统、协同和共同体的思维方式贯穿高校思想政治教育育人的始终。在高校思想政治教育共同体中，每个主体在维护互动创新系统的发展过程中，也体现出个体能动的可能和能动价值。科学有序地推进高校思想政治教育共同体互动创新，有助于实现共生、共融和共进。高校思想政治教育共同体各构成主体的互动与创新，不仅仅关乎不同主体的功能调适和切合，并非分工差异的功能耦合，而是互动共济的信任、理解、认同和共进。高校思想政治教育共同体每一个构成主体都是不可或缺的重要组成部分，确证各构成主体的存在不是否定各自在思想政治教育发展中的意义和作用，相反是营造了"命运与共"的协同育人生态。在高校思想政治教育共同体"命运与共"的协同育人生态中，打破高校思想政治教育共同体育人的现实困境，以高校思想政治教育共同体育人的价值目标为指引，在同向同行、协同发力、互动创新中实现突破、获得发展。高校思想政治教育共同体各构成主体在互动创新实践中实现共生、共融、共进。正如马克思主义理论不是一经生成就永恒不变，其魅力就在于超越现成的存在，并结合实际与时俱进通往理想的境界。

（二）高校思想政治教育共同体的稳定持续与动态调适

从文化演进来看，文明的赓续需要文化的传承和发展；从生物演化来看，生物的进化和发展离不开基因的遗传和变异。高校思想政治教育共同体不是一成不变的，它是稳定持续和动态调适的统一。在高校思想政治教育共同体中，各个构成主体围绕立德树人根本任务，维系着"命运与共"的关系性存在。立足新时代、面对新情况、提出新要求、催生新使命。高校思想政治教育共同体在育人进程中也应坚持稳定持续与动态调适相统一。一方面，展示了高校思想政治教育共同体是其所是的功能和价值，坚持社会主义办学方向，弘扬社会主义核心价值观，确保高校思想政治教育共同体的稳定性，凝聚同心同向的育人合力，助推高校思想政治教育实效；另一方面，也彰显了在实践中以新的实践标准为考量，与时俱进营造高校思想政治教育共同体创新发展的育人生态，沿着传承、创新与发展的路向推动高校思想政治教育共同体赋能高校思想政治教育实践。正是高校思想政治教育共同体不断地守正创新，适时改变和调适，铸就高校思想政治教育创新发展的持续稳定和动态演化。譬如，以时代发展为考量，与时偕行探索制定和出台指导高校思想政治教育的纲领性文件，制定与时俱进的体制机制，丰富思想政治教育内容，创新思想政治教育方法，以回应和解决现实性诉求。比如，拓深和优化思想政治教育场景，以智慧思政、智能思政推动"元宇宙＋思政模式"实践应用。高校思想政治教育共同体的稳定持续和动态调适并不矛盾，而是有机联系的统一整体。稳定持续是高校思想政治教育共同体协同育人的根基，动态调适则是确保高校思想政治教育传承发展的应然诉求。探讨高校思想政治教育共同体的稳定持续不是僵化静止，而是开放动态地推进高校思想政治教育研究，在传承和发展中推动高校思想政治教育实效。

（三）高校思想政治教育共同体的失衡与平衡

在社会发展系统中，高校思想政治教育共同体作为一个分支而存在。高校思想政治教育各构成主体有别、价值差异与环境变化中存在不平衡的情况，也即失衡。在这里，失衡指向高校思想政治教育共同体系统之外的各要素间的发展不平衡、不协调的情况存在，譬如，高校思想政治教育共同体育人理论探索与实践跟进相脱节等。高校思想政治教育共同体系统中通过失衡与平衡的融合以最终实现动态平衡。"接受生态系统是整个思想政治教育社会生态系统的基础性生态圈层，而受教育者的社会需求又是整个系统赖以存在的主观基础。思想政治教育生态的建构过程，也就是满足受教育者真实社会需求的过程，还是如何真实有效地将受教育者合理的社会需求传达给系统并制定出相应的策略的过程都处于失衡状态，致使思想政治教育理论在接受系统生态圈层中不能发挥应有的作用。"虽然，传统思想政治在学校场域依然发挥作用，但现实困境在于其影响力不佳。因而，探讨提高高校思想政治教育实效性问题常论常新、常研常新、常思常明，高校思想政治教育共同体的提出就是关照高校思想政治教育实效的理论探索和实践方案。

在高校思想政治教育共同体系统内部，基于各构成主体间的失衡与平衡的动态演绎，从而实现积极的、和谐的、有效的高校思想政治教育共同体的动态平衡。概而言之，以"共同体"为分析视角嵌入高校特定场域，围绕"立德树人"根本任务，以"共同体"价值理念去透视高校思想政治教育实践，在失衡与平衡中"采摘育人果实"。高校思想政治教育共同体主体的确认充分体现了以人为本的精神，是实现高校思想政治教育实效性的最大公约数，是合规律性和合目的性的概括和表达。高校思想政治教育共同体实现了参与性、互动性和创新性的升华，实现了从单向到双向的互动转化，从个体向共同体的力量叠加。高校思想政治教育实效的收获不是高校思想政治教育共同体实质主体的"指挥"，不是高校思想政治教育共同体实践主体的"独奏"，而是高校思想政治教育共同体实质主体、实践主体和受益主体整体关联和动态平衡的"合奏"高校思想政治教育共同体不是简单的1+1=2的实现形式，更不是套在各构成主体身上的"枷锁"，而是充分认识各构成主体发展共识、思想统一、行为一致的内生动力，实现高校思想政治教育跨越式发展的一种理论探索和实践方式。

第三节　高校思想政治教育共同体构建的实践进路

一、助推高校思想政治教育共同体思维转向

"现代化不能局限于科学技术层面，更重要的是应该有文化深层的现代化相配合，其中包括价值观念、思维方式……"思维方式的认知构架是人的行动的先导，统摄、启发、影响和规范着人们的社会实践，因而，积极能动地推动思维方式先行，是应对社会日新月异时代性变化的通行证。社会发展需要思维方式的指导，高校思想政治教育共同体育人实效的收获也不例外，需要顺势而为推进思维方式的转向，以求得高校思想政治教育育人实效。诚然，传统思维方式在推动高校思想政治教育发展方面取得了相应的成效，但是，伴随着社会转型的推进，如何避免和应对传统思维方式的不足，批判和阐扬传统思维方式，实现对传统思维方式的超越和发展，推进

思维方式的转向，是高校思想政治教育事半功倍的前提。因而，建立系统完备、点面结合、共生共融的协同育人模式，推进高校思想政治教育共同体构建，应着力于突破固有思维方式，实现从单一思维向系统思维、分散思维向协同思维、个体思维向共同体思维的转向。

（一）从单一思维向系统思维的转向

伴随着社会分工的细化，人们惯于分门别类地细化问题、分析问题和解决问题。在这一解决路径中，不乏问题各个击破的优势，但同时也难免存在一些局限和不足，如单一思维的"固化""僵化"，表现为从封闭式的单一向度把握事物存在，以部分衡量整体的情况。从单一思维的视角出发，形成局部认识和片面认识，导致人们容易囿于自己的"一亩三分地"，容易形成"只见树木、不见森林"的"以偏概全"式的局限认识，不利于客观认识和辩证把握事物的本质。然而，"现代社会由简单单一的同质性社会向纷繁的异质性为主导的社会转变，呈现出内容多样、结构多元、性质多元、发展多变的特点"。有鉴于此，客观环境的变化也迫切需要思维方式的跟进。高校立德树人根本任务的贯彻落实不能局限于某个部门或个人，高校全体总动员的交互作用和协同共进是问题解决的必由之路。

"我们被迫在一切知识领域中运用'整体'或'系统'概念来处理复杂性问题。"于是，避免一曲之蔽，探讨运用系统思维分析和解决问题成为必要。

系统思维作为一种科学的思维方式，是马克思主义透视世界的科学世界观，也是中华优秀传统文化思考和认识世界的思想精华，是马克思主义与中华优秀传统文化相结合的科学思维方法。系统思维强调从系统相互关联、相互依赖出发来思考、分析和把握事物，为准确认识和把握人类社会发展提供了一幅整体性发展景象。马克思主义认为，任何历史成就的实现，都是"多重力量交错叠加"使然。同样，高校也不是与世隔绝的"世外桃源"，系统考察优于单一审视，系统思维以方法论的价值，发挥隐性的思维先导作用，以隐性的内在机理和观念形态，隐性作用于高校思想政治教育实践。高校思想政治教育作为一项系统工程，不是某个单一主体所能企及的，而是各构成主体整体效能最大化的合力彰显。科学认识高校思想政治教育共同体各构成主体，明确其在育人实践中的相互依存、相互影响、相互融合的有机联系，实现从单一思维到系统思维的转向，从整体上认识和解决高校思想政治教育共同体协同育人中存在的问题，才能凝聚高校思想政治教育共同体的最大公约数，实现高校思想政治教育共同体协同育人的最佳效果。

高校思想政治教育共同体命题的提出，本身就意味着从单一思维向系统思维的转向，强调各构成主体共融、共育和共享的系统整合和协同运行。因而，遵循这一逻辑思路，坚持从系统认识出发，秉持系统思维，强化高校思想政治教育共同体彰显了高校育人实效的"命运与共"关系性存在，打通工作之间的隔障，引导高校思想政治教育共同体各构成主体突破自身阈限，实现从单一思维向系统思维的转向，强调各构成主体间的系统集成、系统共振、系统优化和系统效能。高校思想政治教育实效性的收获，迫切需要从碎片化到整体化的认识与实践，摒弃单一思维的唯一认知路径。唯有高校思想政治教育共同体构建的整体化理性回归，从理论探究指导实践跟进，才能从根本上解决理论与实践"两张皮"的现实异化，形成高校思想政治教育共同体合力，从而超越单向阈限、减少力量耗散、实现降耗增效。系统思维不仅有利于科学认识高校思想政治教育的存在方式，而且也是深刻把握高校思想政治教育规律不可缺少的工具。

（二）从分散思维向协同思维的转向

毛泽东曾在七届二中全会上谈到党委会的工作方法时，比喻要学会"弹钢琴"，"弹钢琴要十个指头都动作，不能有的动，有的不动。但是，十个指头同时都按下去，那也不成调子。要产生好的音乐，十个指头的动作要有节奏，要相互配合"。同样，高校的教育生态也需要协同推进，这对于高校思想政治教育共同体构建具有积极的启发意义。当下，人的自我意识不断增强，社会更加注重个体发展以及主体角色的确认。然而每个人都是社会的存在，故而不能忽视协同的重要价值。"传统的思想政治教育观念缺乏开放性和融合性……思想政治教育实践缺乏有效对接互动和一体化方略，全方位协同培育的功效难以实现。"伴随着协同育人理念的深入人心，高校思想政治教育共同体之间的内在联系和互动不断增强，但是距离深度融合、协同发展还有一定的距离。有学者指出，以往主体性思想政治教育是单子式的教育形式，教育单向灌输、专断控制、交流阻滞、人学空场，因而应实现思维模式从主体对象型向互动关系型转变。时代在更迭，思维需更新。实现从分散思维向协同思维的转向，是谋求高校思想政治教育实效的良策。只有深刻把握高校思想政治教育共同体的内在机理、树立协同思维，才能助推协同育人习惯的养成。

在育人实践推进过程中应避免分散的有限兼容，要转向协同推进的同频共振，是共筑高校思想政治教育实效的必由之路。高校思想政治教育的有效开展不是"各自为战""局部发力"，更不是"相互拆台""相互遏制"，而是谋求有效协作，打好"组合拳"，把握时代脉搏、与时俱进，形成"一盘棋""协同作战"的协同思维。高校立德树人根本任务的完成不是高校某一个部门"单打独斗"能完成的，而是取决于各环节的涵育塑造，高校全体总动员的环环相扣、群策群力"集中力量办大事"，才能共筑育人实效。高校立德树人根本任务的明确，是指引高校思想政治教育共同体思想契合和行动协同的价值基础。力量的分散不利于能量的最大限度发挥，为此，要突破这一局限，首先要推进分散思维向协同思维的转向，使分散力量实现协同叠加，构筑高校"360度无死角"集聚育人模式，使协同育人效果优于分散力量的效果。

因而，基于分散向协同的转变，也使高校思想政治教育从各自为营的"独角戏"，转变为高校思想政治教育共同体通力协作的"协奏曲"。需要明确的是，高校思想政治教育不仅需要党和国家方针政策的顶层设计，不仅需要高校思想政治理论课教师的传道授业解惑，还需要高校思想政治教育共同体中其他主体，主动融入育人环节，实现政策育人、教学育人、管理育人、科研育人、组织育人等一体化育人样态。各构成主体既职责明确又优势互补，切实以全体总动员的形式，构筑高校思想政治教育育人格局，从不同向度落实和推进高校立德树人的根本任务。2017年，中共教育部党组印发了《高校思想政治工作质量提升工程实施纲要》，其中明确了落实工作的基本原则之一，强调"加强党对高校思想政治工作的领导，落实主体责任，建立党委统一领导、部门分工负责、全员协同参与的责任体系"。以分散思维向协同思维的转向，破解高校思想政治教育实践推进碎片化和分散化等"零敲碎打"的不足，实现从单枪匹马"各管一摊"的功能弱化，到全员覆盖"一摊共管"的治理效能，为提高高校思想政治教育实效奠定了方法论基础。

（三）从个体思维向共同体思维的转向

"人的本质不是单个人所固有的抽象物，在其现实性上，它是一切社会关系的总和。"马克思指出了人的社会性本质属性，为客观认识"个体"与"共同体"的关系提供了哲学思辨之维。伴随社会分工而出现的利益差别，形成了"你的""我的"特殊利益与普遍利益之间的矛盾，只有破除矛盾的存在，才能实现人的本质，即"社会关系"的复归。"只有在共同体中，个人才能获得全面发展其才能的手段，也就是说，只有在共同体中才可能有个人自由。"这是调整"共同体"协同共进的基本价值遵循。"个体"只有在"共同体"中才得以凸显其"本质"，而通过"个体"的"星星之火"，"共同体"的"燎原之势"才得以塑造。高校思想政治教育共同体构建命题的提出，意味着建立辐射高校全体总动员的一体化育人体系。"立德树人"是检验高校所有工作的价值准则，在高校特定场域，高校思想政治教育的开展并非"事不关己、高高挂起"，任何个体都不能置若罔闻"立德树人"根本任务，这是高校思想政治教育共同体协同育人的价值契合点，也是高校"安身立命之本"。

客观认识"个体"与"共同体"之间的关系，破除个体思维的局限性，有利于推动个体思维向共同体思维的转向，进而推动高校思想政治教育共同体构建，强化命运与共，合作共建，发展共享。高校思想政治教育共同体各构成主体的基本功能具有内在的规定性，各构成主体之间具有紧密相连的依存性，不能任意割裂，其实质主体、实践主体和受益主体不是毫无关联的个体存在，而是"命运与共"的共同体存在。以共同体思维审视和把握高校思想政治教育，强调以共同体的身份认同，注重主动融入、责任意识和担当精神。高校思想政治教育实效性的增强离不开高校思想政治教育共同体各构成主体的参与，以平等姿态实现交流和对话，挖掘内在的"精神共识""价值共鸣""组合效能"和"协同效应"，避免"各人自扫门前雪"，才能实现从个体单一向共同体互动的图式转化。高校思想政治教育共同体整体效用的发挥，离不开各构成主体的互补互助、和合共生、协同发展，这就要求高校思想政治教育共同体各构成主体要树立共同体思维和全局观念，强化高校"人人有责、人人担责、人人尽责"的育人新样态。

要消解教育者和受教育者不兼容的可能性，达至和谐共生，一个重要的前提条件是：使思想政治教育系统成为一个目标利益和价值契合、感情关系融洽的共同体从个体思维向共同体思维的转向，高校思想政治教育共同体实质主体、实践主体和受益主体的正向匹配、和合而生，是高校思想政治教育的理想目标与现实追求，是实现高校思想政治教育科学化和现代化发展的思想基础。正如《淮南子·主术训》中所言，"故积力之所举，则无不胜也。众智之所为，则无不成也"。高校思想政治教育共同体各主体并非"孤岛"，推动个体思维向共同体思维的转向，集众智、强融合、聚合力，走向"和合共生共存"的共同愿景，便能成就高校思想政治教育实效。探讨高校思想政治教育共同体构建，倡导从个体思维向共同体思维的转向，其共同体思维表征了对高校思想政治教育共同体的有效认同，奠定了共同体成员外化于行的认知基础。

在高校育人实践中，各高校应以高校思想政治教育共同体的价值理念为参考，结合地域特色、发展实际和学科优势，谋划和推进高校思想政治教育共同体构建。例如，各高校在教育教学、科学研究、党建思政、校园文化、招生就业、交流服务和对外合作等各项工作中，应加强各部门的协作与交流，建立工作指标体系，在制定工作计划、落实工作目标、明确工作思路、考察工作总结等各项工作时，应强调立足于立德树人的根本任务，强化各部门在立德树人方面的元素挖掘。此外，在高校入学教育、入团教育、入党教育、校史校情教育和国防教育等环节，在线上教育和线下教育等场域，在思政课堂和课堂思政等课程中，强调和引领大学生正确认识自身成长成才的主体身份和主体责任。在校园文化营造中，着重强调主体自觉成长和永担历史责任的社会责任感和历史使命感，在潜移默化的目标要求和工作指向推进中，实现高校育人思维方式从单一思维向系统思维、分散思维向协同思维、个体思维向共同体思维的转变，让高校思想政治教育共同体"人人有责、人人担责、人人尽责"的育人新样态深入人心，从而达到从思维跃迁赋能高校思想政治教育实效的思维前提。

二、健全高校思想政治教育共同体运行机制

高校思想政治教育共同体构建，除了需要政策配套和人员协同等要素加持外，其有效运行还需要健全实践机制。机制建设是高校思想政治教育共同体有效运行的基础承载，能否建立协调配合的运行机制，直接影响高校思想政治教育共同体的实践与效力。基于"供给"与"需求"原理，打破机制建设"供不应求"的现状，各高校应结合自身特色和发展实际，建立健全实践机制，确保机制建设的合理完善，实现机制"供给"与"需求"平衡共联。以高校思想政治教育共同体协同育人的机制建设"护航"，以机制建设推动责任框定，才能使党和国家的育人方针、政策"着

陆"。因而，通过建立健全领导与组织机制、激励与联动机制、评估与反馈机制，以便高校思想政治教育共同体协同育人有章可循。

（一）建立领导与组织机制

高校思想政治教育的推进不是某一个部门或某几个人就能胜任的，高校思想政治教育共同体的提出，就是将其视为一个系统性构建的过程，意味着全局总动员的必要性和迫切性。"坚持党的领导是确保中国特色社会主义大学属性的本质要求。"那么在落实高校育人实践过程中，首先建立"纵向到底，横向到边"的领导与组织机制是前提。纵向维度要求从高校党政领导自上而下到教职员工的上下贯通，横向维度要求二级院（部、系）与各行政管理部门的平行联动，形成全员覆盖、责任框定、层层压实的责任落实长效机制。具体而言，建立健全领导与组织机制是指，坚持党的领导的本质要求，确保高校办学不偏离社会主义发展方向，建立完善高校思想政治教育共同体运作的领导机制和组织方式，推进"一把手工程"，坚持党委统一领导，党政齐抓共管，并充分发挥高校思想政治教育共同体各构成主体组织结构的系统构建，以及部门组织之间的协调配合，积极营造高校立德树人一体化育人模式。建立领导与组织机制，廓清责任边界、拧紧责任螺丝，这是高校思想政治教育共同体构建的关键，避免"随波逐流"，奠定依制而为"千斤锚"的重要基石，为通向职责明确、关系和谐、协调规范的组织体系奠定基础。

高校思想政治教育共同体构建是一个系统工程，这一目标的实现还需要系统内部的组织协同。正如2017年教育部印发的《高校思想政治工作质量提升工程实施纲要》里提出的"十大"育人体系，高校思想政治教育共同体要努力强化领导、组织落实。在全校教职工中营造良好的育人氛围，强调全员参与、责任落实、协同共进。无论从教育育人、科研育人、资助育人、管理育人还是文化育人等维度都应充分挖掘育人的可能，遵循大学生成长成才的发展规律，实现隐性教育与显性教育相结合的育人模式。除了高校思想政治教育共同体实质主体的顶层设计以外，非常重要的一环还需要高校组织机制的健全。

高校思想政治教育共同体组织体系的有效运行需要科学规范的领导与组织机制。牢牢把握高校立德树人的根本任务，适时调整组织结构和组织模式，维护高校思想政治教育共同体生态发展的顶层设计和内在机理，通过制定符合高校思想政治教育共同体价值要义的政策、规章和制度，有序推进高校思想政治教育共同体组织内部的交流与沟通，在增强高校思想政治教育共同体效能的同时，通达高校思想政治教育价值目标。在高校思想政治教育共同体生态系统中，通过领导与组织机制建设，形成共生共进的机制建设，不断优化高校思想政治教育共同体的关系，符合教育发展内在规律，符合高校思想政治教育可持续协调发展路数，奠定共融共赢、协同发展的组织系统。基于当前高校思想政治教育共同体协同育人机制理念及氛围尚不充分、相关机制建设不完善、保障措施不健全等现实困境，推动领导与组织制度机制建设是高校思想政治教育共同体有效发挥的前提，高校思想政治教育共同体强调多元主体的协同参与，而高校思想政治教育共同体的发挥需要组织和处理好共同体内部关系，建立清晰完备、运行有效的领导与组织制度机制是调动高校思想政治教育共同体整体力量的重要保障。

（二）建立激励与联动机制

实践者常常抱以合作目的开展实践交往，但却以非合作形式甚至反合作的结局收场，其间并非缺乏合作的动机，往往在于缺乏合作机制建设的正确指引。高校思想政治教育共同体的顺利运行离不开激励与联动机制的正确配合，形成内生动力、外部助力和内外合力。高校思想政治教育共同体构建问题的提出，实现有效认同，再到具体的贯彻执行不是一蹴而就。如此一来，建立健全激励与联动机制，才能充分调动高校思想政治教育共同体的主动性、积极性和创造性。从高校思想政治教育共同体实质主体维度来看，需要加强激励与联动制度机制顶层设计，从政策导向层面为高校自身激励与联动机制建设提供基本遵循。从高校思想政治教育共同体实践主体来看，应告别以往"单打独斗"力量单薄的局面，明确责任义务，强化主体之间的协调配合。"主体性意识可以由他者激活，主体性功能可以由外部加强，但主体性力量需要从内部释放。"同理，从高校思想政治教育共同体受益主体维度来看，通过推动激励与联动机制建设，把以往外部动力转化为自身成长的内生动力，激发大学生的主体潜能，这是助力大学生成长成才的持久内生动力。

高校思想政治教育共同体实效性的发挥离不开各构成部分的通力合作，因而，推进高校思想政治教育共同体激励与联动机制建设必不可少。党和国家相关体制逐渐健全，那么高校良好的激励机制则会有助于激发实践主体和受益主体的能动参与，比如把实践主体参与高校思想政治教育共同体构建过程的效果作为职称评定、绩效考核和晋升提拔等方面的考察要点。总体而言，在宏观体制创新方面不断突破的前提下，高校思想政治教育共同体实效的发挥，还需要微观机制跟进相融合，把党和国家的精神落小、落细、落实。推进高校思想政治教育共同体激励与联动长效机制建设，有利于实现高校思想政治教育共同体各构成要件的物质、能量和信息交换，达到既相互协作、职责分担又相互融合的耦合效应，强调高校思想政治教育共同体不是简单的 1+1=2，而是 1+1 ＞ 2 的效果。此外，针对存在不利于高校思想政治教育共同体开展的问题实行问责。在此基础上形成常态化和制度化的高校思想政治教育共同体合理运行。通过制定并完善激励与联动制度机制，实现资源共享、经验共享、方法共享，明确高校思想政治教育共同体各构成主体的权利、义务和职责，以此强化各构成主体的协同意识、合作意识和责任意识。

（三）建立评估与反馈机制

建立评估与反馈机制是助推高校思想政治教育共同体协同育人的一个重要环节，是贯彻落实高校思想政治教育共同体实质主体方针、政策的基础保障。如果没有评估与反馈机制的基础奠基，那么高校思想政治教育共同体协同育人就可能停留于理论的阐释和形式的宣传，而没有实质性的实践落地。建立评估与反馈机制，是指通过对高校思想政治教育共同体协同育人的基本情况进行梳理和分析，以定性和定量相结合的方式，对其协同育人的组织、实践和成效进行检验、评判和反馈。通过评估与反馈能够发现高校思想政治教育共同体实践中存在的矛盾和问题，才能为后续的调控、组织与实践奠定基础。

评估与反馈机制的建立，为推动高校思想政治教育共同体动态调试实践方案、消除不利因素、明确改革方向、敲定育人内容、选择路径方法等提供依据，以实效评估、经验总结、查漏补缺和预警防范为导向，制定能动合理有效的实践方案。评估体制强调基于特定的指标体系，对高校思想政治教育共同体实践进行价值评价和评判，评估突出高校思想政治教育共同体协同育人的价值导向，并在此基础上进行反馈，以"指挥棒"的形式，助推高校思想政治教育共同体协同育人的实践推进。总的来看，首先应确立相应部门明确评估与反馈的内容；其次就是要建立和完善高校思想政治教育共同体协同育人的评价和反馈指标体系；最后就是要根据评估和反馈的情况，建立动态调适的实践准则，使高校思想政治教育共同体协同育人的各项评价指标体系和反馈指标更加科学合理。

高校思想政治教育共同体的顺利应用是一项系统性和长期性的工程，高校在实践运用中合理实施监督考核，建立评估与反馈机制，制定可量化的实践细则，把高校思想政治教育共同体实践考量作为相应的工作绩效进行考评。同时，针对考评中存在的问题可以及时地反馈，了解高校思想政治教育共同体推进中存在的不足并予以整改，高校思想政治教育共同体实质主体有部署，高校思想政治教育共同体实践主体就要有推动，高校思想政治教育共同体受益主体就应有融入，通过及时纠正高校思想政治教育共同体实践运用中存在的问题，及时反馈、纠偏并总结经验，才能不断提高高校思想政治教育共同体协同育人的有效性和规范性。以评估和反馈为契机，弥补和完善高校思想政治教育共同体运行机制，增强高校思想政治教育共同体有效运行的动力，确保高校协同育人实践的顺利开展。这一机制建设有利于增强协同育人内部的自我调节、完善和发展，最大限度增强共同体各成员的积极性和主动性。

具体而言，机制建设是高校思想政治教育共同体有效运行的基础承载，以机制建设推动责任框定，以机制建设实现以规立德，助推高校思想政治教育共同体育人有章可循。首先，建立健全领导与组织机制。如各高校应坚持顶层谋划的方向导引，并在此基础上统筹谋划本校的领导与组织实施方案。根据部门职能进行思想政治教育的工作划分和职责认定，纳入绩效考核实施方案，定期开展思想政治工作业务能力的培训，以组织机制的推进引领高校思想政治教育各管理部门的角色定位，引导高校各职能部门高度重视，并以责任框定形成主体自觉的服务意识，建立系统完整的协同育人组织体系，以此搭建高校思想政治教育共同体交流合作共进的组织目标共识。其次，建立激励与联动机制。针对高校思想政治教育共同体实践主体而言，可以提高项目支持、工作室设置，职称和职位晋升的加分，鼓励教师之间协同育人实践，如，鼓励马克思主义学院老师充分发挥"传、帮、带"的积极作用，纳入绩效考核的服务学院和学校的事务性工作，与其他课程老师探索"课程思政"建设，为其他课程老师挖掘"课程思政"育人元素进行意识形态把关，聘请马克思主义学院教师作为各门课程的"课程思政"建设理论指导顾问。鼓励部门与部门之间出协同育人成果，如，鼓励部门之间探索日常思想政治教育中协同育人的工作方案、实践案例集等。如学生主动参与高校思想政治教育共同体构建纳入德育积分，并结合学校实际最终计算学分等等。对高校思想政治教育共同体受益主体而言，可以设置德育积分、评奖评优支持等，形成协同育人导向，从而最大限度地调动以主体身份主动融入高校思想政治教育实践的积极性、主动性和能动性。最后，建立评估与反馈机制。譬如，建立"以实践主体为中心"的评估和反馈机制，可以细化为两个二级指标，包括教师课程育人的评价体系和行政管理人员的评价体系，考察立足不同岗位的协同育人元素挖掘的情况以及履职情况。"以受益主体为中心"的评估和反馈机制，强化作为主体的实践参与、实践获得。充分考察高校思想政治教育共同体实践主体和受益主体的参与度和积极性，检验高校思想政治教育共同体应用是否按预期顺利推进。

三、维护高校思想政治教育共同体话语根基

语言和话语是两个相互联系又相互区别的概念，语言作为一个认识通道并无意识形态属性，话语则是以语言为媒介传达着意识形态属性。话语"言由心生"，话语表达、话语凝练和话语传播都受到相应思想的支配。话语是实现不同主体之间交流和沟通的凭介，良好的思想政治教育效果离不开话语的选择和运用。当今，话语权成为衡量国际地位的新型力量，其争夺背后，实质在于话语承载的价值观差异。相对于西方发达国家话语的强势存在而言，我国的高校思想政治教育话语作为一种特殊话语系统而存在，则是一种弱势话语。任何弱化或淡化高校意识形态主流话语的行径，都有渗透和威胁高校意识形态安全的风险。高校思想政治教育共同体构建，理应全方位多渠道守住和维护高校意识形态安全，固守话语根基，正视高校思想政治教育话语的"危"与"机"，坚持高校思想政治教育话语的"守正"与"创新"，搭建高校思想政治教育话语的"平台"与"中介"。

（一）正视高校思想政治教育话语的"危"与"机"

话语能于无声处传递价值和力量，高校思想政治教育话语体系的选择和优化，对于传递和输出思想政治教育内容和价值至关重要。"危"与"机"是一对矛盾统一体，呈现相互联系、相互依存的基本样态。高校思想政治教育话语的"危"是指，在全球化背景下，我国面临着意识形态渗透和社会思潮多元化的双重冲击，国与国之间

的价值观较量投射于高校，各种不利于稳定的风险因素纷至沓来。高校思想政治教育话语的"机"是指，在充分认识高校思想政治教育话语危机的前提下，高校思想政治教育话语有主动应变的能力和可能。"话语权本质上是试图通过创造、表达、设置、传播和运用话语来表达一定的价值观，影响人的思想和行为，维护和实现一定主体利益的话语主导权。"概言之，推动高校思想政治教育共同体构建，理应维护高校思想政治教育话语权，势必要遵循正确识变、主动求变、科学应变的辩证逻辑。倡导高校思想政治教育共同体构建，不是实质主体与实践主体的"单兵作战"，而是包括受益主体在内的共同维护，强调实质主体、实践主体和受益主体共守主流话语阵地。伴随着互联网的发展，在全媒体时代，网络思想政治教育话语权的守护也迫在眉睫。高校思想政治教育担负着传播社会主义核心价值观的重要责任，以维护高校思想政治教育话语权的问题意识为导向，重视话语权阵地保障，乘势而为才能转危为机。

"对社会主义思想体系的任何轻视和任何脱离，都意味着资产阶级思想体系的加强。"一些传统的概念、范畴和理论表达方式越来越不被广大青少年所理解，它所承载的价值内涵与传递的信息准确度在一定程度上呈下降趋势，因此加强思想政治教育话语体系的时代化、大众化研究，构成了新时代思想政治教育发展的重要内容。破除主客二元对立的单向权威向交互主体的交互话语转化，正视高校思想政治教育话语的"危"与"机"，是抢占高校思想政治教育话语权的应然选择。"当下各种社会思潮竞相汇集的现代社会，网络成为多元化的价值观、意识形态蛰伏的'栖息地'。只有牢牢地把握话语权才能赢得思想政治教育的主动。"中国特色社会主义话语软实力，在国际上的影响力与中国特色社会主义发展所取得的成就比起来略显滞后。高校思想政治教育共同体构建只有抓住高校思想政治教育话语权，以正确思想占据头脑，以话语力量深入人心，增强话语魅力和自信，夯实高校思想政治教育影响和实效。

全媒体时代各种信息纷繁复杂，挑战与机遇共存，话语争夺侵蚀着社会话语场，一方面无形加剧了高校思想政治教育赢得话语"听众"、占领话语"领地"的挑战，另一方面也昭示着高校思想政治教育的发展机遇。高校是抓好意识形态安全的"风向标"，面对话语交锋，如何应对成为解决现实困境的出路。抓住机遇抢占教育先机，有理有据地向世界阐释和表明高校思想政治教育的思想观点和话语意图，做到高校思想政治教育"有位"也"有为"。高校思想政治教育不仅仅是要建立意识形态"防火墙"，还应自铸话语体系，冲破西方话语钳制，增强自身抵御各种风险挑战的"防弹衣"，使错误思潮无所遁形，提升主流意识形态话语的整合力和引领力。只有正视高校思想政治教育话语的"危"与"机"，敢于"亮剑"，站好位、把好关，才能维护高校思想政治教育话语权。

（二）坚持高校思想政治教育话语的"守正"与"创新"

高校能否坚持党的领导，强化政治引领、学理指引和价值导向，从而确保社会主义办学方向，是高校健康发展的第一位次要求。意识形态与话语紧密相连，话语是表达意识形态的重要载体，话语的表达形式、呈现内容和价值立场，需要伴随着意识形态的需要而转换。高校思想政治教育是守护意识形态安全的前沿阵地，面对波诡云谲、波涛汹涌的意识形态角逐，坚持高校思想政治教育话语守正前提，是避免落入暗涌歧途的"定海神针"。"守正"是指在关系大是大非的问题面前必须旗帜鲜明、态度明确、理直气壮、立场坚定，做到"在马言马""以马讲理""以马服人"。面对纷繁复杂的社会环境，坚定立场，讲好中国故事，传播好中国声音，才能正确引领大学生的思想和行为。然而，话语权的建立并非一劳永逸，因而，在坚守正确政治方向前提下，应树立创新意识。"创新"就是高校思想政治教育共同体实践主体要善于运用话语载体，关注社会热点走向，巧妙运用适时话语，丰富高校思想政治教育育人材料和内容，从而不断提升高校思想政治教育的吸引力和感染力。

现实部分学校官方平台在信息更新、发布和传达方面略显不足，降低了高校思想政治教育的影响力和权威性。哈贝马斯曾诉诸"交往理性"达成共识，这不失为高校思想政治教育话语根基提供参考。"命令式"或"说教式"不仅不能达到思想政治教育目标，相反会遮蔽其价值。因而，创新在于密切关注高校思想政治教育共同体受益主体的利益诉求，避免曲高和寡的言说方式，贴近实际、贴近生活的表达方式，推进对原有停滞话语的"辩证扬弃"，以大学生成长成才为中心的高校思想政治教育话语立场，增进话语魅力，增强大学生的获得感。与此同时，坚持高校思想政治教育话语创新不能一味地迎合大学生的话语习惯而忽视了话语根基和质量，理应严把高校思想政治教育的政治底线。高校思想政治教育话语创新不是照搬政策文件和政治术语，尽量少用或不用命令式的话语表达，避免生搬硬套的"水土不服"。创新并不意味着放弃和否定传统的思想政治教育话语，而是结合时代发展"吐故纳新"，不断增强话语解释力。高校思想政治教育共同体的提出，从某种程度来说就是创新的彰显，从而不断增强理论认同、价值认同和实践自信。

此外，学术界曾有关于"诗化教育""诗意德育"的相关探讨，旨在符合教育发展本真意蕴。以美学理念指导，在履行传达国家意志的前提下，不断增强语言修养和艺术表达，避免"一言堂"，而是提倡以"共情式"诗意话语表达。以较强的代入感，提升高校思想政治教育的亲和力，让高校思想政治教育共同体受益主体接受并认同地接受美学，获得"诗意"的熏陶，讲究话语艺术，以实现高校思想政治教育传播锦上添花的效果。坚持高校思想政治教育话语的"守正"与"创新"，在内容表达和传播路径方面下功夫，提升高校思想政治教育话语表达循循善诱的"技术"含量，巧妙运用"广告植入"教学内容、校园文化和实践环节，才能"上连党心，下抚人心"，使高校思想政治教育话语有温度、有信度、有效度，确保高校思想政治教育实效水到渠成。高校思想政治教育要跳出西方话语陷阱，布展和构建中国特色社会主义话语体系，成为维护我国意识形态安全的重要阵地。"天边不如身边"，不断运用党的创新理论推进话语创新、提高发声技巧、拓宽发声平台，使高校思想政治教育话语成为听得懂、愿意听、能接受、善运用的话语表达形式，以话语的力量共筑高校思想政治教育共同体育人实效。

（三）搭建高校思想政治教育话语的"平台"与"中介"

高校并非意识形态的真空地带，相反，高校是维护意识形态安全不可忽视的重要维度。高校思想政治教育话语是引领方向、传播思想和精神塑造的重要凭介，应充分发挥意识形态领域话语阵地的"思想防御"功能，增强阵地意识以拓宽话语载体，搭建高校思想政治教育话语传播的"平台"与"中介"。这既是维护国家意识形态安全所忧，提高高校思想政治教育实效所需，也是高校思想政治教育现代转型的大势所趋。搭建高校思想政治教育话语"平台"和"中介"，占领宣传平台和发布通道以从容应对"话语陷阱"，因势利导、应势而为才能掌握高校思想政治教育话语主动权，有效应对意识形态领域的各种风云变化，是把握高校思想政治教育的重要抓手。"只有树立阵地意识，抢占'争议'阵地、坚守主阵地、拓宽新阵地才能掌握话语主动权，控制思想与行动的领导权，为思想政治教育话语权的建构与提升奠定坚实的基础。"

全媒体时代，各种非主流平台的话语传播空间中裹挟、夹杂和充斥着各种社会思潮，高校意识形态话语权也面临各种挑战和威胁，各种海量信息指数级铺天盖地席卷而来，高校思想政治教育话语被各种声音"淹没"，其价值主导的地位被动摇，话语导向性和针对性大打折扣，高校思想政治教育话语权式微的情况却有存在。

因而，整体统筹和系统把握高校思想政治教育话语权承载的阵地建设，拓展高校思想政治教育话语的平台和空间，铸劳高校意识形态安全的"防火墙"。拓宽高校思想政治教育话语传播载体。譬如，各高校要守好高校思想政治理论课主渠道"责任田"。"思想政治理论课是高校开展意识形态教育的主课堂、主渠道和主阵地。"坚持理论话语、教材话语向教学话语转换，以鲜活的话语形式丰富课堂。理论是深刻抽象的表达形式，理论话语向教育话语的转换则是传递信息的基本渠道。列宁曾指出："最高限度的马克思主义等于最高限度的通俗化。"高校思想政治教育要通达理想境界，努力把理论逻辑回归生活逻辑，让理论可亲可近。巧妙、恰当地运用高校思想政治教育话语"武器"，善用话语艺术，搭建高校思想政治教育话语的"平台"和"中介"，定会打开平等对话交流的情感心扉，通达高校思想政治教育预期目标。

具体而言，除了用好第一课堂以外，第二课堂不可偏废。"要合理运用新媒体、新手段、新方法、新载体，增强高校思想政治工作的实效性。要多渠道助推校园文化建设，通过官方微信公众号和官方微博建设，占领新媒体阵地，重视高校团委领导下各类学生社团的建设。充分利用学生社团第二课堂有效补充和丰富第一课堂，特别强调成立高校马克思主义理论学习社团，突出学生宣讲特色，以大学生喜闻乐见的方式宣传党的路线、方针、政策。"为厚植高校思想政治教育话语力量，理应不断提升高校思想政治教育共同体实践主体的媒介素养，占领和拓宽高校思想政治教育话语传播的网络阵地和宣传平台，规范和纳入宣传阵地范畴，防止出现话语权"空场"的情况存在，杜绝各种错误思潮"抢滩登陆"，抢占 QQ、微博、微信、抖音和校园文化建设阵地，充分发挥高校主流媒体设置议题和话语引导，以其"新""奇""准"引导舆论走向，打造同学们喜闻乐见的传播平台，遵循简明的传播道理在于，掌握先机决定成效。坚持内容为王的正面导向，"先发制人"把握官方平台的时效性和活跃性，有利于奠定导向性的话语场，增强抵御错误思想的免疫力，消除网络有害杂音，净化网络平台生态，牢牢紧握"权威发声"的主动权。面对纷繁复杂的全媒体传播环境，面对大学生多元化信息诉求，对高校宣传部门和各官方平台的运营应提升话语传播的技术承载，避免"本领恐慌"，坚持及时发声、持续发声、积极发声，营造积极健康的媒体融合氛围，保证高校思想政治教育线上线下的有机联动、适时有效。

四、凝聚高校思想政治教育共同体价值共识

高校思想政治教育共同体价值共识，是对高校思想政治教育共同体有效认同的反映，是基于共同的价值目标基础上形成的认同、意志和信念。基于共同体的价值纽带，搭建彼此互通的桥梁，在增进"重叠"共识中弥合分歧，形成共同的精神意志，实现高校思想政治教育的整体推进、现实关照、交流配合。以调和高校思想政治教育共同体分化的现实困境，实现高校思想政治教育共同体价值导向在不同主体间传递，有利于正确认识和把握其"命运与共"的主体认同和实践共进的融合力量，凝聚高校思想政治教育共同体价值共识，达成发展共建、情感共鸣和成效共享。

（一）处理好"同"与"异"的关系

马克思主义认为，事物是"同"与"异"矛盾统一的存在，高校思想政治教育共同体亦是"同"与"异"矛盾统一的存在。"同"表征的是事物相互之间的共通、联系、依存，"异"表征的是事物相互之间的差异、区别和分化。只有充分认识事物"同"与"异"的两面性，尊重差异，包容多样，才能不断增进发展共识，更好地推进事物不断向前发展。高校思想政治教育共同体具有主体构成的多元性特点，那么相应地，不同主体的利益诉求不仅存在差异，其价值观念、思维方式和利益取向等方面都具有差异性。"只有当人类建构起了一种合作共同体，才会使人拥有作为个人的完整的生活，从而成为真正独立的、完整的和自由自觉的个人。"因而，以"共同体"理念引入高校思想政治教育，既要尊重不同，充分认识不同主体之间的先在差异，又要关注协同。也即是说，通过高校思想政治教育共同体各构成主体的对话和交流，高校思想政治教育共同体在尊重个体价值的同时，将个体统一于高校思想政治教育共同体层面，实现"求同"整合，加强思想引领，才能凝聚高校思想政治教育共同体价值共识。

高校思想政治教育共同体各构成主体之间并非不可调和的关系，相反是"命运与共"的关系性存在。高校思想政治教育共同体是实质主体、实践主体和受益主体

共生共存共赢的"异质一体"共在的综合反映。研究所强调的高校思想政治教育共同体,理应如涂尔干所描绘的,"异质"之间的"有机团结",而非"同质"之间"机械团结"的整合方式。明确主体身份、承担责任与义务、凝聚"重叠共识",正确处理好"同"与"异"的关系,实现高校思想政治教育共同体同向整合,才能凝聚高校思想政治教育合力。

承认高校思想政治教育共同体各构成主体之间的差异不是为了制造矛盾分歧,而是要试图找到发展共享的共通点。探寻"立德树人"根本任务价值目标统一的内在兼容性,立足于职责分工、各尽其能、各施所长。高校思想政治教育共同体的协同不是整齐划一的"形式美",而是一种对立统一的"矛盾美"。高校思想政治教育共同体要发挥作用的前提,离不开高校思想政治教育共同体内在的价值共识。"价值共识有价值认同和价值认异两种不同的形式。"价值共识本身就包含了价值认同和价值认异两个向度,价值共识"求同"、价值认同"存异",凝聚高校思想政治教育共同体价值共识本身就要处理好"求同存异"问题,"根据对象之间的差异,既有分化又有整合,围绕不同性质的思想政治教育活动,形成不同的思想政治教育子系统,并进一步相互作用、有机配合"。也正因为矛盾的存在,需要处理好"同"与"异"的关系,找到"双适应性",在"利他"和"利我"的分歧中找到平衡,并行不悖、相得益彰,从而形成高校思想政治教育强大合力。

(二)把握好"引领"与"落实"的关系

2020年,《中共中央关于制定国民经济和社会发展第十四个五年规划和二〇三五年远景目标的建议》提出,二〇三五年建成教育强国的发展目标:高校担负着为党育才、为国育人的重要使命,提高高校思想政治教育实效是建成教育强国的根本保证。教育强国的建成也迫切需要高校思想政治教育实现高质量发展,因而强调高校思想政治教育共同体价值"引领"和贯彻"落实",以提升高校思想政治教育实效也是题中应有之义。"引领"就是带领、指引,就是科学规划、科学规制,才能谋定后动指引方向。而"落实"就是贯彻、执行。只有"引领"好了,"落实"才有方向,只有"落实"了才能反馈"引领",体现执行力,达成育人实效。不管是"引领"还是"落实",都强调有责、担责、尽责。

前文明确了高校思想政治教育共同体的基本内涵,认为高校思想政治教育共同体是高校基于立德树人根本任务的共同价值追求，跳出约定俗成主客二分认知范式和言说方式，由实质主体、实践主体和受益主体共同构成高校思想政治教育共同体生态系统。高校思想政治教育共同体构建的价值理念、方法目标等内容的确定以及实践的推进，都离不开高校思想政治教育共同体各构成主体的参与，忽略任何一个向度都难以构建科学合理的协作育人模式。高校思想政治教育共同体的理论要义不是束之高阁的价值追求，也不是纸上谈兵的理论幻影，而是"起而践行"的实践方案。以推进高校思想政治教育共同体构建为契机，要把握好"引领"与"落实"的关系，坚持价值"引领"与贯彻"落实"相结合，广泛凝聚思想共识，激发高校思想政治教育共同体共同致力于高校思想政治教育实效性的干劲斗志，"全员同心，其利断金"，助推高校育人实效。

从"引领"维度来看，与时俱进以党和国家的方针政策为价值导向，确保社会主义办学方向。从"落实"维度来看，高校思想政治教育共同体各构成主体都要守土有责、守土担责。高校思想政治教育实效在很大程度上来说，取决于大学生是否以主体身份融入高校思想政治教育实践，准确理解大学生作为高校思想政治教育共同体受益主体，对于高校思想政治教育实效的重要意义。因而，在实践中，应强化大学生主动融入的导向和要求，让方向"引领"和实践"落实"到位。

（三）协调好"培育"与"践行"的关系

高校思想政治教育共同体构建是一个复杂的系统工程，在这一进程中，它不是各构成主体的简单叠加和糅合，而是基于高校思想政治教育共同体"文化场"的组织文化创新合力，以引领高校思想政治教育共同体各构成主体的文化认同。以高校思想政治教育共同体价值理念的"盐文化"，融入高校思想政治教育实践，文化沁润心田、润物无声，具有潜移默化的重要作用，"入芝兰之室久而不闻其香"，于无形中塑造人们的思维方式和行为习惯，是推动高校思想政治教育共同体协同育人最为深刻和持久的重要因素。"培育"是指，高校思想政治教育共同体作为一个新的命题，其有效发挥的前提在于价值理念在不同主体间传递，调和分化和分散的现实困境，通过价值理念的传达以实现文化培育，构筑协同育人的基本共识。"践行"是指，通过高校思想政治教育共同体协同育人文化培育，使协同育人价值理念成为各构成主体内心认同和外在践履的重要凭介，推动高校思想政治教育共同体协同育人从"应然"

向"实然"的转向，提振育人合力，共谋育人实效。

高校思想政治教育共同体自身的文化自觉是高校同心同向协同育人的强大内生"软实力"，是确保高校思想政治教育共同体发挥实效的文化基石。高度的文化自觉是高校思想政治教育共同体协同育人实践推进的思想前提，也是高校思想政治教育创新发展的内生动力。如果对高校思想政治教育共同体没有自信，没有以"命运与共"的关系存在的基本认知去指导实践，那么高校思想政治教育共同体的协同创新就无从谈起。"观念文化是影响协同创新的最主要的文化因素，具有强大的内生动力作用，决定了思想政治教育的不同要素能否实现融合并形成共生、共存、共享的协同创新共同体。"因而，高校思想政治教育共同体价值意蕴的实现，离不开高校思想政治教育共同体价值共识的文化培育，而高校思想政治教育共同体的成效关键在于实践，那就是增强高校思想政治教育共同体文化培育，并落到实处、毕力躬行。

高校思想政治教育共同体所秉持的价值观就是以观念形式存在的文化样态，时刻影响着高校思想政治教育共同体的认知和实践。因此，协调好"培育"与"践行"的关系，本身就是观念塑造以启迪各构成主体养成透过现实看本质的思维方法。在文化培育的基础上，紧接着下一步就是如何践行的问题。所以要协调好"培育"与"践行"的关系，其中文化培育是基础先导，付诸实践是关键归宿，是把握高校思想政治教育共同体基本要义的"练兵场"，重在实现"知与行"的统一，在实践磨砺中拓宽视野、积累经验，为更好地融入实践奠定基础。文化的魅力是持久而深刻的，虽然高校思想政治教育共同体文化培育的作用不能立竿见影，却能在潜移默化中成为推动高校思想政治教育发展的重要助推器。将高校思想政治教育共同体的价值理念内化，并逐步外化为认识和改造客观世界的物质力量。高校思想政治教育共同体不是塑造语言上的巨人，而是贯彻落实协同育人行动上的巨人。正是在此基础之上，充分发挥高校思想政治教育共同体各构成主体内驱力、理念感召力和实践影响力，通过对高校思想政治教育共同体价值理念的宣传、价值共识的培育，让高校思想政治教育的人文精神回暖，让高校立德树人育人根本任务的价值目标得以升华，让高校思想政治教育真正回归关注高校立德树人的价值旨归。

具体而言，凝聚高校思想政治教育共同体价值共识，在增进"重叠"共识中弥合分歧，形成共同的精神意志，实现高校思想政治教育的整体推进、现实关照、交流配合和育人实效。首先，处理好"同"与"异"的关系。高校思想政治教育共同体的价值同向是各构成主体齐头并进的前提，因而，从实践主体维度看，可以通过各级各类工作反馈会，了解和把握高校各职能部门在同向育人方面的现实瓶颈、工作难点，坚持以立德树人根本任务为价值基础，为实现同心同向育人目标奠定基础。从受益主体维度看，可以通过留言信箱、调查问卷、谈心谈话、师生恳谈会等多渠道收集和掌握大学生的思想动态，倾听大学生的现实诉求，解决大学生的思想困惑，在弥合分歧中以共同价值目标为导向，统领高校思想政治教育工作。其次，把握好"引领"与"落实"的关系。譬如，各级党委在日常工作推进中，要始终以党和国家的方针政策为价值导向，确保社会主义办学方向，把为党育人、为国育才的重要使命作为工作的重中之重。通过育人精神的阐发来凝聚共识，兼顾各方，确保目标的实现，构建基于共同目标共识议题下的育人共同体。最后，协调好"培育"与"践行"的关系。高校思想政治教育共同体的价值理念只有从理论走向实践才能真正地发挥实效，因而要抓好"培育"与"践行"之间的关系，坚持知行合一，实现高校思想政治教育共同体价值导向在不同主体间传递。譬如，高校思想政治理论课教师应充分发挥育人的主渠道和主阵地作用，讲深讲透理论的同时，引导大学生融入社会实践。与此同时，要坚持思政课教师队伍建设的"六要"基本要义，充分发挥高校思想政治理论课教师的"传、帮、带"作用，在"手拉手"同备一堂课等活动中，发挥思想引领作用。其他专业课老师和行政管理人员应结合自身工作，以社会主义核心价值观为导向，以立德树人根本任务为指向，从道德素养（职业道德）、价值导向、爱国主义等方面着手挖掘思想政治教育元素，与高校思想政治理论课教师形成合力。大学生在高校思想政治教育共同体价值理念的塑造和培育下，成为坚定信念、积极进取、勇于担当和为国奉献的新时代青年，这即是实现了高校思想政治教育共同体的价值旨归。

　　如果说内涵阐释和构成分析回答了高校思想政治"教育共同体"是什么，功能定位和价值意蕴回答了高校思想政治教育共同体存在的意义是什么，现实分析回答了为什么要构建高校思想政治教育共同体，那么，实践路径则回答了高校思想政治教育共同体构建的主体是谁，以及怎样推进高校思想政治教育共同体构建。高校思想政治教育不仅要有"仰望星空"的理论追求，也要有"脚踏实地"的实践关照。

高校思想政治教育共同体虽是顺应历史发展的逻辑必然，但同时也离不开学理指引的主动构建。为探索应对高校思想政治教育共同体协同育人的现实困境，研究以思维转向、机制建设、话语维护和共识凝聚为解决路径，探索反思解蔽之道。研究命题的提出是面对高校思想政治教育实践的理论回响，搭建理论阶梯，明确次第发展方向。因而，高校思想政治教育共同体构建不仅具有丰富多维的理论内涵，也凸显了实践应用的方法论效应，充分体现了理论思辨与实践经验的结合。高校思想政治教育共同体实效的收获不能简单停留于理论的阐释和抽象的概括，不是营造一个"无根无魂的抽象宫殿"，而是通过自觉地主动构建以找到解决路径。通过高校思想政治教育共同体思维转向、机制健全、话语维护和意识凝聚，提出高校思想政治教育共同体协同发力的方法路径，为收获高校思想政治教育实效"保驾护航"，使高校思想政治教育共同体的理论要义能够充分指引高校思想政治教育实践，高校思想政治教育共同体的理论主张只有在认知基础上内化于心，才能外化于行，达至高校思想政治教育共同体的"知情意行"。

第四节　高校思想政治教育实践育人共同体的实践策略

在前文，我们对高校思想政治教育实践育人共同体的相关问题进行了详细的分析和研究，旨在清晰、透彻地掌握这个共同体的价值所在和运行规律，深刻把握其发展脉络和走向。以此突出重点、对准焦距、找准穴位，设计具体的方案和路径，为这个共同体的更好发展提供理论指导和现实指引。因此，本章节基于落实高校"立德树人"根本任务，促进大学生全面发展为逻辑起点，从坚持原则、整合资源、健全保障机制三个方面入手，多管齐下，扎实推进高校思想政治教育实践育人工作，为这个共同体提供合理的战略应对之举，推进其向纵深发展。

一、坚持高校思想政治教育实践育人共同体建设的原则

原则是人们在长期的经验积累下得出的正确的、符合事物发展规律的行为准则，如若坚持下去，就是尊重事物的发展规律，有利于事物按照预期的方向发展，助推

人们预期目标的实现。如若不顾原则，执意按照自己的意愿办事，相当于违背了事物的发展规律，就会误入主观臆断的歧途，阻碍事物前进的步伐。高校思想政治教育实践育人共同体建设的原则是在具体的实践活动中探索、总结出来的，即各育人主体必须以目标一致、责任共担、资源共享的原则为指导，在思想上统一，行动上一致，齐心协力，形成一盘棋，拧成一股劲，使高校思想政治教育实践育人活动取得优异的成绩，推动高校思想政治教育实践育人共同体向前发展。

（一）目标一致

凡事预则立，不预则废。要想做好一件事情，首先需要目标明确、前后一致，进而奔着目标去，才能激发我们前进的动力。正如习近平总书记经常激励我们的，"心中有信仰，脚下有力量"。诚然，"整个思想政治教育过程即是在思想政治教育目标价值枢纽作用的观照下进行的，是以实现思想政治教育目标为导向来组织、协调和调整主体全部行动的过程。就是说，思想政治教育主体的全部活动都是服从和服务于目标的"。要想建设好高校思想政治教育实践育人共同体，各育人主体就需要制定一致的、清晰的目标规划。高校思想政治教育实践育人共同体是为了促进高校思想政治教育实践育人活动有效开展，提升育人效果而由政府、高校、社会、家庭、企业等育人主体联合组建的育人组织。因此，这个共同体的目标应该与各育人主体开展思想政治教育实践育人活动时的目标保持一致，在内容上主要体现在知识、能力和政治品格及价值追求三个层面。

第一，在知识层面上，高校思想政治教育实践育人主体通过为大学生提供资金、平台、基地等硬件设施，让大学生参与其中，通过亲身实践，结合自己的观察和体验来验证所学的理论知识，领悟"临渊羡鱼，不如退而结网""实践出真知""大道至简，实干为要"的真谛，探索未知的"天空"，开阔新的视野和格局，增强对思想政治教育实践育人内容的认同感，提升自身的思想道德素质和理论修养。

第二，在能力层面上，2017年发布的《高校思想政治工作质量提升工程实施纲要》也明确指出要"坚持理论教育与实践养成相结合……教育引导师生在亲身参与中增强实践能力，树立家国情怀"。基于高校思想政治教育实践育人共同体的育人能力视角，就是各育人主体联合起来，通过组织大学生参与思想政治教育实践育人活动，培养大学生在日常生活、学习和工作中能够将马克思主义的实践观学以致用，改变固有的思维模式，善于运用马克思主义的立场、方法来分析问题，解决问题，提高自身的实际动手能力。

第三，在政治品格及价值追求层面上，政治品格及价值追求是高校思想政治教育实践育人共同体成员竭力对大学生进行思想政治教育实践育人的核心目标。国无德不兴，人无德不立。意大利文艺复兴时期，著名的诗人但丁也曾说过这样一句经典名言，道德常常能填补智慧的缺陷，而智慧却填补不了道德的缺陷。政治品格及价值追求的重要性被彰显得淋漓尽致。高校思想政治教育实践育人共同体的育人主体在对大学生进行思想政治教育时，带领大学生走向社会，接触社会，了解我国的世情、国情和党情，清醒地认识到自己肩负的社会责任和历史使命，树立正确的世界观、人生观和价值观这个"总开关"，主动强化责任和担当意识。在学习、生活和工作中，能够以大局为重，坚持集体主义价值取向，树立大局意识、服务意识。同时，遵规守纪，知法、懂法、守法、用法，不以身试法，触碰法律底线。

各育人主体只有在以上三个维度的目标中达成一致，思想上团结统一，行动上协调一致，才能调动全员的创造力、凝聚力和战斗力，进而使高校思想政治教育实践育人共同体在正确的"航道"内扬帆远航，行稳致远。

（二）责任共担

责任共担是指拥有共同目标的双方或多方主体在合作前达成的一致协议或制定的行为准则，即在他们合作的过程中，都要承担一定的责任，履行相应的义务，确保双方愉快合作，实现双赢。在高校思想政治教育实践育人共同体中，政府、高校、社会、企业、家庭因为有着共同的理想信念及目标，即促进思想政治教育实践育人理念转化为现实，提升大学生的综合素质，落实"立德树人"的根本任务，使他们坚持"四个自信"，成为昂首阔步走在实现中华民族伟大复兴大路上的时代新人，而组成的共同体。

在高校思想政治教育实践育人共同体中，各成员之间存在一定的经济、文化差异，在开展高校思想政治教育实践育人活动时难免会出现发展不同步的情况，个别育人主体就趁机搭乘"便车"，逃避了责任和义务，影响了其他成员的积极性和共同体整体作用的发挥。因此，共同体成员尽职尽责履行和承担规定的责任和义务，是这个共同体得以正常运行的重要保证。共同体成员的责任来源主要包括三个方面：共同体规定的规章制度、共同体规定的目标和共同体规定的各育人主体的分属责任。

第一，共同体成员对待共同体规定的规章制度需要坚持责任共担的原则。无规矩不成方圆。任何一个组织或社会团体都需要有明文规定的规章制度，来约束和管理其成员的行为举止。高校思想政治教育实践育人共同体也不例外，针对共同体健康发展的需要，制定一系列规章制度。当然。再美好的制度，如若束之高阁，也是一纸空文。各成员自觉遵守，便能奏效。因此，高校思想政治教育实践育人共同体内部各育人主体要自觉承担起遵守规章制度的责任和义务，将其规章制度铭记于心并付诸实际行动。

第二，共同体成员对于共同体制定的共同目标需要坚持责任共担的原则。由政府、高校、社会、企业、家庭组成的思想政治教育实践育人共同体是为了促进高校思想政治教育实践育人活动更好开展，培养出更多德才兼备的社会主义接班人，落实"立德树人"的根本任务。积力之所举，则无不胜也；众智之所为，则无不成也。这个目标的实现需要各育人主体凝聚力量，同舟共济，朝着共同的目标砥砺前行，奋勇前进。倘若各育人主体的目标理念各行其是、出现偏差，共同体的总目标就很难实现。由此观之，各育人主体需要将共同体规定的目标视作自己应承担的责任和义务，进而同向而行，致力于实现高校思想政治教育实践育人共同体规定的目标。

第三，共同体对各育人主体规定的分属责任，共同体成员需要坚持责任共担的原则。各育人主体所擅长的领域不同、所拥有的资源也不尽相同。为了实现资源利用最大化，竭尽全能为这个共同体的良好发展贡献自己的一份力量。各育人主体进行分工协作，各司其职，把自己管辖的领域尽职尽责、做到极致，这个共同体的整体发展才会向前推进。如若其中一个主体失职、偷懒，则会影响整体效果。可见，各育人主体需要对其规定的分属责任坚持责任共担的原则。

综上所述，高校思想政治教育实践育人共同体各成员守土有责、守土尽责、守土担责，坚持责任共担的原则，方能形成万众一心、无坚不摧的磅礴力量，促进这个共同体更好地发展。

（三）资源共享

资源共享是指在合作的双方或多方主体之间拥有的资源不尽相同的情况下，相互之间互通有无、优势互补，盘活现有资源，通过整合各方资源，实现利用率最大化、合作效益最优化的一种互惠互利的资源利用方式。

高校思想政治教育实践育人共同体包含的育人主体有政府、高校、社会、企业、家庭。各育人主体都拥有不同于别的主体的优质资源。政府拥有制定相关政策、提供财政支持等的资源。高校在思想政治教育实践育人教学理论、教学方法、组织和管理学生方面具有比较成熟的经验和雄厚的师资力量。企业在为高校思想政治教育实践育人活动提供平台、基地和资金等方面提供支持上具有得天独厚的优势。社会组织也能为大学生参与思想政治教育实践育人活动提供平台和服务项目的帮助。同时，社会舆论的力量是不可估量的，社会能为高校思想政治教育实践育人营造一种风清气正的育人环境。家庭教育是大学生的人生第一课，能对大学生世界观、人生观、价值观的确立产生耳濡目染、潜移默化的影响，同样对大学生实践观的形成起着基础性和先导性的作用。

但是，高校思想政治教育实践育人活动的顺利开展需要综合利用多种资源。比如，思想政治教育实践育人活动的对象是高校大学生，企业在思想政治教育实践育人活动中，仅拥有丰厚的资金、齐全的平台和基地是不够的，还需要高水平的人才资源以及一些科研项目成果做支撑。如若缺少高水平的人才资源，就等于缺少了思想政治教育实践育人的对象，思想政治教育实践育人活动无法开展下去，企业也就无法作为高校思想政治教育实践育人共同体成员之一参与其中。如若缺少一些科研项目成果，大学生参与思想政治教育实践育人活动的积极性很难调动起来，企业作为育人主体对大学生进行思想政治教育实践育人活动就不会那么一帆风顺。当然，高校思想政治教育实践育人活动的有序开展需要大量的政策、资金、平台做支撑。高校仅仅拥有高水平的人才队伍和重要的科研项目，也不足以扛起思想政治教育实践育人的"大旗"。

他山之石，可以攻玉。各育人主体之间资源共享、盘活存量、用好增量、巩固好传统优势的同时，培育出新优势，各尽所能、各取所需，为高校思想政治教育实践育人活动的开展，注入新动力、增添新活力、拓展新空间，促进高校思想政治教育实践育人共同体开创新局面。

二、整合各方资源，形成育人合力

高校思想政治教育实践育人共同体的构建是为了促进高校思想政治教育实践育人活动的更好开展，使大学生接受思想政治教育实践育人理念的洗礼，通过自省和内化形成理性的认知，身心得以综合发展。这项活动的灵活性、多样性及其重要性，对育人所需的资金、基地、师资等资源提出了较高的要求。充足的资源是这项活动得以顺利开展的重要保障。因此，整合校内、校外各方育人资源是构建高校思想政治教育实践育人共同体的关键举措。

（一）整合高校内部思想政治教育实践育人资源

高校是开展思想政治教育实践育人活动的主战场，不仅拥有以教师、辅导员和教育管理者为主体的高素质人力资源，而且能提供大量提高大学生实践能力的校园实践性岗位。因此，整合高校内部各种资源，是构建高校思想政治教育实践育人共同体的应然之策。

1.优化高校内部思想政治教育实践育人队伍

人才是引领发展的战略资源。要想促进高校思想政治教育实践育人共同体更好地发展，高质量的育人队伍不可或缺。

第一，在高校思想政治教育实践育人主体的选拔上，高校内部思想政治教育实践育人队伍中坚持高标准、严要求的原则，选拔一批德才兼备、政治立场坚定、所学专业与思想政治教育相吻合，沟通、表达、协调等各方面能力都达标的思想政治教育实践育人队伍，为高校思想政治教育实践育人共同体的建设打好基础。

第二，定期对高校思想政治教育实践育人共同体的育人主体进行培训。一方面是入职前的培训。对经过严格选拔，参与进来的育人队伍，如党政领导干部、思想政治理论课教师、辅导员等进行岗前培训。通过培训，使他们理解和领悟高校思想政治教育实践育人的要义所在，掌握高校思想政治教育实践育人的目标、方法，增强责任感和使命感。另一方面是入职后的培训。要求思想政治教育工作者不断进行政治理论学习，加快知识更新，使专业素养和思想政治教育实践育人的能力跟上时代节拍，努力成为做好思想政治教育实践育人工作的行家里手。优质的思想政治教育实践育人队伍推动高校思想政治教育实践育人共同体的发展更上一层楼。

2. 加强高校内部思想政治教育实践育人岗位管理

高校内部的学生会、党团组织、社团、勤工助学等岗位都是思想政治教育实践育人活动的很好平台。高校应该加强管理，动员、鼓励大学生积极参与其中，借助优势平台提升大学生思想政治教育实践育人的实效性。

第一，加强制度管理。制度具有管根本、管全局、管长远的作用。高校各级组织要完善校内思想政治教育实践育人平台的制度建设。制定严格的规章制度，如用人标准、纪律作风要求等。用严格的规章制度约束人，同时，明确激励机制，对表现突出的党团组织、学生会、社团、优秀的负责人、意义深远的活动、积极参与其中的学生给予一定的物质和精神奖励，从而号召、鼓励、动员、吸引更多的大学生积极参与其中。

第二，提供场所和经费保障。学生会、社团组织等平台开展活动，离不开一定的经费和活动场所。高校需要予以支持。高校在给予大学生场所、经费支持的同时，要配备专业的指导教师，指导大学生组织拓宽获得活动经费的途径和经费的使用方式，以及各社团、学生会组织等其他实践育人岗位可以轮流错时、错峰使用规定的场所，提高场所的利用率，并且保证他们拥有合适的活动场所。

3. 加强思想政治理论课建设

思想政治理论课是加强大学生思想政治教育的主渠道。高校做好大学生思想政治教育实践育人工作，需要推进大学生思想政治理论课改革。加强思想政治理论课实践教学环节，提高大学生参与实践活动的频率和方式。教师采用主体间性思想政治教育方式教学，发挥学生的主体性，让学生在实践中获得真知，感悟人生。

4. 开辟网络空间思想政治教育实践育人新阵地

在网络信息技术高度发达的全媒体时代，互联网丰富了人们的日常生活，拓宽了人们沟通联系的渠道。高校紧跟时代潮流，充分利用好网络空间新阵地，加强与大学生之间的沟通和交流，了解他们的所思、所想，引导他们认识到参与思想政治教育实践育人活动的重要性和必要性。同时，以便于高校制定出切实可行的思想政治教育实践育人方案。高校将思想政治教育实践育人的相关任务和活动安排及时发布在网络空间，大学生可以及时了解思想政治教育实践育人活动的相关动态，做好自己的时间规划，以及做好活动前的各项准备。此外，高校可以充分利用网络空间不受时间、地域限制的优势资源，在网络空间设置虚拟的思想政治教育实践育人活动板块，提高育人的时效性。

（二）政、企、社、家四体联动致力于高校思想政治教育实践育人

构建高校思想政治教育实践育人共同体，加强高校思想政治教育实践育人工作，使大学生在实践中感知理论、认同理论、信仰理论，提高思想素质，增强道德修养，从思想深处拧紧螺丝，立志为实现中华民族的伟大复兴而努力奋斗，离不开政府、社会、家庭、企业的配合与支持。

1.优化高校外部思想政治教育实践育人队伍。

第一，在高校思想政治教育实践育人主体的选拔上，政府制定严格的准入门槛，号召更多的企业参与到高校思想政治教育实践育人共同体的建设中。高校要严格落实综合考虑参与其中的企业所拥有的企业文化、硬件设施、资金和平台的高低水平，切实把企业文化优良、有责任、有担当、资金雄厚，能为高校思想政治教育实践育人提供资金和平台支持的企业吸引到高校思想政治教育实践育人队伍中来。

第二，定期对高校思想政治教育实践育人共同体的成员进行培训。首先，对参与育人的企业进行岗前培训。相关内容包括这个共同体的目标、方法、原则等，进而增强他们的责任和担当意识。对于社会和家庭，需要政府热烈呼吁、大力宣传，充分结合新旧媒体的优势资源，做好科普和动员。其次，呼吁企业重视文化建设，安排员工进行政治理论学习，提升政治理论素养。同时，在社会上大力宣传社会主义核心价值观教育和我国主流意识形态教育，进而使广大育人主体即高校思想政治教育实践育人共同体的人才队伍，能够与时俱进，不断提高思想政治理论水平，坚决"两个维护"、增强"四个意识"、坚定"四个自信"，提升高校思想政治教育实践育人水平，推动思想政治教育实践育人共同体有序发展。

2.厘清职责边界，实现整体联动

政府发挥好"顶层设计师"的指挥棒作用，在遵循大学生全面发展规律的前提下，结合社会发展所需要的人才方向，制定出可行的高校思想政治教育实践育人教育方针政策，指引高校思想政治教育实践育人共同体走可持续发展之路。此外，"从政治社会学的角度，政府不仅控制着部分社会资源的分配，还控制着社会价值的分

配"。政府还应该凭借其特殊地位，加强宏观调控，调配各种人力、物力和财力资源，为高校思想政治教育实践育人提供必要的物质条件。企业要积极参与高校思想政治教育实践育人工作，加强与高校的联系与合作，为高校提供开展这项活动所需要的平台、资金和技术等方面的支持，在项目合作方面，为大学生提供具体的产业实践，安排专职人员帮助大学生将项目实践与课程教学衔接起来，让大学生在实际操作中消化吸收理论知识，达到温故而知新的效果。同时，增强服务社会、奉献他人的能力。社会要加强社会主义核心价值观宣传，弘扬主旋律，传播正能量。社会组织如爱国主义教育基地、公益性社会组织要向高校敞开大门，支持并服务于高校思想政治教育实践育人。家长要营造和谐的家庭氛围，以自己高尚的品格去感染孩子，为孩子树立榜样，改变传统"以分数论成绩"的观念，重视孩子政治品格和价值追求的培养与塑造。

三、完善高校思想政治教育实践育人共同体保障机制

小事治智，大事治制。制度具有管根本、管全局、管长远的作用。高校思想政治教育实践育人共同体运行的好坏，很大程度上取决于保障机制的健全度。因此，完善这个共同体的组织保障机制、物质保障机制和考核保障机制是其构建过程中的应有之义。

（一）完善高校思想政治教育实践育人共同体组织保障机制

组织是一个主体的"龙头"，保障好龙头，是维持主体正常运转的重要基本条件之一。高校思想政治教育实践育人共同体能否顺利构建，取得预期成效，在很大程度上取决于组织领导是否得力。因此，完善高校这个共同体的组织保障机制，也就是建立健全组织领导机构，形成完备的组织体系，是确保高校思想政治教育实践育人活动顺利开展，进而成功构建这个共同体的必要条件。

党政军民学，东西南北中，党是领导一切的。要想建设好高校思想政治教育实践育人共同体，必须有党的统一的领导。在党的领导下，高校正确把握社会主义办学大方向，有序管控全局。党中央要大力倡导全社会共同构建高校思想政治教育实践育人共同体，并颁布相关文件，在宏观层面对加强高校思想政治教育实践育人和构建这个共同体提出目标规划、方法指导以及制度要求，为高校党委组织的进一步

部署提供根本遵循。高校党委要响应党中央的号召，坚持正确的办学方向，牢牢把握领导权，重视思想政治教育实践育人工作，培育一批符合社会主义发展需要的栋梁之材。高校的基层党组织、团委、学生会、社团等育人组织要密切配合和服从高校党委的领导和安排，严格组织、管理，定期召开思想政治教育实践育人相关的工作会议，为接下来的工作作出周密部署、详细安排，全面提升思想政治教育实践育人组织力和行动力，为这个共同体的建设提供坚实的组织保障。

政府根据党中央的安排，加强高校思想政治教育实践育人共同体相关的顶层设计，为实现高校思想政治教育实践育人提供逐级统一的保障机制，畅通传达各级党委的意见和文件，确保上级部门的权，下级部门要接得住，不能出现真空地带。具体来讲，就是要构建好高校外部企业、社会、家庭等育人主体如何配合、协助这项活动的机制，构建企业内部的不同部门之间、不同社会组织之间怎样分工与协作实现统一意志的机制，构建高校内部各部门、各育人主体之间以及各学院二级部门之间如何实现联动育人的机制。

（二）完善高校思想政治教育实践育人共同体物质保障机制

巧妇难为无米之炊。从当前高校思想政治教育实践育人共同体构建的情况来看，高校思想政治教育实践育人所需要的物力、财力等资源还有所紧张与欠缺。

第一，财力资源主要是指能够满足高校思想政治教育实践育人所需要的经费需求，是确保高校思想政治教育实践育人共同体正常运转的条件之一。政府应该加大对这项育人资金的投入力度，根据综合指标给高校拨放专项建设所需基金和考核绩效专款。同时，破除繁文缛节，简易这项活动经费的审批程序，激发各育人主体的积极性。企业要提高格局，放眼长远，在自己力所能及的范围内加强与高校合作育人的资金投入。社会上的公益组织多为高校思想政治教育实践育人项目提供经费赞助。家长指导学生利用假期做兼职，积攒属于学生自己的"小金库"，用作参加学校组织的外出实践育人活动的开销。高校要根据这项活动的实际发展要求，安排专项基金用于思想政治教育实践教学和管理，同时，积极争取社会捐赠和政府的专项资金拨款等，用于引导各部门和人员开展思想政治教育实践育人工作的研究。

第二，物力资源主要包括支撑高校思想政治教育实践育人活动得以开展的平台和场所，是高校思想政治教育实践育人共同体能够正常运转的重要保障。高校要创造良好的思想政治教育实践育人环境，充分利用好校史馆资源，设立思想政治教育实践育人电子资料阅览室、思想政治教育实践育人指导工作室，提供思想政治理论课教师开展实践教学的器材设备。同时，在平台建设方面，高校要建立专门的思想政治教育实践育人网站、微信公众号、微博、QQ 等平台，并在平台上设置提问区、解答区，加强对大学生的正面引导，增强他们对思想政治教育实践育人重要性的正确解读。企业增加大学生参加实习所需要的岗位，并配备指导教师。社会上的红色旅游景点、爱国主义教育基地要为高校师生免费开放或对票价进行优惠，为高校师生进行实地学习开通"绿色通道"。

（三）完善高校思想政治教育实践育人共同体考核保障机制

科学而严密的考核机制是保证高校思想政治教育实践育人共同体稳健运行的重要利器，对各育人主体有督促和激励的作用。"如果缺乏有效激励，人只能发挥出 20%–30% 的潜能，而如果对人的潜能进行有效激励，则另外 70%–80% 的潜能就能得到有效发挥。"因此，制定高校思想政治教育实践育人共同体考核体系，整合和优化各类育人资源和要素，规范和完善考核标准和方式，激发各育人主体参与高校思想政治教育实践育人的内生动力和外在活力，是促进高校思想政治教育实践育人共同体建设的重要举措。

1. 完善高校思想政治教育实践育人主体的考核保障机制

政府制定相关的考核标准，将企业、社会组织履行责任和义务的积极性划分等级，定期进行打分、评比考核。对于等级较高者加大扶持力度，同时进行网络宣传表扬，提升其知名度，为其他育人主体树立榜样和示范。对于等级低的企业进行批评、教育和指导，对严重者予以罚金处理，以此警示其他育人主体。对于高校内部育人主体，党政领导干部、辅导员、思想政治理论课教师等的考核标准，设置问卷调查或者采取其他匿名调查的方式，由大学生进行综合评价，综合评价的结果直接与奖金和职称评定挂钩。

2. 制定科学的评价标准

科学有效的评价标准是检验高校思想政治教育实践育人活动有没有取得效果，即这个共同体育人主体最初设定的目标是否达到的基础。我们在制定评价标准时，坚持定性和定量相结合的标准。一方面，坚持定量评价，对育人主体参与活动的次数、提供资源的分量、创新精神等内容进行量化考核，实行定量分析。另一方面，与定性评价相结合。对考核评价的结果进行等级划分。在某个区间内为优秀，次之为良好，以此类推为及格、不及格等。同时，对于不同的高校思想政治教育实践育人活动和不同的育人主体酌情分析其特殊性和侧重点，制定具体化、灵活化的评价标准。

（3）总结考核结果，优化考核保障机制

做好思想政治工作，要因事而化、因时而进、因势而新。思想政治教育实践育人共同体的考核机制也要与时俱进。定期收集对高校思想政治教育实践育人主体进行考核的结果，分析考核机制有没有存在问题，并制定切实可行的考核办法。对于其中不合理、不全面的考核标准、方式和存在的短板与漏洞，及时完善和改正，添加新的时代元素。在考核过程中坚持公平、公开、公正的原则，不弄虚作假。

参考文献

[1] 张伟平,孙绍勇.网络空间治理背景下高校思想政治教育的路径选择 [J].高等学校文科学术文摘,2023,40(1):1.

[2] 程京武,熊枫.新媒体场域中高校思想政治教育供需互契问题研究 [J].学校党建与思想教育,2023(2):3.

[3] 党彩云,周秦龙.新时代民办高职院校思想政治教育工作队伍建设研究 [J].中文科技期刊数据库(全文版)教育科学,2023(4):4.

[4] 高会燕.新时代大学生思想政治教育增值评价的理论蕴含与实践进路 [J].中国高等教育,2023(1):4.

[5] 项久雨.创造美好生活的思想政治教育 [J].思想理论教育,2023(1):7.

[6] 宋岛馨,毕红梅.精神生活共同富裕视域下思想政治教育价值的形态,生成及其实现 [J].理论月刊,2023(1):7.

[7] 邓欢,王涛.大学生思想政治教育与美育深度融合的理路 [J].学校党建与思想教育,2023(6):3.

[8] 马抗美,吴优.中华优秀传统文化融入大学生思想政治教育的价值思考与路径探析 [J].贵州民族研究,2023,44(1):6.

[9] 寇进.基于实践论的思想政治教育的治理的内在逻辑与实现路径 [J].黑河学院学报,2023,14(2):4.

[10] 赵巍伟,白洋,罗丹."新工科"视野下大学生工程德育思想政治教育实施路径研究 [J].数据,2023(1):2.

[11] 卜荣华,吴洁."迷之影响力":思想政治教育语境下迷群现象解读 [J].西昌学院学报:社会科学版,2023,35(1):7.

[12] 张明珍 . 青海红色资源助力高校思想政治教育研究 [J]. 品位·经典，2023(1):4.

[13] 豆书龙，陈玺，王小航 . 乡村振兴背景下涉农高校耕读教育与思想政治教育深度融合的四重逻辑 [J]. 黑龙江教育：高教研究与评估，2023(2):4.

[14] 戴金洋，刘旭，黄介微 . 高校思政协同育人机制创新探究 [J]. 中文科技期刊数据库（全文版）社会科学，2023(4):3.

[15] 董雅华，舒练 . 建构中国特色思想政治教育学科自主知识体系论析 [J]. 思想理论教育，2023(2):8.

[16] 宋松 . 马克思主义大众化视野下的思想政治教育共同体研究 [J]. 黑河学院学报，2023,14(3):4.

[17] 蓝文思 . 中华民族共同体意识融入高校思政课的教学设计研究——以《思想道德与法治》为例 [J]. 时代人物，2023(1):3.

[18] 闫春飞 . 共同体视角下高职院校思想政治教育的现代转型 [J]. 齐齐哈尔大学学报：哲学社会科学版，2023(2):5.

[19] 王男 . 以构建人类命运共同体为指导的学校思想政治教育创新——评《基于实践原则的思想政治教育创新研究》[J]. 中国油脂，2023,48(1):1.

[20] 赵丽娜 . 新时代技工院校思想政治教育共同体运行机制研究 [J]. 职业，2023(1):4.

[21] 黄婉珺，刘霄晗 . 人类命运共同体视域下茶文化交流互鉴融入高校思政工作研究 [J]. 福建茶叶，2023,45(1):3.

[22] 胡乔木，何绍芬 . 大历史观视角下少数民族大学生思想政治教育研究 [J]. 云南开放大学学报，2023,25(1):5.

[23] 沈万根 . 家校社协同育人：民族地区高校思想政治教育新实践——以 Y 大学为例 [J]. 延边大学学报：社会科学版，2023,56(3):8.

[24] 蒋宇欢 . 宁夏高校网络思想政治育人路径研究 [J]. 新闻研究导刊，2023,14(3):3.

[25] 莫天荣，连君瑶，张瑞 . 思政课程与课程思政协同育人共同体构建的理论之维及实践路径 [J]. 南方论刊，2023(2):4.

[26] 戴锐.学校思想政治教育一体化建设的基本理念 [J]. 江苏教育研究，2023(6):6.

[27] 赵颂平.高校德育共同体视域下的课程思政实现路径研究 [J]. 现代教育科学，2023(2):5.